Georg Wolff · Gesine Göschel
Erfolgsfaktor Führung

GEORG WOLFF
GESINE GÖSCHEL

ERFOLGSFAKTOR FÜHRUNG

KOMMUNIKATION UND KOOPERATION
ALS ANTWORT AUF DEN WERTEWANDEL

Springer Fachmedien Wiesbaden GmbH

CIP-Titelaufnahme der Deutschen Bibliothek

Wolff, Georg:
Erfolgsfaktor Führung: Kommunikation und Kooperation als
Antwort auf den Wertewandel/Georg Wolff; Gesine Göschel.
– Frankfurt am Main: Frankfurter Allg.; Wiesbaden: Gabler,
1990
   ISBN 978-3-322-89990-3   ISBN 978-3-322-84696-9 (eBook)
   DOI 10.1007/978-3-322-84696-9
NE: Göschel, Gesine:

© Springer Fachmedien Wiesbaden 1990
Ursprünglich erschienen bei Betriebswirtschaftlicher Verlag Dr. Th. Gabler GmbH, Wiesbaden 1990
Das Werk einschließlich aller seiner Teile ist urheberrechtlich geschützt.
Jede Verwertung außerhalb der engen Grenzen des Urheberrechtsgesetzes
ist ohne Zustimmung des Verlages unzulässig und strafbar. Das gilt insbesondere für Vervielfältigungen, Übersetzungen, Mikroverfilmungen und
die Einspeisung und Verarbeitung in elektronischen Systemen.

Vorwort

„Wir sprechen nicht miteinander. Wir teilen uns nur alles mögliche mit. Wir sitzen in Burgen, die Schießscharten aufgebaut, unsere Gewehrchen bereit, und wenn was auftaucht – bum." So die Schilderung eines Vorstandsvorsitzenden in einer Diskussion mit Unternehmern. „Sprachlosigkeit hat er beklagt", so der Berichterstatter über diese Diskussion „bis in die obersten Etagen. Es wird zu wenig ehrlich kommuniziert. Wenn da mehr liefe, dann könnten wir eine Menge an innerer Motivation und Leistung erreichen."

Kurz vor dieser Diskussion hatte sich dieser Vorstandsvorsitzende in einem Beitrag in der Presse wie folgt geäußert: „Jedoch kann Personalführung nur dann erfolgreich sein, wenn das gesamte Management die Einsicht hat, daß das geistige Potential das wertvollste Betriebsvermögen eines Unternehmens ist."

Scheinwelt der Publikationen und betriebliche Realität. Die Diskrepanzen werden immer größer. Was in Fensterreden anläßlich von Betriebsversammlungen, Verbandstagungen oder ähnlichen Anlässen „verkündet" wird, glaubt ohnehin kaum noch jemand. Man merkt die „PR-Absicht", die dahinter steckt – selbst versierten PR-Managern gelingt es kaum noch, „Glaubwürdigkeit" zu erzielen – und ist „verstimmt". „Reservierte Aufnahme" ist das günstigste, was man erwarten kann.

Selbst die „Flucht in die Leitlinien der Führung" gelingt kaum noch. Der Aufwand an manpower, an Zeit bei der „Schöpfung", ist oft riesengroß, so groß, daß selbst Gutwillige geneigt sind, hier Verzögerungstaktik zu vermuten. Verlautbarungen der mit der Formulierung dieser Leitlinien befaßten Gremien, „daß selbst der

Vorstand erklärt habe, sich ebenfalls an diese Leitlinien zu halten", werden mit Skepsis aufgenommen. Ist es dann nach jahrelanger harter Arbeit endlich so weit und werden die Leitlinien in Kraft gesetzt, merkt man eines sehr bald: Diese Grundsätze sind nur für die „Kleinen" da. Ausnahmen werden immer mehr zur Regel. Der „harte Wettbewerb" erfordert schnelles Handeln und Kooperieren, miteinander sprechen kann man nur, wenn man Zeit hat. Anstatt miteinander zu reden, werden die Entscheidungen „mitgeteilt".

Trotz aller schönen Reden, äußerlich hervorragend aufgemachter Führungsgrundsätze, glänzend gestalteter Corporate Identity-Kampagnen: Das Führungsklima ist kühler, zuweilen kalt geworden. Führung wird immer mehr an den Erwartungen und Bedürfnissen der arbeitenden Menschen vorbeiproduziert.

Dabei verkündet das Management immer wieder: Wir müssen uns auf unsere Kunden, auf den „Markt" einstellen. Wer Produkte und Dienstleistungen am Markt vorbeiproduziert, wird früher oder später scheitern. Diese Grundsätze scheinen beim „Personalmarketing" auf den Kopf gestellt. Man scheint sich keine Gedanken darüber zu machen, was passiert, wenn das am Menschen tatsächlich praktizierte Führungsverhalten nicht „angenommen" wird. Wann wird man es – endlich – begreifen: Marktorientiertes, kundenorientiertes Verhalten setzt mitarbeiterorientierte Führung voraus! Mitarbeiter verhalten sich Kunden und Geschäftspartnern gegenüber so, wie sie behandelt werden. Dieser Zusammenhang wird „oben" kaum hergestellt.

Wenn die Zahlen sich in Richtung rosa oder gar rot bewegen, ist der Rettungsanker schnell gesucht und gefunden: Die Unternehmensberatung muß ins Haus. Rationalisierung ist angesagt. „Die Entsorger kommen", heißt es dann bei den Mitarbeitern. Es wird dann auch kräftig „entsorgt", „entschlackt", „abgespeckt". Nur ein Gebiet bleibt bei dieser Kur sehr oft ausgespart: Das Führungsverhalten. „Danach" wird genauso regiert wie vorher, ja das Regieren scheint sogar leichter. Die Angst vor der nächsten Entsorgung läßt es angebracht erscheinen, mit der eigenen Meinung zumindest vorsichtig zu sein.

Vorwort

Der Unterschied zwischen der Scheinwelt der Programme und der betrieblichen Realität bereitet keinen guten Nährboden für Leistung, wobei von vielen Chefs die Scheinwelt mit der Realität gleichgesetzt wird. „Basisferne" wiegt sie in einem trügerischen Glauben, daß alles „stimmt". Sie sprechen zunehmend nicht mehr „mit" ihren Mitarbeiterinnen und Mitarbeitern, sondern nur noch „über" diese. Und sie hören, wenn überhaupt, nur noch das, was sie hören wollen. Auch sind sie sehr sorgfältig in der Wahl derjenigen, denen sie ihr Ohr leihen.

Kritik ist zunehmend unerwünscht, selbstkritisches Verhalten die Ausnahme von der Regel. Doch es existieren Ausnahmen, vor allem im mittelständischen Bereich. Hier gibt es Unternehmen und Vorstände, die Offenheit nicht nur propagieren, sondern auch praktizieren, die gemeinsam mit ihren Führungskräften und Mitarbeitern lernen, wie man langfristig miteinander zu besseren Ergebnissen kommt als nebeneinander oder gar gegeneinander. Sie stellen sich nicht nur im Seminar gemeinsam mit ihren Mitarbeitern der unbestechlichen Kamera, sondern auch in der täglichen Arbeit den kritischen Fragen ihres Teams. Sie wissen: Kritische Mitarbeiter sind die beste Lebensversicherung für jeden Chef! Das läßt hoffen.

Bad Vilbel, im Februar 1990 *Georg Wolff*
Gesine Göschel

Inhalt

Vorwort 5

1. Kapitel
Gesellschaft im Wandel – Führung im Wandel 13

Führung im veränderten Werteklima 15
Sachverstand – Führungsverstand 18
Dienst am Mitarbeiter – Dienst am Kunden 21
Wie wollen Mitarbeiter geführt werden? 24
Führungsausbildung: mangelhaft 27
Junge Menschen sind kritisch 30
Autoritäre Führung produziert Frust 33
Das „Danke" wird immer seltener 37
Warten auf das nächste Wochenende 40
Schützenfest in der Vorstandsetage 44
Routine in der Notlüge 47
Strategisches Personal-Management 50
Die politische Dimension 53

2. Kapitel
Führungsbilanz 57

Der Euro-Manager 59
Autoritäre Führung ist zu teuer 64
Kritik – Privileg der Vorgesetzten? 70
Demotivation – innere Kündigung – psychische Gewalt 76
Gegeneinander statt Miteinander 81

Der Mensch lebt nicht von Brot allein ... 87
Erfolgserlebnisse ... 94
Intrigen, Foulspiel, Konkurrenzdruck ... 100
Die Arbeitsumwelt ... 106
Die Arbeitsmoral ... 113
Führung systematisch lernen! ... 119

3. Kapitel
Dekoratives Management – Scheinwelt der Programme ... 125

Wer liefert die Farbe zu den roten Zahlen? ... 127
Personal-Management – nicht einmal auf dem Papier ... 130
„Entsorgung" ... 132
100 000 gaben vorzeitig auf ... 135
Warten auf den Wechsel an der Spitze? ... 139
Die Angst vor dem Seminar ... 142
Führungsgrundsätze als Alibi? ... 145
Gemeinsam arbeiten – gemeinsam lernen! ... 148
„Return on Investment!" ... 151

4. Kapitel
Der vorprogrammierte Frust: Berufsanfänger und Führungsnachwuchs ... 155

Ein neuer Lebensabschnitt ... 157
Flucht aus der Arbeit? ... 159
„Angepaßt?" ... 162
Kreativitätskiller ... 165
Abschotten der Führung ... 167
Entscheidungsprozesse ... 170
Gleichberechtigung nur auf dem Papier? ... 173
Die Führungslücke ... 175
Generationskonflikt ... 178
Delegation und Unterforderung ... 181
Chefs zum Anfassen ... 183
Vertrauen ... 186

Inhalt 11

5. Kapitel
Innovationsprozesse – gemeinsam geht's leichter 191

Ich muß – ich will 193
Veränderungsprozesse sind Führungsprozesse 196
Motivieren und Begeistern 199
Werbung allein genügt nicht 202
Information und Informationsbedarf 205
Ende gut, alles gut? 208
Der Weg zur Klagemauer löst keine Probleme 211
Führungskräfte von morgen? 214
Wie sag' ich's meinem Kinde? 216
Skepsis – Angst – Widerstand 219
Information – so konkret wie möglich 222
Mobilisierung von Ressourcen 225
Ideenmanagement 228
„Urheberbilanz" 231
Innovations-Kleinklima 234
Änderung der Arbeitsmoral 237
Ertragsbilanz der Arbeit 240
Freiheitsgefühl – Wohlbefinden – Vertrauen 243

6. Kapitel
Alkohol und andere Drogen am Arbeitsplatz
– nicht nur Milliardenverluste 247

Eine halbe Milliarde DM für Entwöhnungsbehandlungen 249
Verminderte Wahrnehmungs- und Reaktionsfähigkeit 253
Drogenmißbrauch kostet Milliarden 257
Zwiespältige Einstellung der Gesellschaft 260
Statussymbol: Alkohol 264
Verbote werden gern umgangen 267
Routine und Frustration 270
Führungsverhalten ändern 274
Arbeitssicherheit und Beschäftigungsverbot 277
Besonders gefährdet: Jugendliche 281
Die Ursachen herausfinden 285

1. Kapitel

Gesellschaft im Wandel – Führung im Wandel

Unternehmen, Organisationen, in denen Menschen arbeiten, sind keine abstrakten Gebilde, sondern werden von diesen Menschen verkörpert. Auf sie gilt es sich einzustellen. Organisationen können nur „mit" diesen Menschen und nicht „gegen" sie geführt werden. Die Einstellungen und Erwartungen haben sich in den letzten Jahren geändert. Nicht umsonst spricht man vom „Wertewandel". Von diesem Wertewandel ist vor allem die Arbeitswelt betroffen. Arbeit und Beruf, die früher an der Spitze der Werteskala rangierten, haben diese Spitzenstellung längst verloren. Die Arbeitswelt muß sich darauf einstellen: Sie muß wieder attraktiver gestaltet werden.

Führung im veränderten Werteklima

Die Gesellschaft, nicht nur der Bundesrepublik Deutschland, hat im letzten Jahrzehnt einen vielschichtigen Veränderungs- und Wandlungsprozeß erlebt, der in seiner Schnelligkeit in der Geschichte ohne Beispiel ist. Dieser Prozeß wird anhalten und sich, vor allem durch Einfluß neuer Technologien, vielleicht sogar noch beschleunigen.

Nicht umsonst spricht man vom Wertewandel. Die Einstellung der Menschen, ihre Bedürfnisse haben sich verändert. Wir haben heute ein anderes Werteklima als noch vor 10 oder gar 20 Jahren.

Von diesem Wandlungsprozeß ist auch die Wirtschaft berührt. Die „Gesellschaft", die Menschen sind ihr Markt. Auf diesen Markt gilt es sich einzustellen, sich an den Erwartungen und Bedürfnissen zu orientieren, und zwar nicht nur, indem man reagiert, sondern agiert. Nicht sich beeinflussen lassen, denn dann ist es oft bereits zu spät, sondern selbst beeinflussen ist das Gebot der Stunde.

Die Gesellschaft, das heißt die Menschen, oder genauer gesagt ein Teil dieser Menschen, ist aber auch die Wirtschaft selbst. Unternehmen, ob in der Produktion oder der Dienstleistung, sind keine abstrakten Gebilde, sondern werden von Menschen im wahrsten Sinne des Wortes „verkörpert". Auf diese Menschen, die ja im übrigen auch ein Teil des Marktes sind, muß eingegangen werden, muß man sich an deren Bedürfnissen und Einstellungen orientieren. Auch hier muß das Agieren den absoluten Vorrang vor dem Reagieren haben.

Damit ist die Führungsfrage gestellt, denn Führung bedeutet, vereinfacht ausgedrückt, nichts anderes als „zielorientierte Verhaltensbeeinflussung". Wer auf die Dauer in der Wirtschaft überleben will, muß Menschen – Kunden, Geschäftspartner, Mitarbeiter, aber auch Politiker, Aktionäre oder Genossenschaftsmitglieder – zielorientiert beeinflussen.

Die sich immer deutlicher verändernde Altersstruktur wird die Unternehmen veranlassen müssen, sich noch differenzierter auf die einzelnen Altersgruppen einzustellen.

Noch 1952 erreichte die Altersgruppe der unter 20jährigen die 32-Prozentmarke, 14 Prozent der Bevölkerung waren über 60 Jahre alt. Innerhalb von nur 30 Jahren stieg dieser Anteil von 14 Prozent auf 21 Prozent an, und im Jahre 2000 werden es voraussichtlich 35 bis 40 Prozent sein. Die Altersgruppe der unter 20jährigen hatte 1980 nur noch einen Anteil an der Gesamtbevölkerung von 24 Prozent und wird um die Jahrtausendwende nur noch etwa 15 Prozent ausmachen.

Auf die Unternehmen kommt in Zukunft eine Gruppe von Kunden zu, die sich durch eine gesteigerte Vitalität, durch Vorruhestand begünstigte Aktivität auszeichnet.

Das Geldvermögen der privaten Haushalte beträgt inzwischen 2,5 Billionen DM, das private Immobilienvermögen wird auf einen Verkehrswert von 2,7 Billionen DM geschätzt, das gesamte private Nettovermögen von 1986 auf 6,2 Billionen DM. Das Vermögen, das vor wenigen Jahren noch auf 230 000 DM pro Haushalt geschätzt wurde, soll bis Ende der neunziger Jahre nochmals um ein Viertel auf einen Durchschnittswert von 300 000 DM ansteigen.

Im Zusammenhang mit dem Vermögenszuwachs muß auch berücksichtigt werden, daß in den nächsten Jahren nicht unerhebliche Erbschaften anfallen werden. Auch die fälligen Leistungen aus Lebensversicherungen werden von rund 15 Milliarden DM heute auf rund 40 Milliarden DM im Jahre 1995 ansteigen.

Nicht unerwähnt bleiben darf, daß die Zahl der potentiellen Kunden zurückgehen wird. Etwa drei Millionen Kunden werden Anfang der neunziger Jahre im Vergleich zu den achtziger Jahren weniger zu betreuen sein. Der Rückgang der Wohnbevölkerung wird sich verstärken.

Für die Unternehmen bedeutet dies erhöhten Konkurrenzdruck, der vor allem die Forderung nach erhöhter Qualität der Leistung nach sich zieht.

Abnahme der potentiellen Kunden aber auch bei den akquisitionsstarken Jahrgängen der 16- bis 20jährigen. In etwa acht bis zehn

Jahren wird rund ein Drittel dieser Altersgruppe fehlen. Auch hier ein im Vergleich zu heute ungleich höherer Konkurrenzdruck mit einem verstärkten Bemühen um jeden einzelnen „Vollkunden von morgen".

Die Kundenstruktur wird sich aber nicht nur zahlenmäßig verändern. Eine bedeutende Veränderung in der Bildungs- und Berufsstruktur ist besonders kennzeichnend für den Wandlungsprozeß unserer Gesellschaft.

In den neunziger Jahren wird schon jeder Zweite einen gehobenen Bildungsabschluß haben. Dieser „Zuwachs an Bildung" hat zum einen das Selbstbewußtsein der Menschen gestärkt, zum anderen ist aber auch das Streben nach mehr persönlicher Freiheit gewachsen. Der Wertewandel hat sich insbesonders im Streben nach Selbstverwirklichung gezeigt. Damit einher geht ein erhöhtes Kritikbewußtsein. Der Verbraucher ist kritischer geworden. Auch hierauf wird man sich einstellen müssen. Hohe Qualität in der Leistung sowohl im Angebot als auch im Service ist gefordert.

In diesem Zusammenhang ist eines herauszustellen, was weithin bei den „Zukunftserwägungen" übersehen wird: Die Mitarbeiter und Führungskräfte der eigenen Organisation sind ein Teil der Gesellschaft. Wenn von kritischeren, selbstbewußteren, nach mehr Freiheit und Selbstverwirklichung strebenden Kunden gesprochen wird, gilt das genauso für die Mitarbeiter und Führungskräfte! Wenn immer wieder gefordert wird, sich auf den „Kunden von morgen", wobei das „morgen" ja schon am nächsten Tag beginnt, einzustellen, muß man dies auch bei den Mitarbeitern und Führungskräften tun. Dies wird leider in vielen Bereichen überhaupt nicht zur Kenntnis genommen. Jeder, der „Kundenorientierung" fordert, muß vorher „Mitarbeiterorientierung" verwirklichen.

Vorher! Denn Mitarbeiterorientierung ist Voraussetzung für Kundenorientierung. Eine „geteilte Führungsphilosophie", denn um diese geht es letzten Endes, führt unweigerlich in die Irre.

Der Anteil an Leistungen, der nur im Team erbracht werden kann, wird steigen. Spezialisten werden noch enger zusammenarbeiten müssen, damit die Kundenwünsche befriedigt werden können. „Im

Team" bedeutet aber „Zusammenarbeit" und, so erstaunlich das für manchen auch klingen mag, Zusammenarbeit muß man lernen, trainieren. Hier kommt ein erheblicher Fortbildungsbedarf auf die Unternehmen zu.

Sachverstand – Führungsverstand

Kunden müssen geworben, beraten, bedient, gepflegt werden. Das erfordert Kommunikationsfähigkeit und Kommunikationsbereitschaft genauso wie Motivationsfähigkeit und Motivationsbereitschaft der Mitarbeiter. Es genügt aber nicht, diese Fähigkeiten im Anforderungsprofil festzuschreiben, die Personalauswahl nach diesen Kriterien zu steuern. Man muß auch in der Aus- und Fortbildung führungsmäßig eine Menge tun.

Es kann nicht oft genug und vor allen Dingen nicht eindringlich genug betont werden: Motivation, Kommunikation und Kooperation, um nur drei wesentliche Komponenten des Führungsverhaltens beispielhaft herauszustellen, muß man lernen!

Genauso wie jeder Fachmann, jede Fachfrau ihr Fach beherrschen müssen, und das kann man ja nur, wenn man vorher darin ausgebildet wurde, müssen sie auch, „Führung" zu lernen. Zum Sachverstand muß der Führungsverstand hinzukommen. Und genauso wie Sachverstand nicht „gottgegeben" ist, ist Führungsverstand auch nicht selbstverständlich.

Wie steht es um das Führungswissen und Führungskönnen? Hierbei kommt es ja immer wieder auf die enge Beziehung zwischen „äußerer", das heißt der Kundenführung, der Kundenbeeinflussung und der „inneren" Führung, der Mitarbeiterbeeinflussung, der Mitarbeiterführung an. Denn jeden Tag erweist es sich immer wieder aufs Neue: Wie Mitarbeiter und Führungskräfte von ihren Vorgesetzten geführt, das heißt behandelt werden, so behandeln sie ihre Kunden. Diese „Verbindung" wird von der Führungsspitze viel zu selten erkannt, wenn sie überhaupt zur Kenntnis genommen wird.

Sachverstand – Führungsverstand

Grundpfeiler der Führung nach „außen" und nach „innen" sind Kommunikation, Motivation und Kooperation, wobei die Grenzen zwischen diesen Führungsbereichen nicht scharf gezogen werden können. Führung insgesamt ist einem Mosaikbild vergleichbar. Ein Mosaikstein bedingt den anderen, erst alle Steine zusammen ergeben das gesamte Bild der Führung.

Mit Kunden muß gesprochen werden. Das gilt für das Leistungsangebot wie für das Erbringen der Leistung und für einen späteren Service. Moderne Technik kann bei allem nur Hilfsmittel sein.

In der Technik ein Allheilmittel sehen zu wollen, führt bei aller Technikgläubigkeit nicht weiter. Die Technik kann Führung auf keinen Fall ersetzen. Im Gegenteil: Sie zwingt immer nur zu einem – noch qualifiziertere Mitarbeiter und Führungskräfte.

Der Kunde will aber nicht nur fachlich beraten werden, er will zunehmend auch kommunizieren. Er will sprechen, er erwartet aber auch, daß man ihm zuhört. Er will als Stammkunde bei „seinem Unternehmen", bei „seiner Firma", bei „seinem Hotel", bei „seiner Bank", um nur einige Beispiele unter vielen zu nennen, gut aufgehoben sein. Er will, daß man sich um ihn kümmert, auf seine Wünsche eingeht. Er wird zunehmend als selbstverständlich ansehen, daß sein Geschäftspartner nicht wartet, bis er zu ihm kommt. Er will über günstige Angebote unterrichtet werden, er wünscht sich keinen Verteiler, sondern einen aktiven Anbieter.

Wer Kunden informieren soll, muß jedoch selbst informiert sein. Das gilt sowohl für den Aufgabenbereich als solchen als auch für die Details an fachlichen Informationen, die dem Kunden bei der Lösung seiner Probleme helfen sollen.

Information über die Arbeitsaufgabe: Wenn dieses Problem in unseren Führungsseminaren angesprochen wird, ist die erste Reaktion, insbesondere von Führungskräften der oberen Leitungsebenen, Kopfschütteln und Erstaunen darüber, daß dieser Problemkreis überhaupt behandelt werden soll. Information über die Arbeitsaufgabe, die täglich zu erfüllen ist, wird als selbstverständlich angesehen, gewissermaßen als tägliche Routine, die in Fleisch und Blut übergegangen ist.

Führungskräfte der Wirtschaft sind in hohem Maße davon überzeugt, ihre Mitarbeiter über deren Arbeitsaufgaben ausreichend zu informieren. 90 Prozent der von uns in Führungsseminaren mit Hilfe von anonym auszufüllenden Fragebogen befragten Führungskräfte beantworteten die Frage „Informieren Sie Ihre Mitarbeiter ausreichend über deren Arbeitsaufgaben?" mit einem klaren „ja". Eine ähnlich hohe Meinung von der Erfüllung ihrer Informationsaufgabe hatten die Führungskräfte dann, wenn es um persönliche Fragen wie beruflichen Einsatz und Weiterkommen, Aus- und Weiterbildung ging. Rund 80 Prozent der Führungskräfte beantworteten eine entsprechende Frage ebenfalls mit „ja", wobei zu beachten ist, daß immerhin ein Fünftel von sich aus einräumte, hier „Informationszurückhaltung" zu üben.

Interessant waren die Begründungen, warum sie ihre Mitarbeiter nicht informierten. 24 Prozent waren der Ansicht, daß sich ihre Mitarbeiter um eine derartige Information selbst kümmern müßten, 42 Prozent fühlten sich nicht zuständig und 6 Prozent glaubten, Information mache über Gebühr neugierig. Über diese Ursachen der Informationszurückhaltung sollte man nachdenken, insbesondere darüber, ob sich eine solche Zurückhaltungsmentalität nicht auch auf den Kundenbereich übertragen könnte.

Führungsverhalten ist nicht teilbar. Wer bei Mitarbeitern Informationszurückhaltung übt, gerät sehr leicht in die Gefahr, sich Kunden gegenüber ähnlich zu verhalten. Und dies gilt nicht nur bei der Zurückhaltung von Informationen, sondern auch bei der gezielten Weitergabe von bestimmten Informationen, die der Kunde bekommen soll, um ihn über Angebote zu informieren, die vordergründig im Interesse des Informierenden liegen.

Kurzfristig gedacht mag eine solche „Informationssteuerung" möglicherweise „erfolgreich" sein und den Kunden zu schnellen Entschlüssen beeinflussen. Aber wie lange kann eine solche Informationspolitik bestehen? Bei der zunehmenden Markttransparenz ist doch die Gefahr viel zu groß, daß dies der Kunde oder Geschäftspartner merkt. Dann ist der Vertrauensverlust groß und der Wechsel zu einem Mitbewerber geradezu vorprogrammiert.

Die in solchen Fällen den Kunden immer wieder gegebene Begründung, „Sie haben mich ja nicht danach gefragt", wird zum einen nicht mehr geglaubt, zum anderen verträgt sie sich nicht mit einer umfassenden Beratung des Kunden.

Dienst am Mitarbeiter – Dienst am Kunden

„Innere Führung" dokumentiert sich immer wieder auch im Außenverhältnis zu Kunden und Geschäftspartnern. So wie die Mitarbeiter und Führungskräfte innerbetrieblich geführt, behandelt werden, so geschieht dies auch mit Kunden und Geschäftspartnern. Das Argument, das in diesem Zusammenhang immer wieder gebraucht wird, „zu unseren Kunden sind wir ganz anders", glauben ohnehin nur noch die Chefs.

Die „Quittung" der Kunden- und Geschäftspartner: Sobald „Ersatz" gefunden wurde, wird die Geschäftsverbindung gelöst, der Kunde kommt nicht mehr. Das Ganze vollzieht sich meistens ohne große Diskussionen. Gespräche, warum ein Kunde nicht mehr kommt, finden in den meisten Fällen nicht statt, „nachgefaßt" wird nicht. Irgendwann „merkt" es sogar die EDV, daß sich nichts mehr „bewegt". Vielleicht wird noch einmal an den Kunden geschrieben und, wenn keine Antwort kommt, der Kunde dann „gelöscht". Wenn überhaupt über den Verlust nachgedacht wird, überwiegt wieder einmal die Selbstgerechtigkeit: „An uns kann es nicht gelegen haben."

Diese Selbsteinschätzung im Verhältnis zum Kunden ist sicher genauso kritisch zu betrachten wie die hohe Selbsteinschätzung des eigenen Informationsverhaltens gegenüber den Mitarbeitern und Führungskräften des eigenen Bereichs durch die jeweiligen Vorgesetzten.

„Informiert Sie Ihr Vorgesetzter ausreichend?" Für ein uneingeschränktes „ja" konnten sich nur knapp ein Fünftel der von uns befragten Führungskräfte der Wirtschaft entscheiden. Es waren die Führungskräfte, deren Vorgesetzte zu 90 Prozent der Ansicht waren, ihre „Untergebenen" ausreichend zu informieren.

Wohlbemerkt, hier handelte es sich um Führungskräfte, die befragt worden waren. Führungsverhalten ist aber „durchgängig". Es wird von oben nach unten weitergegeben. Das Informationsdefizit bei den von uns befragten Angestellten und Arbeitern war ebenfalls hoch.

Wie sieht die Informationsbilanz bei den Kunden aus? Der Schluß, daß Informationsverhalten von innen nach außen weitergegeben wird, liegt doch sehr nahe.

„Werden Sie von unseren Mitarbeitern ausreichend informiert?" Diese Frage sollte man einmal Kunden stellen, wobei es in Zukunft weniger auf das Beantworten von Fragen, sondern zunehmend um die aktive Information geht, die im Wege der Kommunikation an den Kunden herangetragen werden muß.

Und selbst dann, wenn Führungskräfte und Mitarbeiter umfassend und nicht nur ausreichend über all das informiert werden, was sie bei ihrer täglichen Arbeit benötigen, also das Idealziel, der „informierte Mitarbeiter" erreicht ist: Wird dann dieser Mitarbeiter diese Information auch weitergeben? Hat der Mitarbeiter, um es einmal ganz salopp zu sagen, dazu auch Lust? Die Frage damit zu beantworten, daß er ja „dafür" bezahlt werde, führt nicht zur Lösung des Problems. Es ist die Frage nach der Motivation, nach der Führung, nach der „Behandlung" der Mitarbeiter.

Verkäuferschulung, Fortbildung in Spezialfragen – alles das ist sicher sehr wichtig. Aber: Wird zum Beispiel der geschulte „Verkäufer" mit „Lust und Liebe" verkaufen, der Spezialberater die Wünsche der Kunden ergründen und Problemlösungen im Sinne des Kunden erarbeiten? Oder wird er den Kunden behandeln, so wie er behandelt wird? Um ein konkretes Beispiel zu nennen: Wird ein Kundenberater, der von seinem Vorgesetzten in Gegenwart von Dritten kritisiert wird, noch „motiviert" seiner Beratungsaufgabe nachgehen?

Der Führungsausbildung wird in Zukunft eine viel höhere Priorität eingeräumt werden müssen als bisher. Wenn nicht, steht die ganze Spezial-Aus- und Fortbildung auf sehr tönernen Füßen.

„Gibt es einen idealen Führungsstil?" Diese Frage wird in unseren Führungsseminaren oft gestellt. In der darauf folgenden Diskussion schält sich dann immer eine starke Gruppe heraus, die diese Frage verneint. Einen idealen Führungsstil gebe es nicht, jede Mitarbeiterin, jeder Mitarbeiter müsse anders „angepackt" werden. Im übrigen bedeute ein idealer Führungsstil auch einen einheitlichen Führungsstil. Von „Uniformität", von „Gleichmacherei", von „Zerstörung der Individualität" wird gesprochen.

Und schließlich sei ja die Erfahrung der beste Lehrmeister. Und diese Lebenserfahrung sei man auch bereit, den „Jüngeren" zu vermitteln, die sich ja nur am Beispiel der Älteren, der Vorgesetzten orientieren müßten. Als letztes Argument dient dann der Hinweis auf die Bilanz. Auf „Zuwächse" wird verwiesen. Das Geschäft sei gut, Bewährtes sollte man nicht ändern.

Die Diskussion über die „Stilfrage" ist kein Theorienstreit um des Prinzips willen, wie es von manchen aufgefaßt wird. Die Stilfrage ist die Frage nach der Effizienz einer Organisation und entscheidet über die Produktivität. Jeder, der das „Humankapital", welcher Organisation auch immer, als den wichtigsten Produktionsfaktor ansieht, muß der Frage nach dem Führungsstil erste Priorität einräumen.

Die Frage nach der Führung, danach, wie man Menschen beeinflußt, ist letztlich eine Frage nach den Bedürfnissen und Erwartungen der Menschen, die beeinflußt werden sollen. Für jeden, der sich mit Marketing beschäftigt, ist das einleuchtend. Produkte und Dienstleistungen müssen den Erwartungen, den Bedürfnissen der Menschen entsprechen. Wer Dienstleistungen oder Produkte am Markt vorbeiproduziert, wird auf die Dauer keinen Erfolg haben.

Dies zeigt sich auch in der personellen Ausstattung der Marketingabteilungen. Hier wird nicht gespart. Und auch bei den Verbänden wird Marketingfragen großes Gewicht beigemessen.

In der strategischen Unternehmensführung hat Marketing im Kundenbereich seinen festen Platz längst eingenommen. Wie steht es aber um das Marketing im Personalbereich? Wird auch hier nach den Gesetzen des Marketings verfahren?

Die Grundsätze des Marketings im Kundenbereich scheinen vergessen, wenn es um Marketing im eigenen Personalbereich geht. Wieso Marketing im Personalbereich, Personalmarketing? Nun, Führung, Mitarbeiterführung ist eine Dienstleistung wie jede andere auch. Wer vom „Dienst am Kunden" spricht und auch entsprechend handelt, muß genauso vom „Dienst am Mitarbeiter" sprechen und sich entsprechend verhalten. Es kann nicht oft und eindringlich genug betont werden: Kunden und Mitarbeiter sind Menschen derselben Gesellschaft. Eine unterschiedliche Führung, „Behandlung" wäre unlogisch und durch nichts zu rechtfertigen.

Wie wollen Mitarbeiter geführt werden?

Entscheidungen in der Führung eines Unternehmens orientieren sich am Markt. Marketingfragen haben erste Priorität.

Räumt man Marketingfragen Priorität ein, muß man dies auch bei Führungsfragen tun. Verwendet man Zeit und Mühe auf Marketing, muß das Gleiche auch bei Führungsfragen geschehen. Und nicht nur das Gleiche, sondern noch mehr. Denn die Mitarbeiter sollen ja die Kunden beeinflussen. Die Führungsfrage ist Voraussetzung für die Marketingfrage im Kundenbereich. Eine der gesellschaftlichen Entwicklung entsprechende Mitarbeiterführung ist Voraussetzung für erfolgreiches Marketing.

Jeder, der andere Menschen zu beeinflussen, zu führen hat, muß sich die Frage stellen: Wie wollen die Menschen heute und in der Zukunft geführt werden? Wie sind ihre Bedürfnisse? Welche Erwartungen haben sie? Je besser es gelingt, diese Erwartungen und Bedürfnisse zu befriedigen, diese mit den Zielen der Organisation in Übereinstimmung zu bringen oder weitgehend anzunähern, um so weniger Zielkonflikte gibt es, um so geringer werden die Reibungsverluste. Wobei es, und das muß ganz deutlich gesagt werden, nicht darum geht, maßlose Ansprüche zu befriedigen, einer hemmungslosen Anspruchsmentalität zu huldigen. Es geht vielmehr um die Erfüllung von menschlichen Grundbedürfnissen, nicht mehr, aber auch nicht weniger.

Ein wichtiges biologisches Grundbedürfnis des Menschen ist das nach Energieabfuhr, und zwar körperlich wie geistig. Fähigkeit bringt das Bedürfnis mit sich, diese Fähigkeit auch zu gebrauchen. Dieser biologische Grundsatz sollte jedem, der Menschen zu führen hat, ständig bewußt sein. Daß das reine Ausführen von Anordnungen zur „geistigen Energieabfuhr" nicht ausreicht, daran sollte jede Führungskraft immer wieder denken und bestrebt sein, ihren Mitarbeitern bei Erfüllung ihrer Arbeitsaufgabe soviel Freiraum wie möglich zu lassen. Dies gilt auch für die Einbeziehung der Mitarbeiter in Entscheidungsprozesse des Vorgesetzten. Zur geistigen Energieabfuhr gehört auch das Einbringen des Fähigkeitspotentials der Mitarbeiter in diese Entscheidungsprozesse.

Hier stellt sich die Grundfrage der Kooperation. Je mehr Mitbeteiligung an Entscheidungsprozessen, um so „kooperativer" das Führungsverhalten. Je weniger Mitbeteiligung, um so „autoritärer" der Führungsstil. Wobei man sich in der westlichen Industriewelt ausnahmsweise einmal einig ist: Kooperatives Führungsverhalten entspricht der gesellschaftlichen Entwicklung. Es ist der Führungsstil mit den wenigsten Zielkonflikten, den geringsten Reibungsverlusten und damit der größten ökonomischen Effizienz. Das zur Verfügung stehende Nutzungspotential der Mitarbeiter und Führungskräfte kommt weitgehend zum Tragen. Überall da, wo es in einer Organisation gelingt, durchgängig von der obersten Leitungsebene bis zum Mitarbeiter kooperativ zu führen, ist der Erfolg vorprogrammiert. In der Führung, im Führungsverhalten liegt eine der ganz großen Möglichkeiten, sich einen kaum aufholbaren Vorsprung gegenüber Mitbewerbern zu sichern. Auf die Dauer kann man ein Unternehmen nur mit den Mitarbeitern und Führungskräften führen und nicht gegen sie. Soziale Innovation ist die Trumpfkarte der Zukunft.

Der Wunsch nach kooperativer Führung entspricht der gesellschaftlichen Entwicklung und ist in der Bundesrepublik Deutschland besonders ausgeprägt. Die „Autoritätsgläubigkeit", die reine „Ausführungsmentalität" ist stark im Schwinden.

Im Frühjahr 1981 wurde in vielen Ländern der Europäischen Gemeinschaft und später auch in einigen anderen Ländern eine

„Wertestudie" durchgeführt; in der Bundesrepublik vom Institut für Demoskopie Allensbach mit rund 1300 Interviews, repräsentativ für die Bevölkerung ab 18 Jahren. Insgesamt waren es mehr als 12 400 Interviews für die Länder in Europa (E. Noelle-Neumann/ R. Köcher, Die verletzte Nation, Stuttgart 1987).

Im Rahmen dieser internationalen Wertestudie waren folgende Alternativen einander gegenübergestellt worden: „Kein Vorgesetzter sollte von seinen Mitarbeitern verlangen, daß sie seine Anordnungen befolgen, bevor er sie nicht von der Richtigkeit überzeugt hat", „Am Arbeitsplatz sollten Mitarbeiter die Anordungen ihres Vorgesetzten grundsätzlich befolgen, auch wenn sie damit nicht völlig übereinstimmen."

Für die erste Alternative entschieden sich in der Bundesrepublik 51 Prozent, während sich im Durchschnitt in Europa nur 43 Prozent und in den USA 23 Prozent dafür aussprachen.

Für die zweite Alternative votierten in der Bundesrepublik nur 28 Prozent, im Gegensatz dazu in Europa insgesamt 32 und in den USA 68 Prozent.

Interessant waren die Ergebnisse in den einzelnen Altersgruppen. Während sich in der Bundesrepublik für die Ansicht, man sollte Anordnungen von Vorgesetzten prinzipiell befolgen, nur 14 Prozent der 18- bis 24jährigen – der niedrigste Anteil im Vergleich zu allen anderen europäischen Ländern und den USA – aussprachen, waren es bei den 55- bis 64jährigen schon 38 Prozent und bei den 65- bis 74jährigen 41 Prozent.

Dieser gesellschaftlichen Entwicklung muß Rechnung getragen werden.

Führungskräfte und Mitarbeiter wollen kooperativ geführt werden. Kommt man diesem – berechtigten – Wunsch der Führungskräfte und Mitarbeiter nicht nach, wirkt sich dies spürbar auf die Leistung aus, wobei noch bemerkt werden muß, daß sich bei den Führungsnachwuchskräften der Wunsch nach einem kooperativen Führungsstil mit rund 90 Prozent noch stärker abzeichnete als bei den älteren Führungskräften (82 Prozent) und Mitarbeitern (75 Prozent).

Nur 21 Prozent der von uns befragten Führungskräfte stuften ihr eigenes Führungsverhalten als „autoritär", 79 Prozent dagegen als kooperativ ein! Diese Selbsteinschätzung ähnelt der bei der Befragung über das Informationsverhalten. Hier glaubten rund 90 Prozent der Führungskräfte gegenüber ihren Mitarbeitern ihre Informationspflicht in ausreichendem Maße zu erfüllen.

Führungsausbildung: mangelhaft

Vorgesetzte beurteilen ihr eigenes Führungsverhalten anders, als dies durch die von diesem Führungsstil betroffenen Mitarbeiter geschieht. Sie sollten daher immer wieder ihr eigenes Führungsverhalten kritisch überprüfen.

Diese kritische Selbstprüfung ist vor allem deshalb erforderlich, weil man im Zusammenhang mit der Mitarbeiterführung immer wieder die Frage stellen muß: Wie werden Kunden und Geschäftspartner geführt? Kooperativ oder autoritär? Werden sie um ihre Meinung gefragt oder nur abgefertigt?

Kunden wollen zunehmend um ihre Meinung gefragt werden. Wenn möglich, wollen sie zwischen verschiedenen Alternativen wählen können.

Was bedeutet denn letztlich „beraten"? Dem Kunden soll die Entscheidung über Vorschläge, die ihm gemacht werden, überlassen werden. Ganz sicher gibt es eine Reihe von Kunden, die mehr oder minder „blind" den Vorschlägen, die ihnen gemacht werden, folgen. Aber bilden diese Kunden die Mehrheit? Werden sie in Zukunft die Mehrheit bilden? Ist es die entscheidende, wichtige Gruppe, die sich so verhält?

Die Gefahr, daß das in einer Organisation praktizierte Führungsverhalten sich im Verhalten gegenüber Kunden oder Geschäftspartnern widerspiegelt, ist groß. Wird zum Beispiel die Meinung der Mitarbeiter und Führungskräfte „intern" weitgehend nicht beachtet, kann man dann erwarten, daß der Meinung der Kunden Rechnung getragen wird?

„Beachtet Ihr Vorgesetzter Ihre Meinung bei wichtigen Entscheidungen?" Für ein uneingeschränktes „ja" konnten sich nur 51 Prozent der von uns befragten Führungskräfte entscheiden. Ein Gegenstück zu unserer Befragung bietet die EMNID-Befragung vom Herbst 1986 über die Arbeitsmotivation von Arbeitern und Angestellten der deutschen Wirtschaft. Für ein „ja, immer" konnten sich bei derselben Frage nur 13 Prozent (!) der Befragten entscheiden, weitere 51 Prozent für ein eingeschränktes „ja, meistens".

Abgesehen davon, welch ungeheures Leistungspotential hier ungenutzt bleibt: In diesem Führungsverhalten dokumentiert sich eine Grundeinstellung, die im Mitarbeiter eben nicht einen Menschen sieht, mit dem man „zusammen" arbeitet, mit dem man „gemeinsam" ein Ziel erreichen will, sondern den man mehr oder minder als rein „ausführendes Organ" betrachtet. Hier zeigt sich der autoritäre Führungsstil in Reinkultur.

Es kann nicht oft genug betont werden: Das Verhalten der Vorgesetzten spiegelt sich im Verhalten der Mitarbeiter dem Kunden gegenüber wider. Kundenorientierung, die ja immer wieder gefordert wird, ist so lange in Frage gestellt, bis nicht ein entscheidender Wandel auf dem Gebiet der „inneren Führung" vollzogen wird.

Als größtes Hindernis auf diesem Wege zum Wandel erweist sich immer wieder die kaum zu erschütternde Selbsteinschätzung des eigenen Führungsverhaltens durch die Führungskräfte. Repräsentative Meinungsumfragen werden zwar zur Kenntnis genommen, aber dann mit der Bemerkung abgetan, „bei uns ist das ganz anders".

Anstatt die Realitäten einfach einmal zur Kenntnis zu nehmen und dann entsprechend zu handeln, werden Rückzugsgefechte geliefert, neue Widerstandslinien aufgebaut. Wieviel Energie wird für Kämpfe auf diesen Nebenkriegsschauplätzen sinnlos vergeudet, anstatt den entscheidenden Schritt nach vorn zu tun und sich – endlich – intensiv mit Führungsfragen zu beschäftigen?

Führung, und daran führt kein Weg vorbei, muß man lernen und vor allem trainieren, wobei das Schwergewicht beim Verhaltenstraining liegt. Daß oft reines Führungswissen bei vielen vorhanden

Führungsausbildung: mangelhaft 29

ist, zeigt sich in Führungsseminaren immer wieder bei der Gruppenarbeit. Hier werden von kleinen Arbeitsgruppen oft Ergebnisse zu einzelnen Führungsgebieten herausgearbeitet, die als druckreif bezeichnet werden können. Anschließend, im Rollenspiel die Ergebnisse der Gruppenarbeit in die Tat umgesetzt, kommt dann die große Ernüchterung. Zwischen dem Führungswissen und dem Führungskönnen liegen oft Welten! Und selbst dann wird noch argumentiert: „In der Praxis sind wir ja gar nicht so." Dann kommt aber sehr oft, meist von den jüngeren Seminarteilnehmern, der Konter: „Noch viel schlimmer!"

Wie der Herr, so's Gescherr! Diese alte Volksweisheit gilt nach wie vor, und die Führung sollte dieser Erkenntnis Rechnung tragen. Man kann nicht immer nur Kooperation, Teamarbeit fordern, sondern muß „konkret" etwas tun und vor allem sich selbst in diesen Prozeß einbeziehen. Wenn Vorbilder gefordert sind, dann hier.

Sich damit zu beruhigen – viele klammern das Führungsproblem sogar aus –, daß das alles gar keine so große Bedeutung haben könne, weil es uns ja – noch – gut gehe, ist sehr gefährlich. Entwicklungen auf dem Gebiet der Führung gehen sehr langsam vor sich. Sie ähneln oft einer schleichenden Krankheit. Kommt die Krankheit aber zum Vorschein, ist es in den meisten Fällen schon zu spät. Denn auch Veränderungen auf dem Gebiet der Führung zum Positiven hin brauchen sehr viel Zeit. Mit einem oder zwei Seminaren oder gar nur mit einem Appell der obersten Leitungsebene ist es nicht getan. Der Infarkt überholt den eingeleiteten Gesundungsprozeß manchmal schon im Stadium der Planung!

Nur eines hat sich geändert: Die Ursachen solcher Infarkte kommen immer häufiger und klarer zutage. Die Forderung nach intensiver und umfassender Weiterbildung in Führungsfragen, nach einer gezielten Personalentwicklung, werden erhoben.

Wird diesen Forderungen nicht genüge getan, wird man sich später fragen lassen müssen, warum nichts unternommen worden ist. Dabei kann ein Angebot nach fachlicher Fortbildung auf keinen Fall ein fehlendes Angebot an Führungs-Aus- und Fortbildung ersetzen.

„Werden nach Ihrer Meinung genügend Fortbildungsmöglichkeiten geboten?" Mit dem Fortbildungsangebot in fachlicher Hinsicht waren über 43 Prozent der von uns befragten Führungskräfte uneingeschränkt zufrieden. Ganz anders sah die Zufriedenheit mit den Möglichkeiten aus, sich in führungsmäßiger Hinsicht fortzubilden: Die Zufriedenheitsquote erreichte rund 17 Prozent.

Dieser Fortbildungsbedarf darf nicht länger ignoriert werden. Wobei Führungsfortbildung – in vielen Fällen wird es sogar -ausbildung sein müssen – „durchgängig" betrieben werden muß, und zwar von der obersten Leitungsebene bis zur niedrigsten Hierarchiestufe.

Junge Menschen sind kritisch

Junge Mitarbeiterinnen und Mitarbeiter stellen hohe Ansprüche an die Qualität der Führung. Das Anspruchsniveau ist viel höher als zum Beispiel das der Berufsanfänger noch vor 10 oder gar 20 Jahren. Ein Vergleich mit „früher", mit der eigenen Ausbildungszeit, wie er gerne von älteren Führungskräften insbesondere der oberen Leitungsebenen angestellt wird, führt unweigerlich zu Fehlschlüssen.

Junge Mitarbeiterinnen und Mitarbeiter sind genauso ein Teil der Gesellschaft wie junge Kundinnen und Kunden.

Wieviel Mühe wird auf die jungen Kunden oder potentiellen jungen Kunden verwendet? Umfangreiche soziologische Untersuchungen werden angestellt, Bedürfnisse, Erwartungen analysiert. Millionen von DM werden in die Werbung investiert.

Junge Menschen sind heute finanziell unabhängiger als die Generation vor ihnen. Aus diesem größeren finanziellen Spielraum folgt ein erhöhtes Selbstbewußtsein, das noch durch das gestiegene Bildungsniveau verstärkt wird. Die jungen Menschen sind kritischer und, was ihr Verbraucherverhalten anbelangt, wählerischer geworden.

Erhöhtes Selbstbewußtsein, gestiegenes Bildungniveau, kritischere Einstellung! Auf all das gilt es sich bei den jungen Menschen – Kunden und Mitarbeitern – einzustellen. Das gilt für die Werbung ebenso wie für die Gestaltung der Geschäfts- und Mitarbeiterbeziehung.

In vielen Bereichen der Wirtschaft wird sich schon in naher Zukunft der Mangel an gut qualifizierten Bewerbern bemerkbar machen. Junge Menschen wollen persönlich angesprochen werden, sie erwarten, daß man sich um sie kümmert, auf ihre Erwartungen und Bedürfnisse eingeht.

Gestiegenes Bildungsniveau erfordert qualifizierte Dienstleistung. Die Qualität der Beratung, des Leistungsangebotes wird sich darauf ebenso einstellen müssen wie die Qualität der Aus- und Fortbildung der jungen Mitarbeiter.

Kritischere Einstellung aber nicht nur gegenüber dem Leistungsangebot, der Art und Weise, wie man als Kunde „behandelt" wird. Kritischere Einstellung auch gegenüber der „Behandlung" als Mitarbeiter. Gerade von jungen Menschen wird „autoritäre Führung" abgelehnt, Kooperation gefordert.

Der „Nachwuchsmarkt" wird schwieriger. So die Marketingstrategen, die den Kundenmarkt im Auge haben. Wie steht es aber um den „Mitarbeiter-Nachwuchsmarkt"?

Führungskräfte müssen sich intensiv mit diesen Fragen beschäftigen. Fehleinschätzungen führen zu Einbußen am Markt, aber auch zu Verlusten an Arbeitsproduktivität.

Wir stellten jungen Menschen, Berufsanfängern zwischen 18 und 21 Jahren (Realschüler und Abiturienten), die Frage: „Fühlen Sie sich als junger Mensch von Ihrer Umwelt anerkannt?" Rund 96 Prozent der von uns vor dem Start ins Berufsleben Befragten beantworteten diese Frage positiv, nur 4 Prozent fühlten sich mehr oder minder nicht anerkannt.

Diese Selbsteinschätzung ist Ausdruck des gestiegenen Selbstbewußtseins und Selbstvertrauens, die nach unseren Untersuchungen von Jahr zu Jahr gewachsen sind.

Dieses Selbstbewußtsein wird von vielen Führungskräften nicht erkannt, geschweige denn in ihre „Führungsüberlegungen" einbezogen.

Was glauben Sie, wieviel Prozent der Berufsanfänger beantworteten die Frage „Fühlen Sie sich als junger Mensch von Ihrer Umwelt anerkannt?" mit „ja", wobei die Antwortmöglichkeit in fünf Gruppen zwischen 0 und 100 Prozent unterteilt war. Für die letzte Gruppe, also der zwischen 80 und 100 Prozent, entschieden sich nur 1,1 Prozent der von uns befragten Führungskräfte, für die vorhergehende Gruppe (60 bis 80 Prozent) weitere 12,9 Prozent.

Diese Fehleinschätzung kann im wahrsten Sinne des Wortes „teuer" werden. Junge Menschen, von denen man in hohem Maße annimmt, daß sie sich von ihrer Umwelt, das heißt von ihren Mitmenschen, nicht anerkannt fühlen, führt man doch ganz anders als junge Menschen, die sich anerkannt fühlen. Wer davon überzeugt ist, von seinen Mitmenschen anerkannt zu sein, will als Partner behandelt, im Berufsleben „kooperativ" geführt werden. Und was für junge Menschen als Mitarbeiter gilt, muß auch für die Führung der jungen Menschen als Kunde gelten.

Schon vor Eintritt ins Berufsleben äußerten 70 Prozent der von uns befragten Berufsanfänger den Wunsch nach einem kooperativen Führungsverhalten. Von denjenigen, die sich für ein mehr oder minder autoritäres Führungsverhalten ausgesprochen hatten, entschieden sich lediglich 1,6 Prozent für einen Vorgesetzten, der entscheidet, ohne vorher den Rat seiner Mitarbeiter einzuholen und diese Entscheidung dann auch nicht begründet. Mehr als 28 Prozent der befragten Berufsanfänger wünschten sich ebenfalls einen Vorgesetzten, der entscheidet, ohne mit seinen Mitarbeitern vorher über diese Entscheidung zu sprechen, sprachen sich aber dafür aus, daß die Entscheidung entsprechend begründet wird.

Diese in Nichtkenntnis der betrieblichen Realität geäußerte Wunschvorstellung änderte sich nach etwa zweijähriger Ausbildungszeit. Keiner der Befragten entschied sich dann mehr für ein autoritäres Führungsverhalten ihrer Vorgesetzten, alle wollten kooperativ geführt werden. Über das Führungsverhalten ihrer Vorgesetzten befragt, gaben 90 Prozent an, autoritär geführt zu werden. Dieses Auseinanderklaffen zwischen Erwartung und Realität kann nicht ohne Folgen bleiben.

Man muß – endlich – auch einmal im Berufsleben zur Kenntnis nehmen, daß das Streben nach Selbständigkeit und Unabhängigkeit nicht auf Bereiche außerhalb des Arbeitslebens beschränkt ist. Im familiären Bereich wird das Erziehungsziel „Unabhängigkeit, Selbständigkeit" immer stärker gefordert. In einer internationalen Wertestudie von 1981/82 waren in der Bundesrepublik im Durchschnitt der Bevölkerung ab 18 Jahren bereits 46 Prozent der Befragten der Ansicht, „Kinder sollten im Elternhaus lernen, unabhängig und selbständig zu werden", im europäischen Durchschnitt dagegen nur 27 Prozent und in den USA 31 Prozent.

Bei den 18- bis 24jährigen war dieser Wunsch mit 67 Prozent der Befragten besonders stark ausgeprägt, während sich bei den 55- bis 64jährigen nur noch 33 Prozent für dieses Erziehungsziel aussprachen.

Das Rad der Geschichte läßt sich nicht zurückdrehen. Auf die gesellschaftliche Entwicklung gilt es einzugehen, unnötige Reibungsverluste kann sich niemand leisten.

Autoritäre Führung produziert Frust

Junge Menschen wollen anders geführt, „behandelt" werden, als dies im Arbeitsalltag häufig geschieht. Bei der Einschätzung der Führungsrealität durch junge Menschen kann es durchaus sein, daß ein „autoritäres" Führungsverhalten viel stärker, krasser empfunden wird, als von einem ihrer älteren Kollegen oder Führungskräfte – von denen sich aber immerhin auch mehr als 60 Prozent autoritär geführt fühlen. Die gesellschaftliche Entwicklung berührt alle Altersgruppen, wenn auch die entscheidenden Impulse von den jüngeren Menschen ausgehen. Eine scharfe Altersabgrenzung in bezug auf den Wunsch nach kooperativer Führung läßt sich nicht ziehen.

Daß hier ein Wandlungsprozeß im Gange ist, zeigt eine Repräsentativbefragung von 2200 Bundesbürgern aus dem Jahre 1987 (O.W. Haseloff und IFAK Institut, Die zerstrittene Gesellschaft, *management wissen* 1/1988). Für die Feststellung „Revolutionäre Veränderungen sind nötig, damit unsere Gesellschaft dem einzelnen Freiheit und Selbstverwirklichung gewährt" entschieden sich 27 Prozent der 60- bis 69jährigen, aber nur 25 Prozent der 14- bis 19jährigen und 26 Prozent der 20- bis 29jährigen. Diesen Trend wird man sorgfältig beobachten müssen.

Autoritäre Führung produziert, um es einmal salopp auszudrücken, „Frust". Dies kann dazu führen, daß eine positive Einstellung zur Arbeit allgemein und zum speziellen Arbeitgeber langsam aber sicher abgebaut wird. Was bleibt, ist vielleicht ein Beruf, mit dem man zufrieden ist. Die Unzufriedenheit mit der zur Zeit ausgeübten konkreten Tätigkeit dagegen wächst.

Im Jahre 1985 schieden 103 890 junge Menschen vorzeitig aus ihrem Ausbildungsberuf aus, 1986 waren es schon 110 220. Der Anstieg gegenüber den Vorjahren betrug 1985 5,4 und 1986 6 Prozent (iwd 41/1986 und iwd 18/1988). Dieser Trend hat sich auch 1988 fortgesetzt: 115 000 Ausbildungsverträge wurden vorzeitig gelöst (W.G. Schmitt, Seht zu, wohin ihr wollt, bevor ihr losgeht, *Die Welt* 29. April 1989).

Die meisten Ausbildungsverträge wurden im ersten Ausbildungsjahr gelöst; etwa ein Viertel der vorzeitigen Trennungen entfiel dabei auf die Probezeit, also in die ersten drei Monate der Ausbildung. In Nordrhein-Westfalen liegt zum Beispiel der Anteil der vorzeitig gelösten Ausbildungsverträge bei etwa 13 bis 14 Prozent. Durch den vorzeitigen Abbruch der Ausbildung werden schätzungsweise jährlich 40 000 Ausbildungsplätze blockiert.

Allenfalls der Hälfte aller Jugendlichen gelingt es, nach einer Vertragslösung relativ problemlos in einen anderen Ausbildungsberuf beziehungsweise -betrieb überzuwechseln.

An der Spitze der Gründe für einen vorzeitigen Abbruch der Ausbildung standen „Differenzen mit dem Ausbilder".

Über die ersten Eindrücke im Berufsleben gibt auch eine interessante Studie Auskunft, in deren Rahmen 400 Auszubildende verschiedener Berufe aus Betrieben mit unterschiedlicher Größe nach etwa dreimonatiger Ausbildungszeit nach ihren ersten Eindrücken befragt worden waren (*Der Bankangestellte*, Ausgabe November 1987).

Rund 18 Prozent der befragten Berufsanfänger berichteten über eine allgemeine Freundlichkeit, erkennbare Aufmerksamkeit und besondere Rücksichtnahme auf ihr „Neulingsein" und ihr „Eingewöhnen".

35 Prozent fühlten sich weder irgendwie bevorzugt noch benachteiligt behandelt und bestätigten ihren Ausbildern wie auch den Mitarbeitern korrektes Verhalten. 27 Prozent hatten eine gewisse Kälte, Gleichgültigkeit, Herablassung und Arroganz in ihrer Umgebung festgestellt; fast zwei Drittel von ihnen äußerten gleichzeitig die Ansicht, daß sich Ausbilder und Mitarbeiter zu wenig um sie kümmerten oder sie zu oft oder zu lange sich selbst überließen.

20 Prozent beklagten sich über eine schlechte, sie quälende Behandlung – weniger seitens ihrer Ausbilder als durch ihre Mitarbeiter. Sie würden fortwährend „durch den Wolf gedreht" oder bei jeder Gelegenheit „zur Schnecke gemacht", man versuche sie zu „tunken und zu ducken", wo immer es nur ginge, und demonstriere ihnen ständig, was für ein „kleines Würstchen" sie seien. Mit Vorurteilen und notorischer Antipathie gegen die „vergammelte Jugend von heute" werde ihnen der Alltag „vermiest" und ihnen durch Ironie, Spott und Hohn eingeimpft, was für dumme „Kohl- und Hohlköpfe" sie doch seien.

Interessant war die Reaktion der befragten Berufsanfänger auf diese Art von „Führung" in bezug auf ihre Arbeits- und Berufszufriedenheit: Von den Berufsanfängern der ersten beiden Gruppen hatten sich lediglich 1,4 Prozent dahingehend geäußert, keine Freude an Beruf und Ausbildungsbetrieb mehr zu finden. Von den Auszubildenden, die sich kühl, herablassend oder arrogant behandelt fühlten und den Eindruck hatten, daß man sich zu wenig um sie kümmere, waren bereits knapp 13 Prozent mit ihrem Arbeitsplatz und ihrem Beruf nicht mehr zufrieden. In der letzten Gruppe war kein einziger mehr, der gern zu seiner Arbeit ging. Fast 43 Prozent hatten jede Freude an ihrem Beruf und gegenwärtigen Betrieb verloren.

Wenn man von „Praxisschock" sprechen kann, dann hier. Wenn sich 47 Prozent, also fast die Hälfte, in bezug auf ihre „Behandlung" bei ihrem Start ins Berufsleben derartig negativ äußerten, kommt dies einer Bankrotterklärung der Führung gleich.

Eine der gesellschaftlichen Entwicklung entsprechende Führung am Arbeitsplatz reicht allein aber nicht aus. Sie muß ergänzt werden durch eine entsprechende Führung im Rahmen der Berufsschule.

Auch hier ist die „Erlebnisbilanz" nicht sehr erfreulich. Nach einer Umfrage des Bundesinstituts für Berufsbildung bei fast 1000 Auszubildenden im Jahre 1986 urteilten nur 13 Prozent der weiblichen und 11 Prozent der männlichen Auszubildenden „macht mir richtig Spaß", weitere 50 Prozent der weiblichen und 44 Prozent der männlichen Auszubildenden äußerten „es ist ganz gut". 28 Prozent der weiblichen und 34 Prozent der männlichen Auszubildenden meinten zur Berufsschule „es geht, ist für mich ein notwendiges Übel", 4 Prozent der weiblichen und 6 Prozent der männlichen Auszubildenden äußerten „fällt mir recht schwer" und 6 Prozent der weiblichen und 5 Prozent der männlichen Auszubildenden wollten „lieber heute als morgen aufhören".

Praxisschock im Betrieb, Praxisschock in der Schule. Im Betrieb fühlt man sich nicht wohl, weil man mit der „Behandlung" nicht sonderlich zufrieden ist, in der Schule ist man mit dem Unterricht selbst weitgehend unzufrieden, wobei auch von seiten der ausbildenden Betriebe Mängel beklagt wurden.

Sich der jungen Menschen anzunehmen, erschöpft sich nicht in großen Reden oder in farbigen, gut aufgemachten Werbeprospekten. Es genügt auch nicht, wenn man „über" die Jugend spricht. Man muß „mit" den jungen Menschen reden. Man muß Fragen stellen, man muß zuhören, man muß sich Zeit nehmen. Nur wenn dies geschieht, wird es möglich sein, Vorurteile abzubauen und einen Weg der Führung zu begehen, der Zielkonflikte vermindert und Reibungsverluste gar nicht erst entstehen läßt.

Auch hier muß man wieder über eines nachdenken: Wie verhält man sich gegenüber jungen Kunden, wenn man schon seinen jungen Mitarbeitern mit solcher Herablassung begegnet? Die Einstellung jungen Menschen gegenüber ist doch nicht „teilbar". Ist man den jungen Kunden gegenüber etwa auch kühl, herablassend oder arrogant? Kümmert man sich zu wenig um sie, wenn sie beraten werden wollen? Hält man junge Kunden etwa auch für „kleine Würstchen"?

Wie steht es übrigens um die Quote der abgebrochenen „Geschäftsverbindungen" mit jungen Menschen? Auch das sollte man einmal untersuchen und vor allem nach den Gründen forschen, warum im Einzelfall die Geschäftsverbindung beendet wurde.

Das „Danke" wird immer seltener

Die Zusammenhänge zwischen Führung, Berufszufriedenheit und Wohlbefinden – zwei wesentliche Voraussetzungen für Leistungsbereitschaft und Leistung – sind immer wieder deutlich aufgezeigt worden. Ein Beispiel unter vielen sind die Umfragen des Allensbach-Institutes und die Auswertung der internationalen Studie „Jobs in the 80's" (E. Noelle-Neumann/B. Strümpel, Macht Arbeit krank? Macht Arbeit glücklich?, München 1985).

Kernpunkt des Führungsproblems ist der Grad der Mitbeteiligung an Entscheidungsprozessen. Je weniger „subjektives Freiheitsgefühl" der einzelne am Arbeitsplatz hat, um so „autoritärer" wird das Führungsverhalten der Vorgesetzten, je mehr Freiheitsempfinden, um so „kooperativer" der Führungsstil empfunden.

Angestellten und Arbeitern war die Frage gestellt worden: „Wie geht es Ihnen im allgemeinen: Fühlen Sie sich morgens immer frisch und munter oder ist es oft so, daß Sie sich den Morgen über ziemlich müde und unlustig fühlen?"

Von den Angestellten – bei den Arbeitern lagen die Ergebnisse etwa im gleichen Rahmen – fühlten sich von denjenigen mit viel Freiheitsgefühl am Arbeitsplatz 42 Prozent und mit geringerem Freiheitsgefühl nur 21 Prozent morgens beim Aufstehen immer frisch und munter.

Interessant war auch das Ergebnis zu der Frage: „Wann haben Sie zum letzten Mal so richtig aus vollem Herzen lauthals gelacht: gestern, in den letzten Tagen, oder ist das länger her?"

Gestern zum letzten Mal so richtig aus vollem Herzen lauthals gelacht zu haben bestätigten 51 Prozent der befragten Angestellten (Ergebnisse bei den Arbeitern waren ähnlich) mit viel und nur 33 Prozent mit wenig Freiheitsgefühl am Arbeitsplatz.

Sich beim Aufstehen frisch und munter fühlen, fröhlich sein! Dies sind Grundvoraussetzungen für eine hohe Arbeitsproduktivität.

Und hier kann noch etwas gedeihen: Freundlichkeit und Höflichkeit, alles wichtige Tugenden im „Innenverhältnis" der Mitarbeiter und Führungskräfte, aber auch im „Außenverhältnis" zum Kunden.

Freundlichkeit beginnt schon mit der Begrüßung. Im Rahmen einer Kundenbefragung hatten etwas mehr als die Hälfte der Kunden von Geschäften berichtet, in denen sie bei ihrem ersten Besuch sehr nachlässig, kühl, unwillig oder gar nicht begrüßt worden waren. Die Folge: Nur 2,6 Prozent wurden dort Stammkunden, 53,3 Prozent haben das Geschäft nur noch selten, 44,1 Prozent überhaupt nicht mehr besucht. Mehr als ein Drittel dieser Gruppe waren schon beim ersten Mal enttäuscht und verärgert gegangen, ohne ihren Kaufwunsch vorzutragen, und mehr als ein Viertel der Befragten erklärten, daß sie aufgrund ihres Erlebnisses Verwandte und Bekannte beeinflußt hätten, dieses Geschäft erst gar nicht zu betreten.

Diese Ergebnisse von Kundenbefragungen aus dem Verkauf zeigen – und damit gelten sie vom Grundgehalt her auch für andere Bereiche – ganz deutlich auf, wie wichtig das „Wie" beim zwischenmenschlichen Kontakt zu bewerten ist. Dies setzt eine positive Grundstimmung voraus, ganz gleich, ob es sich um innerbetrieblichen Kontakte oder um solche mit Kunden und Geschäftspartnern handelt. Wobei das eine wiederum das andere entscheidend beeinflußt. Wenn man innerbetrieblich immer wieder beobachten muß, wie sich Gesprächs-„Partner" vor Beginn eines Gesprächs begrüßen – in vielen Fällen geht man sogar ohne Begrüßung sofort „zur Sache" – kann man nur mit Schrecken daran denken, wie Kontakte nach außen „gepflegt" werden.

Was nutzt die beste Sachkenntnis, wenn sie nicht höflich, zuvorkommend und freundlich an den Mann oder die Frau gebracht wird? Wobei zum Beispiel die Wichtigkeit der Höflichkeit in der Gunst der Kunden höher rangiert als die Sachkenntnis. In einer großen Untersuchung eines amerikanischen Haushaltgeräteherstellers, bei der 1000 Kunden befragt worden waren, hielten 91 Prozent der Kunden Höflichkeit für „stets wichtig", dagegen verlangen nur 72 Prozent, „daß das Personal auch immer uneingeschränkt sein Metier beherrschen sollte". Diese Ergebnisse wurden durch eine Umfrage in der Bundesrepublik, in deren Verlauf über ein dreiviertel Jahr hin Kunden aus allen Bereichen des Handels, des Handwerks- und des Dienstleistungsbereiches zum Thema „Bedienung" befragt wurden, bestätigt. Als negativ wurden immer wieder empfunden: unaufmerksam, uninteressiert, irgendwie abwesend.

Hier kommen doch unwillkürlich Verbindungen zwischen „frisch und munter" und unaufmerksam, uninteressiert, irgendwie abwesend in den Sinn. Man sollte doch vor lauter Marketing-„Technik" nicht die menschlichen Voraussetzungen für die Umsetzung dieser Technik in die Praxis vergessen, und die liegen nun einmal im Führungsbereich. Und man sollte endlich aufhören immer wieder über die wachsende Unfreundlichkeit oder Unhöflichkeit „des Personals" zu klagen, ohne nach den Ursachen im Führungsbereich auch nur zu suchen. Womit nicht gesagt sein soll, daß Unfreundlichkeit oder Unhöflichkeit ihre Ursache immer im Führungsverhalten der Vorgesetzten haben müssen.

Freundlichkeit bei der Begrüßung, während des Gesprächs und schließlich Freundlichkeit auch bei der Verabschiedung. Hier vermißt man zunehmend ein Wort: Danke!

Im „innerbetrieblichen Verkehr" erschrickt man fast schon, wenn sich ein Kollege oder Vorgesetzter für was auch immer bedankt. Mißtrauen kommt auf. Was wird mit dem „Danke" bezweckt? Steckt etwas dahinter?

Auch hier setzt sich das innerbetriebliche Verhalten konsequent nach „außen" fort. Das „Danke" wird immer seltener, und ein „Danke" mit der Hoffnung, dem Wunsch „wir würden uns freuen, Sie bald wieder bei uns zu sehen", wird fast schon zur Ausnahme!

Überall werden die Ursachen für solch „kundenfeindliches Verhalten" gesucht, nur darauf, daß jemand, der selbst keinen Dank bekommt, sich anderen gegenüber ähnlich verhält, kommt kaum jemand.

Und was passiert, wenn ein Kunde nichts „kauft", sich nur informiert, beraten läßt? Auch hier gibt das Ergebnis einer Kundenbefragung interessante Aufschlüsse. Nur gut ein Fünftel der befragten Kunden, die sich „nur" beraten ließen, fühlten sich „trotzdem" mit unerschütterter Freundlichkeit und Aufmerksamkeit oder mit genau solcher Liebenswürdigkeit behandelt, als hätten sie gekauft. 92 Prozent dieser Kunden wurden Stammkunden und 68 Prozent hatten außerdem mindestens einen, teils auch mehrere Bekannte oder Verwandte dem Geschäft zugeführt. Auch dieses Ergebnis aus dem Verkauf sollte in allen anderen Bereichen zum Nachdenken anregen.

Warten auf das nächste Wochenende

„Welche Stunden sind Ihnen ganz allgemein am liebsten? Die Stunden während der Arbeit oder die Stunden, während Sie nicht arbeiten, oder mögen Sie beide gern?" 67 Prozent der befragten Angestellten mit viel Freiheitsempfinden am Arbeitsplatz mochten die Stunden während der Arbeit ebenso gern oder sogar lieber als die Freizeit, gegenüber 46 Prozent der Angestellten mit geringem Freiheitsempfinden. Der Unterschied bei den Arbeitern war noch größer: Er betrug 35 Prozent.

"Glauben Sie, es wäre am schönsten zu leben, ohne arbeiten zu müssen?" 80 Prozent der befragten Angestellten mit viel Freiheitsempfinden am Arbeitsplatz fänden ein Leben ohne Arbeit nicht schön, gegenüber 67 Prozent der Befragten mit geringem Freiheitsempfinden am Arbeitsplatz. Der Unterschied bei den Arbeitern betrug 24 Prozent.

"Würden Sie sagen, daß Ihre jetzige Arbeit Sie voll und ganz befriedigt, nur zum Teil oder überhaupt nicht?" Mit ihrer jetzigen Arbeit waren voll und ganz zufrieden 67 Prozent der befragten Angestellten mit viel Freiheitsempfinden, aber nur 30 Prozent mit wenig Freiheitsempfinden am Arbeitsplatz. Der Unterschied bei den Arbeitern lag bei 42 Prozent.

Eine Trendanalyse bei den unter 30jährigen Arbeitnehmern zeigte einen deutlichen Rückgang bei der Antwort „bin mit meiner Arbeit voll und ganz zufrieden" von 47 Prozent im Jahre 1961 auf nur 38 Prozent im Jahre 1986 (E. Noelle-Neumann/R. Köcher, Die verletzte Nation, Stuttgart 1987).

Ein ähnlicher Rückgang zeigte sich bei der Antwort: „Ich setze mich in meinem Beruf ganz ein und tue oft mehr, als von mir verlangt wird. Der Beruf ist mir so wichtig, daß ich ihm manches Opfer bringe." 1967 waren es 45 Prozent, 1982 nur noch 30 Prozent.

Im Ländervergleich der internationalen Wertestudie 1981/82 schnitten die Deutschen bei der Frage: „Sind Sie stolz auf Ihre Arbeit, Ihren Beruf?" bei den Antworten „sehr stolz" und „ziemlich stolz" am schlechtesten mit insgesamt 53 Prozent ab. Durchschnitt Europa: 73 Prozent, USA: 96 Prozent.

Bei der Frage „Wenn Sie einmal ganz allgemein an das Wochenende, an Ihre Freizeit denken – was ist Ihnen da alles in allem wichtiger: möglichst viel Entspannung, ausruhen oder etwas unternehmen und erleben?" entschieden sich für „Mir ist es am wichtigsten auszuruhen" 41 Prozent der Deutschen im Gegensatz zu nur 28 Prozent der übrigen Europäer und 24 Prozent der US-Amerikaner.

Die Unzufriedenheit mit der Arbeit hat ihr Gegenstück im häuslichen Bereich. Wie man sich zu Hause fühle, wurde in der internationalen Wertestudie gefragt. „Oft gereizt – manchmal gereizt" sagten 60 Prozent der Deutschen, aber nur 45 Prozent der übrigen Europäer und 55 Prozent der US-Amerikaner.

„Wenn das Wochenende vorbei ist, freuen Sie sich dann richtig wieder auf Ihre Arbeit oder tut es Ihnen eher leid, daß das Wochenende vorbei und das nächste so weit weg ist?" „Freue mich auf die Arbeit": USA 44 Prozent, Europa 27 Prozent, Bundesrepublik 18 Prozent. Robinson-Methode? Am Montag zur Arbeit kommen und warten auf Freitag?

Diese Befragungsergebnisse sprechen eine deutliche Sprache. Sie werden in eindrucksvoller Weise ergänzt durch die EMNID-Untersuchung „Die Arbeitsmotivation von Arbeitern und Angestellten der deutschen Wirtschaft" vom Herbst 1986. Quintessenz: Mitbestimmungsmöglichkeiten am Arbeitsplatz erhöhen deutlich Arbeitsmoral, Motivation und Zufriedenheit und verringern die Fluktuationsneigung. Die Bereitschaft zu Leistungssteigerungen ist deutlich höher als in anderen Unternehmen.

Hier auf dem Gebiet der Führung also liegen die großen Leistungsreserven. Hier können und müssen sie mobilisiert werden. Warum geschieht in einzelnen Organisationen auf dem Gebiet der Führungsanalyse so wenig? Warum geht man im Wege der Schwachstellenanalyse im Führungsbereich in der eigenen Organisation dieses Problem nicht an?

Nicht nur bedeutende Leistungsreserven können durch Änderung des Führungsverhaltens mobilisiert werden. Auch zwischen Führungsverhalten und Leistungsausfall bestehen deutliche Beziehungen.

„Könnten Sie mir bitte sagen, an wieviel Arbeitstagen Sie im Jahre 1981 wegen Krankheit im Beruf nicht arbeiten konnten?" Diese im Rahmen der internationalen Untersuchung „Jobs in the 80's" gestellte Frage beantworteten mit „an keinem Tage krank gewesen" 42 Prozent der befragten Angestellten und Beamten mit viel Freiheitsempfinden am Arbeitsplatz gegenüber nur 25 Prozent mit geringem Spielraum für Entscheidungen. Bei den Arbeitern war der Unterschied noch größer, er betrug 31 Prozent!

Wer am Arbeitsplatz einen Spielraum für Entscheidungen empfindet, wird seltener krank! Besonders bei diesen Untersuchungsergebnissen müßte jede Führungskraft mit Verantwortungsgefühl sehr nachdenklich werden.

Die Zusammenhänge zwischen Krankheit und Führungsverhalten sind seit Jahrzehnten in nationalen und internationalen Untersuchungen immer wieder aufgezeigt worden.

Warum nimmt man diese Untersuchungsergebnisse nicht zur Kenntnis und handelt entsprechend? Aber auch hier wird in vielen Bereichen kein „Handlungsbedarf", wie es neudeutsch so schön heißt, gesehen. Hier heißt es, auf eine kurze Formel gebracht, immer wieder: „Wenn einer krank ist, dann muß eben ein anderer die Arbeit mitmachen." Wobei nicht selten anstelle von krank „sein" der Ausdruck krank „feiern" gebraucht wird. Mißtrauen? Autoritäre Führung?

„Treppen werden von oben gekehrt!" „Climate starts at the top!" Hier ist eindeutig die oberste Führungsebene gefordert. Sie muß aktiv werden, die Initialzündung für ein Umdenken in Führungsfragen geben. Wobei „denken" nur den ersten, den allerersten Schritt bedeuten kann. Nach dem Nachdenken müssen die „hauseigenen" Schwachstellen analysiert und diese dann im gemeinsamen Verhaltenstraining angegangen werden. Führung ist Verhalten. Verhalten aber muß gemeinsam trainiert werden, und zwar von denen, die miteinander arbeiten. Auch hier erfüllt die oberste Leitungsebene eine wichtige Vorbildfunktion. Sie darf sich nicht ausschließen. Dies ist eine der großen konzeptionellen Aufgaben der Zukunft.

„Der Mensch steht im Mittelpunkt des Unternehmens!" Wie oft hört und liest man diesen Satz. Und wie sieht die Führungsrealität im „grauen Arbeitsalltag" aus? Nichts gegen Sonntagsreden und Programme – wenn sie in die Tat umgesetzt werden! Aber bis dahin scheint in vielen Bereichen noch ein sehr weiter Weg zu sein.

Schützenfest in der Vorstandsetage

Einsparung von Kosten ist nach wie vor ein zentrales Thema. Organisatoren – externe und interne – forsten alle Bereiche nach Einsparungsmöglichkeiten durch. Abläufe wie Strukturen werden „durchleuchtet" und „zerlegt". Der Personalbedarf wird auf die Stellen nach dem Komma errechnet, zusätzlich mit dem „Erfolg", daß bei einem Bedarf auch noch das, was nach dem Komma steht, „wegrationalisiert" wird. 2,4 sind eben zwei und 2,8 noch lange nicht drei Arbeitskräfte. Ein Sparprogramm löst das andere ab, manchmal laufen mehrere Programme nebeneinander her.

Spötter behaupten schon lange: „Wir sparen, koste es, was es wolle." Das mag in vielen Fällen übertrieben sein. Aber wie so oft, in mancher Übertreibung steckt ein – manchmal gewichtiges – Körnchen Wahrheit. In der „Spareuphorie" vergißt man leicht etwas sehr Wichtiges: die Aktivierung, die Mobilisierung der Kräfte.

Um nicht mißverstanden zu werden: Eine ständige Überprüfung mit der Frage „Was können wir kostengünstiger gestalten?" ist nicht nur legitim, sondern wirkt im Zusammenhang mit der Frage „Was können wir besser machen?" motivierend. Wenn man aber nur mit dem Rotstift unterwegs ist, kann dies wertvolle Kräfte geradezu lähmen.

Ziel des Rotstifts ist sehr oft „das Personal", besonders der Führungsbereich. Das „mittlere Management" wird durchleuchtet, von den „Entsorgern" nach Ausdünnungsmöglichkeiten gesucht. Über den Wegfall ganzer Leitungsebenen wird ebenso diskutiert, wie versucht wird, einen Rationalisierungseffekt durch Zusammenlegung von Einheiten zu erzielen.

Bei all diesen Prüfungen wird in sehr vielen Fällen die Führungsaufgabe derjenigen „übersehen", die „wegrationalisiert" werden sollen. Die mit dem Wegfall von Führungskräften „frei" werdenden Führungsaufgaben wachsen doch dem neuen Vorgesetzten zu, der jetzt eine größere Anzahl von Mitarbeitern zu führen hat, und die, im Gegensatz zu Sachaufgaben, nicht delegiert werden können. Führungsaufgaben müssen „höchstpersönlich" wahrgenommen werden. An wen sollen Führungsaufgaben wie Kritik, Kontrolle, Information, Führen von Mitarbeitergesprächen delegiert werden? Legt man zwei Bereiche zu einem größeren Bereich, dem dann mehr Mitarbeiter angehören, zusammen, bedeutet dies doch für den künftigen Vorgesetzten einen bedeutenden Zuwachs an Führungsaufgaben.

Damit soll nicht gesagt werden, daß ein Vorgesetzter, der jetzt mehr Mitarbeiter zu führen hat, dazu nicht in der Lage, er mit dieser Aufgabe überfordert wäre. Auch eine größere Anzahl von Mitarbeitern kann führungsmäßig noch betreut werden, wobei natürlich gewisse Grenzen beachtet werden müssen. Wenn, und das ist die Grundvoraussetzung, dafür genügend Zeit zur Verfügung steht und die betreffenden Vorgesetzten über das erforderliche Führungswissen und Führungskönnen verfügen. Hier geht es nur darum, daß die „Führungsfrage" bei sehr vielen Organisationsüberlegungen überhaupt nicht berücksichtigt wird. Organisatoren, die sonst sehr genau mit Zahlen bei Personalbedarfsberechnungen umgehen, Durchschnittsbearbeitungszeiten für Fallgruppen von Arbeitsfällen errechnen, berücksichtigen bei ihren Kalkulationen nicht das Führungsproblem!

Die Folge: Für Führungsaufgaben steht immer weniger Zeit zur Verfügung. Dazu kommt noch, daß mit der Zusammenlegung von Bereichen auch ein Zuwachs von Sachaufgaben verbunden ist. Zumindest stillschweigend, wenn nicht sogar ausdrücklich, wird erwartet, daß sich der Vorgesetzte „bestimmter Fälle" persönlich annimmt. Abgesehen davon, daß der neue Zuwachs an Kontrollaufgaben an dem ohnehin knappen Zeitkapital nagt. Geradezu zwangsläufig stellen sich Überstunden ein.

Erwartet wird aber auch, daß der Vorgesetzte für seine Mitarbeiter Zeit hat, sich um sie kümmert. Von ihm wird verlangt, daß er seine Mitarbeiter motiviert, mit ihnen Kritikgespräche führt, sie informiert, sie gerecht beurteilt. In „Leitlinien der Führung" sind ganze Kataloge von Führungsaufgaben aufgeführt. Aber: Haben sich diejenigen, die diese Leitlinien entwickelt haben, auch einmal überlegt, welcher Zeitaufwand zum Beispiel zu einer gerechten Beurteilung, vielen gerechten Beurteilungen erforderlich ist?

Warum werden Führungsgrundsätze zunehmend als „illusorisch" bezeichnet, die mit der Realität im Arbeitsalltag nichts mehr gemein haben? Warum werden die in bester Absicht geschaffenen „Leitlinien" als unglaubwürdig abqualifiziert und damit auch die oberste Leitungsebene, die diese Grundsätze verabschiedet hat?

Eine oberste Führungsebene, die mit Führungsgrundsätzen ihr „Credo" verkündet und nicht die Voraussetzungen dafür schafft, daß diese auch mit Leben erfüllt werden, wird unglaubwürdig.

Wann wird man es endlich begreifen? Organisation ist auch Führung, und Führung ist auch Organisation! Wer ist für beide Bereiche zuständig? Der Führungs- und Organisationsbereich gehören unter ein Dach, zum mindesten müssen sie sehr eng zusammenarbeiten. Die Koordinierung beider Bereiche ist eine der wichtigsten Aufgaben der obersten Leitungsebene!

Wie es aber „oben" in der Praxis zugeht, hat erst kürzlich der Vorstandsvorsitzende eines großen Automobilherstellers in einer Diskussion mit Unternehmern im November 1987 in Frankfurt (*Frankfurter Neue Presse* vom 17. November 1987) geschildert: „Es wird zu wenig ehrlich kommuniziert. Wenn da mehr liefe, dann könnten wir eine Menge an innerer Motivation und Leistung erreichen."

Kurz zuvor hatte sich dieser Vorstandsvorsitzende wie folgt geäußert: „Jedoch kann Personalführung nur dann erfolgreich sein, wenn das gesamte Management die Einsicht hat, daß das geistige Potential das wertvollste Betriebsvermögen eines Unternehmens ist." (Die Mitarbeiter sind die Größten, *Blick durch die Wirtschaft* vom 26. August 1987)

Schützenfest in der Vorstandsetage! Aber vielleicht hat sich der Berichterstatter verhört oder es ist – wieder einmal – alles übertrieben oder aus dem Zusammenhang gerissen. Sollte er aber richtig gehört haben: Warum ändert der Herr Vorsitzende des Vorstandes nichts? Bei sich selbst – er sprach doch von „wir" – und, dazu hätte er Einfluß genug, bei anderen?

Routine in der Notlüge

Briefe werden nicht beantwortet, der versprochene Telefonrückruf bleibt aus, Führungskräfte lassen sich verleugnen. Dies sind nur einige wenige Beispiele aus dem betrieblichen Alltag. Das Schlimme daran ist: Sie werden zur Regel. Auch hier zeichnet sich ein „Wertewandel" ab. Von den Demoskopen unbeachtet, von keiner Statistik erfaßt, breiten sich diese Unsitten immer weiter aus.

Unsitte? „Wer etwas von uns will, wird sich schon wieder melden. Je wichtiger die Angelegenheit, um so schneller! Warum dann ein Rückruf?" Außerdem muß man ja an die Kosten denken. Derjenige, der anruft, zahlt! So die Direktive mancher Manager.

Ähnliches gilt für Briefe. Nur das, was für den Empfänger wichtig ist, wird beantwortet. Über die Interessen des Schreibers macht man sich kaum Gedanken. Im übrigen: Kommt Zeit, kommt Rat. Der Schreiber wird sich schon rühren.

Auch die „Verleugnungstechnik" macht immer mehr Schule. „Ist außer Haus", hört man am Telefon immer häufiger und weiß doch genau oder erfährt es später durch einen „dummen Zufall", daß dies nicht stimmt. Das Schlimme daran ist: Auch das wird nicht mehr allzu tragisch genommen.

Die Ursachen für ein solches Verhalten sind vielgestaltig. Notwehr wird ebenso ins Feld geführt wie Zeitgewinn, wenn man überhaupt noch eine Begründung für notwendig hält. Im Endeffekt wird dem Ganzen kaum Bedeutung zugemessen. Routine stellt sich ein.

Was von den Routiniers übersehen wird, ist die Vorbildwirkung auf Mitarbeiter und Kollegen, die sich eben auch in diesen Punkten als sehr lernfähig erweisen. Die Zahl der Anwender derartiger Praktiken steigt.

Geradezu unverantwortlich ist ein derartiges Verhalten, wenn unterstellte Mitarbeiter und Führungskräfte durch ihre Vorgesetzten zu solchem Verhalten angehalten werden. „Wenn jemand anruft, ich bin nicht da!" Was mag sich eine Sekretärin, die diese

Anweisung erhält, denken? Hier sind Verluste an Ansehen zu befürchten. Hat der Vorgesetzte etwa Angst vor dem Anruf oder was steckt dahinter? Und dann die peinliche Situation für die Sekretärin, wenn der Anrufer dann im Büro auftaucht und – inzwischen will man mit ihm sprechen – empfangen wird.

Das alles bleibt nicht ohne Wirkung auf die Persönlichkeitsstruktur des zu einer „Notlüge" Verleiteten. Je nachdem: Hier kann es Gewissenskonflikte geben, oder aber das Gewissen wird mit der Zeit zum Schweigen gebracht. Routine in der Notlüge stellt sich ein. Man lügt und merkt es mit der Zeit schon gar nicht mehr. Dabei besteht die Gefahr zur Unwahrhaftigkeit allgemein. Die „Moralschwelle" sinkt immer weiter ab.

Wann kommt der Zeitpunkt, wo die Vorgesetzten die Quittung für ihr Vorbildverhalten bekommen und selbst angelogen werden? Wie werden sie dann mit dem „Argument" fertig: „Sie haben mir es ja vorgemacht, das habe ich von Ihnen gelernt"?

Um auf die „vergessenen" Rückrufe zurückzukommen: Werden die Mitarbeiterinnen und Mitarbeiter, denen auf ihre „Erinnerungen" der Bescheid zuteil wird „jetzt nicht, später" ihre Bemühungen nicht irgendwann einstellen, um nicht als lästige Mahner aufzufallen? Von irgendeinem Zeitpunkt an werden dann nur noch Zettel für den Chef geschrieben, und der Anrufer wird auf seine erneute Anfrage beschieden „ich habe ihm einen Zettel auf den Schreibtisch gelegt". Bald werden dann auch diese schriftlichen „Memos" eingestellt. Und irgendwann gewöhnt man sich dann selbst daran, dem kostensparenden Grundsatz zu huldigen: „Wer etwas will, wird sich schon wieder melden."

Kostensparend? Auf längere Sicht, zahlt sich solches Verhalten nicht aus. Im Gegenteil: Der Kunde oder potentielle Kunde, der am Anfang noch an ein Versehen oder eine Nachlässigkeit glaubt, beginnt sich zu ärgern. Er zieht seine Schlüsse und beginnt an der Zuverlässigkeit der gesamten Organisation zu zweifeln. Kleine Ursachen haben manchmal große Wirkungen. Und wer hat schon auf seinem Gebiet eine derartige Monopolstellung, daß er es sich leisten kann, auf diese Weise Kunden zu verlieren?

Und was für den unterlassenen Rückruf gilt, trifft auch auf die „Nichtantwort" bei Briefen zu. Was hier an „Goodwill", an Ruf ruiniert wird, wäre eine eigene Kostenstelle wert. Bequemlichkeit, die Ansicht, „es nicht nötig zu haben", läßt viele Chancen ungenutzt und schafft ein unbeantworteter Brief bei demjenigen, der auf Antwort wartet, einen „Merkposten", der sich bei passender Gelegenheit wieder in Erinnerung bringt. Unbeantwortete Briefe sind ein Zeichen der Nichtachtung, der Nichtbeachtung. Und wer hat es schon gerne, wenn er nicht geachtet, nicht beachtet wird?

Sich verleugnen lassen, unterlassene Rückrufe, nicht beantwortete Briefe! Dies sind nur drei Beispiele aus dem betrieblichen Alltag, die – leider – von vielen mittlerweile als selbstverständlich hingenommen werden, so selbstverständlich, daß man geradezu überrascht ist, wenn ein Versprechen, zurückzurufen, auch tatsächlich gehalten wird. Das ganze ist aber, und damit erlangt es eine Bedeutung, die weit über den Einzelfall hinausgeht, ein Spiegelbild des Führungsklimas in einer Organisation. Es ist das autoritäre Führungsverhalten in seiner reinsten Form, das hier „extern" mit Kunden und Geschäftspartnern praktiziert wird. Auch hier zeigt sich, daß Führungsverhalten nicht teilbar ist. So wie die Mitarbeiter behandelt werden, so geschieht dies auch mit den Kunden und Geschäftspartnern. Und genauso, wie der nicht be- und geachtete Mitarbeiter seine Quittung durch seine – noch nur – innere Kündigung erteilt, so reagiert auch der Kunde.

Corporate Identity. Ein neues Emblem wird geschaffen, Briefbögen werden umgestaltet, ja sogar die Fußbodenbeläge haben sich in die neue Konzeption einzufügen. Wie viele Millionen an DM werden in Corporate Identity-Projekte investiert? Und vor allem schnell muß es gehen, damit man nicht hinter den Mitbewerbern zurückbleibt. Und dann passiert es: Rückrufe bleiben aus, Briefe werden nicht beantwortet, Chefs lassen sich verleugnen.

Corporate Identity fängt beim Menschen an! „Vergißt" man ihn, ist das schönste Corporate Identity-Projekt nicht mehr viel wert.

Strategisches Personal-Management

Der Konzentrationsprozeß in der Wirtschaft hält an. Für den Personalbereich hat dieser Prozeß nicht unbeträchtliche Auswirkungen. Mit der Zahl der Mitarbeiter wachsen auch die Personalprobleme.

Andererseits werden sich nur diejenigen Unternehmen, die nicht „geschluckt" werden wollen, auf dem Markt behaupten können, die über qualifizierte Mitarbeiter und Führungskräfte verfügen. Personalpolitik, Personalauswahl, Personalentwicklung und vor allem Personalführung werden über das Überleben entscheiden.

Ein – längst überfälliges – strategisches Personalmanagement wird gefordert. Die klassische Personalverwaltung hat ausgedient. Wenn sich auf einem Gebiet die Aufgaben stark verändert haben, dann auf dem des Personalwesens.

Bei der Personalauswahl wird man sich noch mehr auf das Anforderungsprofil des qualifizierten Mitarbeiters einstellen müssen. Auf einem immer knapper werdenden Personalmarkt wird es in Zukunft noch schwieriger werden, den geeigneten Nachwuchs zu werben und auszuwählen.

Die Zahl der Hauptschulabgänger wird Mitte der neunziger Jahre ihren niedrigsten Stand mit etwa 200 000 Schulabgängern erreicht haben. Seit 1985 sinkt die Zahl der Realschulabgänger und wird künftig um fast 40 Prozent ebenfalls auf etwas über 200 000 schrumpfen.

Auch die Zahl der Abgänger mit Hochschul- und Fachhochschulreife hat ihren Höhepunkt überschritten. Ein Rückgang ebenfalls um fast 40 Prozent bis zum Ende der neunziger Jahre wird erwartet, wahrscheinlich auf knapp 130 000 Schüler.

Dieses kontinuierliche Absinken führt die Dimension deutlich vor Augen. Dazu kommen qualitativ höhere Anforderungen, die an die Mitarbeiter gestellt werden. Höhere Qualität bei verminderter Auswahlmöglichkeit bringt für das Personalwesen neue Aufgaben mit sich.

Die Auswahl der Bewerber muß sich an den Kriterien orientieren, die von der Aufgabenseite her das Anforderungsprofil des künftigen Mitarbeiters kennzeichnen.

Mitarbeiter und Führungskräfte müssen kommunikationsfähig und kommunikationsbereit sein. Sie sollen in der Lage sein, andere Menschen zu motivieren, ferner über eine hohe Anpassungsfähigkeit und Intelligenz verfügen. Extraversion statt Introversion, „soziale Kompetenz" sind gefordert. „Einzelkämpfer" haben in weiten Bereichen ausgedient.

Wie kann man diese Forderungen aber in die Praxis der Personalauswahl umsetzen? Intelligenz, Fachwissen und Allgemeinbildung kann man im Rahmen des Auswahlverfahrens prüfen. Hier helfen sogar Tests, ohne daß damit ein Werturteil über die mannigfaltigen Testverfahren, die im „Umlauf" sind, abgegeben werden soll.

Wie aber prüft man Extraversion, Kommunikationsfähigkeit, Kommunikationsbereitschaft, Persönlichkeitsstruktur, soziale Intelligenz und Kompetenz? Mit einem halb- oder einstündigen „Einstellungsgespräch" mit den Schwerpunkten „Lebenslauf", „Berufsvorstellungen" und „Hobbys" ist es da wohl nicht – mehr – getan. Hier muß sich in Anbetracht der existentiellen Bedeutung der Personalauswahl der Personalbereich einiges einfallen lassen. Fallstudien, Rollenspiele, Gruppendiskussionen, Kurzvorträge, die von den Bewerbern gehalten werden müssen, sind dabei einige Instrumente, die im Rahmen eines Assessment Centers eingesetzt werden können und müssen.

Mit der Frage des „Wie" einer Personalauswahl hängt eng zusammen, „wer" am Auswahlverfahren teilnehmen soll. Wird hier der Personalbereich allein tätig werden? Werden Praktiker aus dem eigenen Hause mitwirken? Wird man externe Berater einschalten? Darüber muß sich auch der Personalbereich im klaren sein. Hat man bisher „Personalarbeit", insbesonders Personalauswahl und Personalentwicklung, „konventionell" betrieben, wird die Umstellung ohne spezielle Fortbildung nicht reibungslos von heute auf morgen zu bewerkstelligen sein, wobei zur Weiterbildung ein Zweitagesseminar ganz sicher nicht ausreicht.

Hier ist vor allem die oberste Leitungsebene gefordert. Sorglosigkeit kann dann im wahrsten Sinne des Wortes ebenso teuer sein wie Überforderung, indem man verlangt, von heute auf morgen „umzustellen". Entscheidend ist, daß dem Personalbereich weit mehr Aufmerksamkeit gewidmet werden muß als bisher. Ein den gesellschaftlichen Erfordernissen gerecht werdendes Personalwesen muß zum Motor einer jeden Organisation werden, denn es ist für die wichtigste Ressource verantwortlich, den Menschen!

Weiterbildungsbedarf steht aber nicht nur für die Führungskräfte und Mitarbeiter des Personalbereichs an. Die systematische Aus- und Weiterbildung der Mitarbeiter und Führungskräfte der gesamten Organisation in Führungsfragen muß in Zukunft zu einem der wichtigsten Bereiche der Personalentwicklung werden. Was nützen alle Forderungen, die in bezug auf die führungsmäßige Qualifikation erhoben werden, wenn in der Praxis in dieser Beziehung so gut wie nichts geschieht?

Systematische Aus- und Fortbildung in Führungsfragen ist gefordert. Einige sporadische „Vorlesungen" vor einem ausgewählten Kreis, zum Beispiel dem Führungsnachwuchs, oft als „Alibi-Veranstaltungen" bezeichnet, können eine gezielte Weiterbildung auf keinen Fall ersetzen. Sie erwecken nur Hoffnungen mit vorprogrammiertem Frust, wenn dann nichts geschieht. Scheinaktivitäten werden schnell durchschaut.

Es nützt auch nicht viel, wenn mit Personalanzeigen Bewerber gesucht werden, die „kooperativ", „teamfähig" sind und „Mitarbeiter motivieren können", wenn im eigenen Hause in bezug auf systematische Führungskräfteentwicklung nichts geschieht. Glaubt man denn im Ernst, daß dann von den „Neuen" der „Stil des Hauses" umgestaltet werden kann? Die Gefahr, daß man sich eher anpaßt, ist doch viel größer. Wo sollen denn diese kooperativen Führungspersönlichkeiten mit dem entsprechenden Führungswissen und Führungskönnen herkommen? Der „Markt" ist doch so gut wie leer!

Die Leistung der Mitarbeiter ist die beste Werbung für eine Organisation. Sie müssen das halten, was die Werbung verspricht.

„Viel getrommelt, und dann kommen keine Soldaten", sagt der Volksmund, wenn Versprechungen nicht eingehalten werden. Versprechen müssen eingelöst werden. Aber es scheint in vielen Bereichen leichter und bequemer, Werbemillionen auszugeben, als sich einem arbeitsintensiven Führungstraining zu unterziehen.

Die politische Dimension

Führungsverhalten der Vorgesetzten wirkt sich auf die Leistungsbereitschaft und Leistung von Mitarbeitern und Führungskräften und damit auf die Gesamtleistung einer Organisation aus.

Das Führungsverhalten hat aber noch andere Auswirkungen. In der Untersuchung über die Motivation in der Metallindustrie Ende 1982 wurden auch die politischen Wirkungen des Zusammenlebens und Zusammenarbeitens im Betrieb dargestellt (G. Schmidtchen, Neue Technik, Neue Arbeitsmoral, Köln 1984). Das Ergebnis: Je ausgeprägter die Arbeitszufriedenheit, desto systemkonformer sind die Mitarbeiter orientiert.

Von den Mitarbeitern, die erklären, sie gingen sehr gern in ihre Firma, entschieden sich nur 4 Prozent für die „Unterstützung einer revolutionären Bewegung, unter Umständen auch der vorübergehenden Gewaltanwendung, wenn die Situation es erfordert", bei den Mitarbeitern, die weniger gern oder gar nicht gern in die Firma gehen, waren es 31 Prozent.

Eine florierende Wirtschaft setzt stabile politische Verhältnisse voraus. Es käme geradezu einem „Selbstmord auf Raten" gleich, durch ein der gesellschaftlichen Entwicklung nicht entsprechendes Führungsverhalten Arbeitsunzufriedenheit zu fördern und damit den Boden für eine Radikalisierung zu bereiten. Autoritäre Führung ist der beste Nährboden für Frustration und Aggression und schafft Unzufriedenheit „mit denen da oben", wobei dann nicht mehr differenziert wird, wer genau mit „oben" gemeint ist. Autoritär führende Vorgesetzte sägen am eigenen Ast, auf dem sie sitzen!

Diese „politische Dimension" des Führungsverhaltens wird von vielen überhaupt nicht gesehen. Andere wiederum gehen darüber einfach mit dem Gefühl hinweg, doch „am längeren Hebel" zu sitzen. Arroganz der Macht? Eng verwandt mit progressiv-nonkonformen Verhaltensweisen, gegebenfalls mit Gewaltanwendung, sind Vandalismus, Ausschreitungen bei Massenveranstaltungen, aber auch erhöhte Aggressivität zum Beispiel im Straßenverkehr. Sie haben nicht selten ihre Ursache in einem nicht erfüllten Arbeitsleben, in der „Behandlung" am Arbeitsplatz. Wobei jedoch ganz klar gesagt werden muß: Das Arbeitsleben ist sicher nicht die einzige Ursache. Aber hier bestehen Beziehungen, die man zur Kenntnis und zum Anlaß nehmen sollte, Führungsproblemen endlich die Priorität einzuräumen, die ihnen zukommt.

Ein weiteres Gebiet, das mit Führungsverhalten am Arbeitsplatz kaum in Zusammenhang gebracht wird, ist die Schattenwirtschaft. Ist es denn so undenkbar, daß hier Erfolgserlebnisse gesucht werden, die im Arbeitsleben manchmal regelrecht verweigert werden? Hier gibt es eine Menge Führungsdefizite, angefangen von der nicht ausgesprochenen Anerkennung der Leistung über das Übermaß an Kritik an zu geringen Freiräumen bis zur Unterforderung, was dazu beiträgt, bei der Schwarzarbeit – endlich – das zu bekommen, was einem in der Arbeitswelt vorenthalten wird. Auch hier ist das Führungsverhalten sicher nicht die einzige Ursache für eine Betätigung „außerhalb". Es sollte aber bei der Ursachenermittlung nicht völlig ausgeklammert werden.

Führungsverhalten der Vorgesetzten spielt auch auf einem Gebiet eine Rolle, auf dem sich ein Wandel vollzogen hat, der vielen Führungskräften in diesem Umfang überhaupt noch nicht bewußt geworden ist: Die „private Nutzung von betrieblichem Arbeitsmaterial". Damit geht es auch um die Einstellung zum Arbeitgeber, die Identifikation mit der Organisation, für die oder in der man tätig ist.

Im Rahmen einer Allensbach-Langzeituntersuchung (E. Noelle-Neumann/R. Köcher, Die verletzte Nation, Stuttgart 1987) war die Frage gestellt worden: „Vielfach ist es ja üblich, daß sich jemand, der auf dem Büro angestellt ist, von dort Schreibpapier, Bleistifte, oder anderes Büromaterial für seinen Gebrauch mit nach Hause nimmt. Finden Sie, so etwas kann er ruhig tun, oder nur in Ausnahmefällen mal, oder auf keinen Fall?" Mit „auf keinen Fall" antworteten 1959 noch 75 Prozent, 1985 nur noch 38 Prozent. Bei den 16- bis 29jährigen waren es 1959 61 Prozent, 1985 nur noch ganze 24 Prozent.

Bei der Frage „Bei Arbeitern ist es ja oft so, daß sich einer eine kleine Menge Material aus dem Betrieb mitnimmt, das er zu Hause gut gebrauchen kann, finden Sie, das kann er ruhig tun, oder nur in Ausnahmefällen mal, oder auf keinen Fall?" entschieden sich für die Antwort „auf keinen Fall" im Jahre 1959 75 Prozent, 1985 nur noch 45 Prozent. Bei den 16- bis 29jährigen waren es 1959 63 Prozent und 1985 nur noch 31 Prozent.

Hier kommt unwillkürlich ein anderes Befragungsergebnis ebenfalls einer Allensbach-Langzeituntersuchung in den Sinn. Für die Aussage „Ich möchte in meinem Leben etwas leisten, auch wenn das oft schwer und mühsam ist" entschieden sich 1959 noch 59 Prozent, 1982 nur noch 43 Prozent. Bei den unter 30jährigen sank der Prozentsatz von 52 Prozent auf ganze 33 Prozent ab.

Einstellung zur Arbeit, zum Arbeitsleben, Identifikation mit dem Arbeitgeber, Achtung vor dem betrieblichen Eigentum. Gibt es da nicht Zusammenhänge? Spielt denn da das Vorgesetztenverhalten überhaupt keine Rolle? Führung ist doch kein Blindekuh-Spiel!

Und noch über ein weiteres Problem sollte man nachdenken. Welche Beziehungen bestehen zwischen Bestechlichkeit und Führungsverhalten der Vorgesetzten? Daß sich Unzufriedenheit mit dem Führungsverhalten der Vorgesetzten sehr oft in der Forderung nach höherem Entgelt äußert, ist in der Betriebspsychologie seit langem bekannt, nur die Führungskräfte wollen das nicht wahrhaben. Mangelnde Führung soll durch höheres Entgelt „ausgeglichen" werden. „Wenn schon schlecht geführt wird, dann sollen wenigstens die Kohlen stimmen."

Was aber geschieht, wenn bezüglich des Entgelts deutliche Grenzen gesetzt sind? Sucht man dann nicht nach „Ausweichmöglichkeiten"? Man sollte in all diesen Fällen einmal das Führungsverhalten der Vorgesetzten derjenigen, die sich haben bestechen lassen, in die Ursachenforschung mit einbeziehen. Hier geht es vor allem um die Verhinderung künftigen Unheils, ja sogar um das Überleben, wenn zum Beispiel Plutonium dabei eine Rolle spielt.

Mitarbeiterführung darf im Rahmen der strategischen Unternehmensführung nicht länger ein Mauerblümchendasein fristen. Die gesellschaftliche Entwicklung weist Führungsfragen allererste Priorität zu. Dem muß endlich Rechnung getragen werden.

2. Kapitel

Führungsbilanz

Das Barometer der Weltkonjunktur zeigt ein beständiges Hoch. Davon profitiert auch die deutsche Wirtschaft. Wachstum darf aber nicht zur Sorglosigkeit verführen, zu dem Gefühl, es werde alles so weitergehen wie bisher. Über den günstigen Konjunkturdaten dürfen die Menschen nicht vergessen werden, die maßgeblich zu dieser Entwicklung beigetragen haben. Werden diese Menschen auch weiterhin bereit sein, hohe Leistungen zu erbringen, diese Leistungen noch zu steigern? Im Zuge der gesellschaftlichen Entwicklung sind die – berechtigten – Ansprüche an die Führungsleistung gestiegen. Mehr Lebensqualität am Arbeitsplatz wird verlangt. Führung ist eine Dienstleistung und darf nicht am Menschen „vorbeiproduziert" werden. Sonst sind Leistungsminderung oder Leistungsausfall vorprogrammiert.

Der Euro-Manager

Der zum 1. Januar 1993 geplante Europäische Binnenmarkt wirft schon jetzt seine Schatten voraus. Gerechnet wird mit einem Wachstumsschub von etwa 7 Prozent. Die Anziehungskraft der Europäischen Gemeinschaft wird vor allem in den Handelsvorteilen gesehen. Der EG-Binnenhandel beträgt bereits jetzt schon durchschnittlich etwa 60 Prozent des gesamten Außenhandels der EG-Länder – das sind etwa 24 Prozent mehr als 1958. In der Bundesrepublik betrug dieser Anteil im ersten Halbjahr 1988 55 Prozent.

Erwartet wird auch ein Zugewinn an Arbeitsplätzen, allein in der Bundesrepublik von etwa einer Million, in der Europäischen Gemeinschaft nach Berechnungen der EG-Kommission von rund fünf Millionen, wobei die Schätzungen zum Beispiel der EG-Kommission, der Politiker in den einzelnen EG-Staaten und der Gewerkschaften auseinandergehen.

Auf diesen neuen Markt wird sich jeder einstellen müssen, Großunternehmen wie mittlere und kleine Betriebe, wobei letztere besonders gefordert sind. Mit knapp zwei Millionen Betrieben und Firmen erwirtschaften sie die Hälfte des Bruttoinlandprodukts, zwei Drittel der Arbeitsplätze der Wirtschaft werden von ihnen gestellt. Wer als Kleinunternehmer oder Mittelständler glaubt, daß nach dem 1. Januar 1993 alles so weiterlaufen wird wie bisher, wird aus seinem Dornröschenschlaf bald unsanft geweckt werden. Abgeschottete Märkte wird es dann nicht mehr geben.

Der „warme Regen" des offenen Europäischen Binnenmarktes wird nicht gleichmäßig auf alle fallen, „Wachstums- und Geschäftstauben werden nicht wie im Schlaraffenland einfach in den Mund fliegen", so der Wirtschaftsminister Haussmann. Im Europäischen Binnenmarkt wird man sich nicht bedienen können, der zu erwartende Wettbewerb wird gerade in der Bundesrepublik jedem Unternehmen hohe Leistungen abverlangen. Denn die Bundesrepublik ist als Produktions- oder Dienstleistungsstandort teuer. Hohe Lohn- und Lohnnebenkosten, verbunden mit hoher

Unternehmensbesteuerung, sind Faktoren, die im Wettbewerb berücksichtigt und „ausgeglichen" werden müssen. Jedoch: Hohe Lohn- und Lohnnebenkosten findet man überall da, wo qualifizierte Mitarbeiter und Führungskräfte tätig sind. Dies sollte man nie vergessen, wenn man die Standortnachteile der Bundesrepublik beklagt. Anstatt aber zur Klagemauer zu gehen, sollte man selbst handeln. Sind die teuren Mitarbeiter und Führungskräfte auch so eingesetzt, daß die Bezahlung leistungsgerecht ist? Oder stimmt das, was in der Stellenbeschreibung im „Soll" steht, mit dem, was tatsächlich geleistet wird, nicht überein? Oft klaffen zwischen dem, was im „Soll" auf dem Papier steht, und dem „Ist" des betrieblichen Alltags große Unterschiede. Die Unterforderung ist weit mehr verbreitet als gemeinhin angenommen. Schaut man einmal bei der immer wieder vorgebrachten Klage der „Überbezahlung" hinter die Kulissen, dann stellt sich sehr oft heraus, daß man Mitarbeiter und Führungskräfte ihre Fähigkeiten gar nicht voll entfalten läßt – sie sind überbezahlt, da ihr Potential nicht genügend genutzt wird.

Und genau hier liegen die großen Leistungsreserven unserer Wirtschaft. Wie lange sollen sie noch schlummern? Das in Sonntagsreden oft mißbrauchte Schlagwort vom Humankapital – der Mensch ist der wichtigste Produktionsfaktor – muß endlich in die Tat umgesetzt werden, will man im verschärften Wettbewerb des Europäischen Binnenmarktes bestehen. Man sollte, anstatt immer wieder die Nachteile des Standorts Bundesrepublik lauthals zu beklagen, aktiv den großen Vorteil dieses Standorts, nämlich gut qualifizierte Arbeitskräfte, nutzen.

Nach den Ergebnissen der Allensbach-Langzeitstudien nahm in der Bundesrepublik Deutschland, entgegen dem internationalen Trend, der Entscheidungsspielraum am Arbeitsplatz ständig ab (E. Noelle-Neumann/B. Strümpel, Macht Arbeit krank? Macht Arbeit glücklich? München 1985). „An meinem Arbeitsplatz habe ich viel Entscheidungsfreiheit." Für diese Aussage konnten sich 1973 noch 35 Prozent der Arbeiter und 50 Prozent der Angestellten entscheiden. 1982 waren es nur noch 21 Prozent der Arbeiter und 34 Prozent der Angestellten.

Immer weniger Entscheidungsspielraum am Arbeitsplatz erzeugt zwar zunächst den Wunsch nach mehr Entscheidungsfreiheit, irgendwann aber kommt dann die Resignation. Wenn man auch – zunächst – auf die Realität des „Weniger" mit einem Wunsch nach „mehr" reagiert, findet man sich mit der Zeit – der eine früher, der andere später – mit den Gegebenheiten ab. Man igelt sich ein, huldigt der „Bierphilosophie": „Das ist nicht mein Bier!"

Wird es jedoch bei dieser Einstellung gelingen, den erhöhten Anforderungen der kommenden Jahre gerecht zu werden? Und kann man dann noch auf Kreativitätszuwachs mit den damit verbundenen Innovationen hoffen?

Sich damit zu beruhigen, „daß es ja bei den anderen auch nicht besser aussehe, die Arbeitsmoral schließlich überall sinke", führt in eine Sackgasse. Denn zum einen stimmt diese Behauptung in dieser allgemeinen Form nicht, zum anderen hat es noch nie weitergeholfen, auf das negative Beispiel von anderen zu bauen. Hier ist aktives Handeln gefordert, Passivität führt ins Minus.

Die entscheidenden Impulse müssen von dem Sektor ausgehen, in dem die Stärke des Standorts Bundesrepublik begründet ist: den Menschen. Wenn schon „hochbezahlt" und „sozial abgesichert", dann sollte man die damit verbundene Trumpfkarte der hohen Qualifikation auch ausspielen. Das Verhalten dieser fachlich hochqualifizierten Menschen muß beeinflußt, sie müssen motiviert werden, sich dem hohen Leistungsanspruch der neunziger Jahre zu stellen, ihr hohes Leistungspotential voll einzubringen.

Und damit ist – wieder einmal – die Führungsfrage gestellt, denn Führung bedeutet letzten Endes „zielorientierte Verhaltensbeeinflussung", womit die Frage im Raum steht: Sind unsere Führungskräfte, in welchem Bereich auch immer, überhaupt in der Lage, dieser hohen Führungsaufgabe gerecht zu werden? Ist unsere „Führung", ob Unternehmer, Spitzenführungskräfte der Wirtschaft, mittleres oder unteres Management, darauf vorbereitet?

Gesucht wird der Intrapreneur. „Der Intrapreneur wirkt wie eine Keimzelle im Unternehmen. Mit ihm entstehen neue Ideen, Innovationen und neue Geschäftsbereiche oder Produkte. Er kann zum entscheidenden Faktor für die Zukunft des Unternehmens werden." (A. Lukas, Unternehmertum im Unternehmen – Die Zukunft gehört dem Intrapreneur, *Gablers Magazin* 1/1989)

Motivationsfähigkeit wird ebenso vorausgesetzt wie die Bereitschaft und Fähigkeit zur Kommunikation. Der Intrapreneur soll dynamisch und robust sein, Kreativität und Flexibilität sollen ihn ebenso auszeichnen wie die Fähigkeit, in die Zukunft zu schauen. Intrapreneure sind „unternehmerisch denkende und handelnde Menschen, die im Unternehmen Innovationen und Entwicklungen aktiv mitgestalten. Sie werden durch Erfindergeist und Eigeninitiative geprägt und haben eine Nase für neue Entwicklungen, Chancen und Ideen." (*Gablers Magazin*)

Diese Aufzählung von Anforderungen, die an die zukünftigen Manager gestellt werden, könnte beliebig fortgesetzt werden. Und immer neue Forderungskataloge werden aufgestellt, wobei – bewußt oder unbewußt – das Bild vom künftigen Euro-Manager männlich gezeichnet zu sein scheint. Gleichberechtigung scheint noch nicht „euro-like".

Und nicht nur im Management-Blätterwald wird der „Euro-Manager" immer wieder neu geboren. Im kleinen Kreis von Seminaren, Kolloquien oder Kamingesprächen, aber auch bei Großveranstaltungen, bei denen nicht selten mehr als 1000 Unternehmer und Führungskräfte anwesend sind, wird das Traumbild der „Führungskraft der Zukunft" gezeichnet.

Hier muß dann doch die Frage gestellt werden: Wo sollen denn diese Bilderbuch-Euro-Manager plötzlich herkommen? Denn, so die Schöpfer dieses neuen Manager-Typs, zur Zeit sind diese Manager und Unternehmer noch nicht oder kaum vorhanden. Kann man denn diese Manager, die solche Anforderungen erfüllen, förmlich aus dem Boden stampfen? Ein noch so begründetes Anforderungsprofil erstellen, heißt noch lange nicht, daß es auch mit Leben erfüllt werden kann. Ein neuer Manager-Typ auf Knopfdruck? Wie das alles im einzelnen gehen soll, wird nicht verraten.

Oder gibt es diesen Bilderbuch-Manager heute schon, und zwar in ausreichender Anzahl? Gerade bei Veranstaltungen, in denen das Bild der zukünftigen Führungskraft mit kräftigen Strichen gezeichnet wird, kann man immer wieder das gleiche Phänomen beobachten. Der von den Vortragenden geschilderte Typ des Managers von morgen kommt bei den Zuhörern gut an. Alle oder die meisten der aufgestellten Forderungen – schließlich kann man ja nicht vollkommen sein – werden von den Zuhörern bei sich selbst als schon erfüllt angesehen. Ein deutsches Führungswunder?

Psychologisch gesehen ist diese Reaktion verständlich, denn der Mensch neigt in hohem Maße dazu, nur das zu hören, was er hören will und das, was nicht ganz passend zu sein scheint, wird passend gemacht.

Welcher Unternehmer oder Topmanager würde sich nicht als kommunikationsfähig oder kommunikationsbereit ansehen, nicht davon überzeugt sein, daß er in der Lage ist, seine Mitarbeiterinnen und Mitarbeiter zu motivieren, was immer man auch unter dem Begriff „Motivation" verstehen mag. Und welcher Manager oder Unternehmer würde daran zweifeln, daß er seine „Leute" rechtzeitig und umfassend informiert, mit ihnen kooperativ zusammenarbeitet, ihnen genügend Freiraum im Rahmen der Delegation läßt?

Mit der Länge der Ausführungen wächst die Zustimmung. Beifall kommt auf, auch der letzte mögliche Zweifler wird noch überzeugt. „Ja, so wie es geschildert wird, so bin ich auch." Denn es wird weitgehend vermieden, den Zuhörern den Spiegel der Realität vors Gesicht zu halten. Repräsentativen Analysen, aus welchen Bereichen auch immer, zeigen eines in erschreckender Deutlichkeit immer wieder auf: Die Führungsdefizite sind nicht nur beträchtlich, sondern sie wachsen von Erhebungszeitraum zu Erhebungszeitraum kontinuierlich an.

Mit diesem Anwachsen geht ein weiteres Phänomen einher: Je größer die Führungsdefizite, um so höher die Selbsteinschätzung der Führung, ihre Führungsaufgaben in vorbildlicher Weise zu erfüllen, dem Idealbild der „Führungskraft der Zukunft" zu entsprechen. Und es scheint kaum möglich, diesen Teufelskreis zu durchbrechen. Denn das Selbstbewußtsein der Führenden wird durch die weitgehend schwarzen Zahlen der Bilanzen gestärkt.

Hier gilt die alte Weisheit: Das Gute ist der Feind des Besseren. Doch die Frage „Könnte es nicht noch besser laufen?" muß immer wieder gestellt werden. Ein zufriedenes Ausruhen, ein Verfahren nach bewährten Rezepten kann in einer Zeit des schnellen Wandels gefährlich werden. Wenn sich der „Markt", die Bedürfnisse und Erwartungen der Menschen ändern und man weiter versucht, mit bisher „gängigen" Methoden die Situation zu meistern, kann es leicht passieren, daß man am „Markt", an den Menschen vorbeiproduziert.

Autoritäre Führung ist zu teuer

An dem außerordentlich positiven Selbstbild, das deutsche Unternehmer und Manager von sich zeichnen, gilt es, einiges zurechtzurücken. An die Stelle der allgemeinen Euphorie muß nüchterne Betrachtungsweise treten. Denn Defizite, die nicht erkannt werden, kann man auch nicht angehen.

An warnenden Stimmen fehlt es nicht. Spitzenführungskräfte und Unternehmer der Wirtschaft beklagen, daß es in den Unternehmen „zu viel Management und zu wenig Führung" gäbe (Deutschstunde, *Capital* 11/1988), wobei der Begriff des Managers durchweg mit dem „biederen technischen Macher" assoziiert wird.

Der bekannte Schweizer Unternehmensberater Nicholas Hayek sieht während eines Gesprächs mit dem *Spiegel* (In Deutschland fehlen Unternehmer-Figuren, *Spiegel* 1/1989) in Deutschland im Management eine entscheidende Schwäche.

Der Unternehmensberater Karl Baumgartner aus Sindelfingen ortete hingegen „mangelnde Management-Kapazitäten". „Man hat sich hierzulande viel zu lange auf den Lorbeeren ausgeruht. Wenn jetzt nicht entscheidende Weichen gestellt werden, haben wir in den neunziger Jahren ein bedenkliches Defizit an Leuten im Mittel- und Topmanagement." (Sorgen um die Chefs von morgen, *Stern* 8. Dezember 1988)

Und der Leiter des Personalbereichs der Westdeutschen Landesbank, Franke, meint: „Wenn Bankbetriebe zum jetzigen Zeitpunkt, in dem die Führungskräfte des 21. Jahrhunderts bereits eingestellt sind, dieses Thema nicht aktiv angehen, kann der Europäische Binnenmarkt für sie zur Schreckensvision werden" (Mehr Mut zum Handeln – statt Lust zur Klage, *Sparkasse* 12/1988).

An Aufforderungen, in „europäischen Dimensionen" zu denken, fehlt es nicht. Was bedeutet aber dieses Denken konkret?

Soll man Niederlassungen in anderen EG-Ländern gründen, um den „Fuß in der Tür" zu haben? Soll man Firmen in anderen Ländern der EG aufkaufen oder mit anderen Firmen fusionieren?

Dies alles wird bereits getan, scheint aber ein Privileg großer Unternehmen zu sein. Dem Mittelstand fehlt dazu weitgehend das Kapital. Wobei durch Zukauf auch nur ein Teil des „Zukunftsproblems" gelöst werden kann. Denn Zukauf bedeutet auch „Zukauf von Menschen", die mit der übernommenen Firma „erworben" werden. Und damit kauft man auch Führungsprobleme, die oft noch viel schwieriger zu lösen sind als die bisherigen „hauseigenen".

„Ehe man etwas verteilen kann, muß es erarbeitet werden!" Diese Aufforderung des Wirtschaftsministers Haussmann muß sehr wörtlich genommen werden. Mit der Aufstellung noch so berechtigter Forderungen – die meisten Forderungen werden ohnehin heute schon als erfüllt angesehen – ist es allein nicht getan. Denn „erarbeiten" bedeutet auch, einen der wichtigsten Standortvorteile der Bundesrepublik, nämlich den Menschen, sein Fähigkeitspotential, um das uns andere beneiden, endlich voll zu nutzen. Und das gelingt nur durch Führung, durch motivierende, kooperative Führung. „Erarbeiten" bedeutet in erster Linie zunächst einmal „Führung" lernen und dann diese Führung zielorientiert und systematisch im Arbeitsalltag zu praktizieren.

Doch wieviele der rund zwei Millionen Führungskräfte in der Bundesrepublik haben „Führung" wirklich systematisch gelernt? Und: In wievielen Unternehmen, Betrieben und Firmen wird ein Führungsverhalten praktiziert, das das ungeheure noch schlummernde Nutzungspotential von Mitarbeitern und Führungskräften – endlich – voll zur Entfaltung kommen läßt?

Hier gibt es, das beweisen Untersuchungen immer wieder, großen Lernbedarf, der nur befriedigt werden kann, wenn die bisherige Personalpolitik radikal geändert wird. Ein Prozeß, der nicht von heute auf morgen zu bewältigen ist und Jahre dauern wird. Insofern betrachtet, ist der Zeitraum bis zum 1. Januar 1993 sehr knapp bemessen.

Übrigens: Wie lange dauert die Entwicklung einer neuen Hinterachse eines PKW? Und wieviel Zeit benötigt man, bis ein neues Automodell in Serie gehen kann? Technik braucht ihre Zeit! Nur beim Menschen soll es schneller gehen?

Was den in deutschen Unternehmen praktizierten Führungsstil anbelangt, so hat sich, allen Beteuerungen von Unternehmern und Topmanagern zum Trotz, kaum etwas bewegt.

Nach den Ergebnissen unserer Langzeituntersuchungen wünschen sich nach wie vor rund 85 Prozent der von uns befragten Führungskräfte, kooperativ geführt zu werden, aber nur 40 Prozent sehen im Arbeitsalltag diese Erwartungen erfüllt.

Auch im Mitarbeiterbereich klafft die Schere zwischen nichterfüllten Erwartungen und der Realität im Betrieb weit auseinander, wobei festzustellen ist, daß sich in diesem Bereich in den letzten Jahren eine weitere Angleichung an den Führungsbereich vollzogen hat.

Der Anteil der Mitarbeiterinnen und Mitarbeiter, die autoritär geführt werden wollen, sank von rund einem Drittel auf ein Viertel ab, autoritär geführt fühlten sich gegenüber der Hälfte der Befragten im Jahre 1986 jetzt rund drei Viertel der Befragten. Höhere Qualifikation und gestiegenes Selbstbewußtsein lassen den Wunsch nach Beteiligung an Entscheidungsprozessen immer deutlicher wachsen.

Der in den Unternehmen praktizierte Führungsstil wird immer kritischer beurteilt. „Halten Sie den in ihrem Unternehmen praktizierten Führungsstil für wirksam?" Mit „Ja" antworteten 1981 noch 65

Prozent der von uns befragten Führungskräfte, 1989 waren es nur noch 58 Prozent. Wann wird dieser Prozentsatz unter die 50-Prozentmarke sinken? Bei den Mitarbeitern liegt der Anteil bereits nur noch bei rund 40 Prozent. Und das bei allen Beteuerungen des Managements, kooperativ zu führen, wobei allerdings auch bei dieser Frage Bewegung in die Statistik gekommen ist.

Auf die Frage „Welchen Führungsstil praktizieren Sie?" – die einzelnen Führungsstile waren beschrieben worden, um die Reizworte „kooperativ" und „autoritär" zu vermeiden – waren 1986 noch rund 85 Prozent der befragten Führungkräfte der Ansicht, kooperativ zu führen, 1989 sank dieser Prozentsatz auf 78 Prozent ab.

Autoritäres Führungsverhalten scheint in der Wirtschaft also fest verankert zu sein, und die Erwartung, daß sich hier Entscheidendes verändern wird, ist trügerisch. Auch die Untersuchung „Die Arbeitsmotivation von Arbeitern und Angestellten der deutschen Wirtschaft" (Bertelsmann-Stiftung, Gütersloh 1987) kommt zu dem Schluß: „Insgesamt ist davon auszugehen, daß sich hinsichtlich des Führungsstils von Vorgesetzten im Durchschnitt kaum etwas ändern wird." Auch eine Schreckensvision?

Hier müßte sich doch der immer wieder beschworene „analytische Managerverstand" ausrechnen, was passiert, wenn ein Mensch nach Regeln geführt, behandelt wird, die er als nicht wirksam bezeichnet. Hier muß es doch zwangsläufig zu einer zunehmenden Distanzierung und damit zu Leistungseinbußen kommen, von den immer wieder beschworenen Leistungssteigerungen, die dann ausbleiben, einmal ganz zu schweigen. Hier ist man dabei, den Standortvorteil der Bundesrepublik, ihr Humankapital, aufs Spiel zu setzen. Was bleibt, sind dann eben nur noch die hohen Lohn- und Lohnnebenkosten, sowie Sozialleistungen, die sich dann, wenn das Nutzungspotential nicht voll ausgeschöpft wird, im Wettbewerb noch nachteiliger bemerkbar machen werden. Gegenüber Ländern, in denen zwar auch autoritär geführt wird, die aber niedrigere Lohn- und Lohnnebenkosten mit entsprechend geringerer sozialer Absicherung aufweisen, wird der Wettbewerbsnachteil zu hoch. Da hilft auch das immer wieder beschworene Wundermittel der „Rationalisierung durch Technik" nicht mehr weiter.

Die Bundesrepublik nimmt im übrigen, was die Erwartungen an Führungsverhalten anbetrifft, weltweit eine Sonderstellung ein. So hielten „Mehr Achtung vor Autorität" in den USA 84 Prozent, in Europa 61 Prozent und in der Bundesrepublik nur 44 Prozent für wünschenswert, wobei die Bandbreite von 19 Prozent bei den 18- bis 24jährigen bis zu 61 Prozent bei den 55- bis 64jährigen reichte.

„Kein Vorgesetzter sollte von seinen Mitarbeitern verlangen, daß sie seine Anordnungen befolgen, bevor er sie nicht von der Richtigkeit überzeugt hat." Dieser Ansicht stimmten in den USA 23 Prozent, im europäischen Durchschnitt 43 Prozent, in der Bundesrepublik 51 Prozent zu.

Schließlich waren der Ansicht, Kinder sollten im Elternhaus lernen, unabhängig und selbständig zu werden, in den USA 31 Prozent, in Europa 27 Prozent und in der Bundesrepublik 46 Prozent.

Der Wunsch nach mehr Selbständigkeit und Unabhängigkeit, aber auch die Abkehr von Fremdbestimmung, vom bedingungslosen Ausführen von Anordnungen, von deren Richtigkeit man nicht überzeugt ist, ist in allen Lebensbereichen deutlich zu spüren und beginnt schon bei der Erziehung der Kinder im Elternhaus. An die Stelle der Autorität „kraft Amtes" oder „kraft Alters" tritt immer mehr die Autorität durch Überzeugung.

Und bei dieser Grundstimmung glaubt man im Management, es sich nach wie vor leisten zu können, autoritär zu führen. Man muß ob solcher Gedankenlosigkeit, verbunden mit wirtschaftlicher Unvernunft, geradezu den Kopf schütteln. Der in Deutschland allseits geschätzte Sachverstand muß dringend durch „Führungs-verstand" ergänzt werden.

So wie im Westen als auch im Osten die Militäretats ständig daraufhin überprüft werden, ob man sich die hohen Ausgaben im Rahmen des Gesamtetats überhaupt noch leisten kann, sollte man in der Wirtschaft – endlich – auch „abrüsten", das heißt vom teuren autoritären Führungsstil abgehen, den man sich einfach nicht mehr leisten kann.

Dies müßte doch endlich vom Topmanagement, von den Unternehmern, die immer die Wirtschaftlichkeit im Auge haben, begriffen werden. Wirtschaftlichkeit scheint aber keine Rolle mehr zu spielen, wenn es um die Änderung des eigenen Verhaltens geht!

Ob sich hier etwas ändern wird, ist zu bezweifeln, denn nur knapp ein Drittel der im Rahmen einer Studie der European Business School und der Unternehmensberatung Heidrick and Struggles befragten 1200 Geschäftsführer hielten Kenntnisse im „Personalwesen" für unbedingt notwendig, die meisten der Befragten räumten diesem Gesamtkomplex dritte Priorität ein (B. Lenz, Loyal und immer im Dienst, *manager magazin* 10/1987). „Ihren täglichen Job erledigen sie zwar gut. Die Fähigkeit, Perspektiven zu erkennen und nach vorn zu schauen, ist jedoch bei ihnen eher unterentwickelt. Sie denken statisch und gelten als wenig flexibel."

Statik und geringe Flexibilität lassen auch oft die Zeitungsanzeigen erkennen – Ausnahmen bestätigen die Regel –, mit denen Geschäftsführer und Führungskräfte gesucht werden. „Durchsetzungsvermögen" ist nach wie vor die zentrale Eigenschaft, die gefordert wird, von kooperativer Führung ist kaum die Rede. Gewiß, Durchsetzungsvermögen ist ein auslegungsfähiger Begriff. Die Formulierung der gesamten Anzeige, der Zusammenhang, in dem das „Durchsetzungsvermögen" gebracht wird, läßt aber kaum Zweifel aufkommen. Nicht „Durchsetzen durch Kooperation", durch „Überzeugung" – oft mit Schwäche gleichgesetzt – wird verlangt. Gesucht wird nach wie vor der starke Mann, der die Zügel fest in der Hand hält und regiert. Konstitutionelle Monarchie?

Auch aus einer ganz anderen Quelle kann man erkennen, woher der Wind in der Bundesrepublik weht. Seit 36 Jahren gibt die Alexander von Humboldt-Stiftung hochqualifizierten Wissenschaftlern aus allen Ländern die Möglichkeit, ein bis zwei Jahre in der Bundesrepublik zu forschen. Mehr als 12 000 Wissenschaftler aus 96 Ländern wurden seit 1953 gefördert. Jährlich kommen 500 hinzu (*iwd* 3/1989). In den vergangenen drei Jahren wurden Stipendiaten befragt, und 760 der Befragten antworteten, was einem Rücklauf von etwa 80 Prozent entspricht.

Interessant waren die Äußerungen der befragten ausländischen Wissenschaftler zu den von ihnen während ihres Aufenthalts in der Bundesrepublik registrierten zwischenmenschlichen Beziehungen. „Mehr Gegeneinander als Miteinander" wurde ebenso beklagt wie das „Fehlen einer Atmosphäre der Zusammengehörigkeit unter den Kollegen" (C. Geyer, Je mittelmäßiger der Professor, desto hochmütiger ist er, *Die Welt* 13. Dezember 1988). „Ein entscheidender und bleibender Eindruck", so der Generalsekretär der Humboldt-Stiftung, Heinrich Pfeiffer, „von hochqualifizierten Wissenschaftlern, die später häufig in ihren Ländern Führungspositionen einnehmen und Meinungen beeinflussen."

Kritik – Privileg der Vorgesetzten?

„Mehr Gegeneinander als Miteinander" und „Fehlen einer Atmosphäre der Zusammenarbeit unter Kollegen", so der Eindruck vieler ausländischer Forschungsstipendiaten. Und noch etwas stellten die Wissenschaftler fest: Hierarchische Arbeitsverhältnisse! „German professors are the last German kings!" Ein amerikanischer Wissenschaftler brachte sein Unbehagen auf den Nenner: Wegen allzu großer Furcht vor den Vorgesetzten komme Kritik erst gar nicht auf. (C. Geyer, Je mittelmäßiger der Professor, desto hochmütiger ist er, *Die Welt* 13. Dezember 1988)

Außerdem beklagten die Gast-Wissenschaftler: „Ein gewisser Feudalismus zwischen Professoren und den übrigen Universitätsmitgliedern führe dazu, daß sich kaum jemand für die Arbeit des anderen interessiert". Und die abschließende Empfehlung an jene Kollegen, die einen Deutschland-Besuch in Erwägung ziehen: Sich darauf vorzubereiten, alleine zu arbeiten.

Die Klage der ausländischen Stipendiaten findet ihr lautes Gegenstück im Protest deutscher Studenten (C. Geyer, Der Protest gilt auch den hochgezüchteten Fachidioten, *Die Welt* 26. Januar 1989). Studenten – so der Bericht – beklagen Trägheit, Eitelkeit und Unwahrhaftigkeit vieler Lehrer, und die Politikwissenschaftlerin Gesine Schwan kritisiert: „Die Karrieremuster laufen so, daß lange Literaturlisten und das Aufspüren einer entlegenen Forschungslücke mehr Erfolg zu versprechen scheinen als eine intensive Lehre,

Kritik – Pivileg der Vorgesetzen? 71

die Wahrheit als gegenseitiges Verstehen fördert." Der Pressesprecher des Nordrhein-Westfälischen Wissenschaftsministeriums, Uwe Knüpfer, spricht sogar von den Professoren als den „konstitutionellen Monarchen".

Wie tief der Graben bereits ist, zeigt der Konter des Kölner Wirtschaftsprofessors Ulrich Matz, der betont, daß die Mehrheit der Hörer für das Studium nicht geeignet ist. Unter den Kommilitonen sieht er dann auch „nur wenige Matterhörner", den Rest bezeichnet er als „norddeutsche Tiefebene".

Hierarchische Arbeitsverhältnisse – Mangel an gegenseitigem Verstehen – Kritik kommt gar nicht erst auf! Gilt das nur im Universitätsbereich? Oder sind ähnliche Erscheinungen auch in anderen Bereichen, zum Beispiel im Arbeitsleben, im Bereich der Bundeswehr oder der Politik anzutreffen? Bestehen vielleicht sogar Beziehungen zwischen dem vor dem Berufsleben zu durchlaufenden Universitätsbereich und der sich in der Regel anschließenden Tätigkeit in der Wirtschaft oder anderen Bereichen? Werden hier etwa junge Menschen, die vielfach später einmal Führungspositionen einnehmen sollen, in einer bestimmten Weise vorgeprägt? Ist es denn so einfach, von „be prepared to work alone" auf Kooperation „umzuschalten", und zwar innerhalb kürzester Zeit? Oder verhält man sich weiter so, wie man das auf der Universität – im Bereich der Schule sieht es nicht viel anders aus – „gelernt" hat?

Kritik kam gar nicht erst auf! Hierzu ein geradezu bedrückendes Beispiel: In einem Führungskräfteseminar wurde gerade das Ergebnis von Gruppenarbeiten von den jeweiligen Gruppensprechern vorgetragen, als ein Vorstandsmitglied buchstäblich in den Seminarraum „hereinwehte". Der Vortrag kam ins Stocken, der Gruppensprecher drehte sich praktisch um 180 Grad und trug so vor, wie er glaubte, daß es der Meinung seines Vorstandes entspräche. Eisiges Schweigen kennzeichnete die Seminaratmosphäre. Nach Beendigung des Vortrags machte der Vorstand einige „grundsätzliche Ausführungen", die in dem Anspruch gipfelten: „Der Starke ist am mächtigsten allein." Das Seminarthema hieß übrigens „Kooperation". Konstitutionelle Monarchie?

Kritik kann man von „unten nach oben", von „oben nach unten", aber auch auf gleicher Ebene äußern. Wobei zwischen diesen Kritikwegen enge Wechselbeziehungen bestehen. Das Kritikklima wird entscheidend durch das Verhalten der Vorgesetzten, insbesondere der obersten Leitungsebene geprägt. Climate starts at the top. Ob zum Beispiel überhaupt Kritik von „unten nach oben" geäußert werden kann, hängt sehr stark davon ab, wie Vorgesetzte selbst das Führungsmittel Kritik handhaben. Das Gleiche gilt für Kritik auf gleicher Ebene.

Kritik ist eines der wichtigsten Führungsmittel. Kritik soll – und da zeigt sich in unseren Führungsseminaren bei den teilnehmenden Führungskräften immer wieder Erstaunen – motivieren. Kritik wird vielerorts sehr oft mit Strafe in Verbindung gebracht, mit „vors Schienbein treten", „zur Brust nehmen", „anpfeifen", um nur einige wenige Beispiele aus dem Sprachschatz mancher Vorgesetzter zu nennen, die glauben, auf diese Weise Veränderungen des Verhaltens bewirken, die Leistung, die Zusammenarbeit verbessern zu können. Daß dieser Erfolg bei unangemessener, ironischer, unsachlicher oder gar lautstarker Kritik nur in den seltensten Fällen eintritt, haben inzwischen fast alle bemerkt, nur die betreffenden Vorgesetzten nicht.

Wird Kritik nicht sachlich und angemessen unter vier Augen geäußert, hat dies Auswirkungen auf die Kritik von „unten nach oben". Kritik bewegt sich dann weitgehend auf einer Einbahnstraße.

„Halten Sie es für wichtig, daß Mitarbeiter die Fehlleistungen ihrer Vorgesetzten diesen gegenüber ausdrücklich kritisieren sollten?" Mit „Ja" antworteten 1989 87,5 Prozent der von uns befragten Führungskräfte, 1986 waren es 83,5 Prozent und 1981 78,9 Prozent. Hier zeigt sich das gestiegene Selbstbewußtsein, das Bestreben aus der „Untertanenrolle", in der es einer Majestätsbeleidigung gleichkommt, das Verhalten von Vorgesetzten zu kritisieren, herauszukommen.

Führung wird schon lange nicht mehr als einseitiger Prozeß, der sich nur auf der Einbahnstraße von oben nach unten abspielt, gesehen. Bei aller Anerkennung der Hierarchie wird ein Abbau der

Hierarchiebarrieren angestrebt. Das Selbstwertgefühl, verbunden mit der Forderung nach Gerechtigkeit, gebietet es einfach, daß Kritik nicht nur – selbstverständlich – von Vorgesetzten am Verhalten der „Untergebenen" geäußert wird, sondern daß auch eine Kritik am Verhalten von Vorgesetzten durch die Mitarbeiter möglich sein muß, zumal durch die Ergebnisse der Führungsforschung längst belegt ist, daß die meisten Leistungsverbesserungen und Innovationen auf sachliche und angemessene Kritik zurückzuführen sind. Und daß Vorgesetzte immer alles richtig machen, Fehler nur „unten" passieren, glaubt schon längst keiner mehr. Das Bild vom unfehlbaren, omnipotenten Vorgesetzten existiert nur noch „oben" oder „ganz oben".

Diese Entwicklung, von Führungskräften der obersten Leitungsebenen oft als „Aufmüpfigkeit" beklagt, muß als folgerichtig im Zuge der gesellschaftlichen Entwicklung betrachtet werden, der man sich, ob es einem paßt oder nicht, als Führungskraft stellen muß. Letztlich geht es um die Grundeinstellung dem Mitarbeiter gegenüber. Hier ist es „höchste Zeit, daß alle umdenken – Universitäten, Unternehmen und die ganze Gesellschaft", so der Unternehmensberater Karl Baumgartner in seinem Interview mit dem *Stern* am 8. Dezember 1988 (Sorge um die Chefs von morgen).

Kritik an den Fehlleistungen von Vorgesetzten! Das hat viel mit Gleichberechtigung, Gleichwertigkeit – nicht zu verwechseln mit Gleichmacherei – mit Akzeptanz als Mitmensch, mit Respekt zu tun. „Würden Sie sagen, daß Ihr direkter Vorgesetzter seine Untergebenen als Mitmenschen akzeptiert, das heißt, daß er sie gleichwertig behandelt und respektiert?" Diese Frage beantworteten nur ganze 26 Prozent der befragten Angestellten und Arbeiter mit „ja, immer". (Die Arbeitsmotivation von Arbeitern und Angestellten der deutschen Wirtschaft, Gütersloh 1987)

Wie steht es nun in der Praxis um die Kritik von unten nach oben? Werden Fehlleistungen von Vorgesetzten von ihren Mitarbeitern diesen gegenüber in dem Umfang kritisiert, in dem sie als wichtig angesehen werden? „Haben Sie schon einmal das Fehlverhalten Ihres Vorgesetzten diesem gegenüber ausdrücklich kritisiert?" Mit

„ja" antworteten 1986 noch 54,6 Prozent der von uns befragten Führungskräfte, 1989 sank dieser Prozentsatz mit 46,7 Prozent unter die 50-Prozentmarke ab.

Man hält etwas für wichtig, tut es aber nicht. Angst? Resignation? Innere Kündigung? Die Ursachen für diese verstärkte Kritikzurückhaltung werden klar, wenn man einmal die von den Mitarbeitern, den „Untergebenen" vermuteten Reaktionen ihrer Vorgesetzten auf eine solche Kritik betrachtet. Nicht einmal 40 Prozent der von uns befragten Führungskräfte vermuteten „Einsicht" und nur ganze 10 Prozent „Dankbarkeit" auf eine solche Kritik bei ihren Vorgesetzten. Befürchtet wurden dagegen von 35 Prozent Widerspruch, Ärger von 32 Prozent, Rache von 6 Prozent, Wut von 7 Prozent und Betroffenheit von 22 Prozent, wobei Mehrfachnennungen möglich waren. Tendenz: steigend. Widerspruch, Ärger, Wut, Rache, Betroffenheit! Ehe man sich so etwas einhandelt, läßt man es lieber. Die Folgen – Frustration, Demotivation, keine Leistungsverbesserungen – hat dann das Unternehmen zu tragen. Schade, daß es keine „Kostenstelle Führungsstil" gibt.

Die Bereitschaft von Vorgesetzten, sich mit Anregungen und Kritik ihrer Mitarbeiter auseinanderzusetzten, ist gering. Ganze 16 Prozent der Befragten in der Untersuchung „Die Arbeitsmotivation von Arbeitern und Angestellten der deutschen Wirtschaft" beantworteten die Frage „Ist Ihr Vorgesetzter bereit, sich mit Anregungen und Kritik seiner Mitarbeiter auseinanderzusetzen?" mit „ja, immer".

Bei unseren Befragungen von Führungskräften war wachsendes Desinteresse beim Eingehen auf Vorschläge der „Untergebenen" festzustellen. Bei der Frage „Wenn Sie Vorschläge machen, geht Ihr Vorgesetzter darauf ein?" antworteten 1986 noch 28 Prozent mit „hört sie nur an" oder „geht selten auf sie ein", 1989 stieg dieser Anteil auf 32 Prozent an, bei den Mitarbeitern auf 42 Prozent.

Vorgesetzte sind dünnhäutiger geworden, sowohl in der Einschätzung durch ihre Mitarbeiter aber auch in der Selbstbeurteilung bei

Kritik – Privileg der Vorgesetzten?

den Reaktionen auf Kritik durch ihre Mitarbeiter oder nachgeordnete Führungskräfte. „Was haben Sie bei einer Kritik durch Ihren Mitarbeiter empfunden?" Der Anteil der Vorgesetzten, die glaubten, einsichtig reagiert zu haben, sank von 63 Prozent im Jahre 1986 auf 55 Prozent im Jahre 1989, der Anteil bei „Dankbarkeit" von 23 Prozent auf 20 Prozent ab. Dagegen war ein Anstieg bei „Rache", „Betroffenheit", „Scham" festzustellen. Bei „Ärger" sowie „Widerspruch" zeigte sich eine leicht abnehmende Tendenz. Bei aller Vorsicht bei der Bewertung dieser Befragungsergebnisse, weil es sich um eine Selbsteinschätzung handelt, bei der sehr oft eine positive Beurteilung überwiegt – der starke Rückgang vor allem bei „Einsicht" sollte zu denken geben.

Wie aber reagieren nun Mitarbeiter und nachgeordnete Führungskräfte, wenn ihr Verhalten, ihre Leistung von Vorgesetzten einer Kritik unterzogen werden? „Was empfinden Sie, wenn Ihr Verhalten unter vier Augen sachlich und angemessen kritisiert wird?" 85 Prozent der von uns befragten Führungskräfte würden einsichtig und rund 44 Prozent dankbar auf eine solche Kritik reagieren, wobei die Werte von 1986 und 1988 in etwa gleich waren (Mehrfachnennungen waren möglich).

Kritik, sachlich und angemessen unter vier Augen, wird nach wie vor akzeptiert. 94 Prozent der Befragten würden auch nach einer solchen Kritik ihr Verhalten ändern, wobei ein wachsender Anteil auch widersprechen würde und auch der Anteil, der auf eine solche Kritik mit Betroffenheit reagieren würde, die 30-Prozentmarke erreicht hat. Sebstwertgefühl und Selbstbewußtsein werden also auch durch eine sachliche und angemessene Kritik immer stärker berührt.

Auf diese Emotionen gilt es Rücksicht zu nehmen. Was auf keinen Fall bedeuten darf, Kritik einzuschränken. Kritik muß partnerschaftlich, kooperativ geäußert werden. Das Ergebnis, die Überprüfung der Leistung oder des Verhaltens, muß gemeinsam gesucht und gefunden werden. Einseitige Beurteilung, oder sollte man nicht besser sagen: Verurteilung durch den Vorgesetzten, auch sachlich und angemessen unter vier Augen, führt nicht – mehr – zum Ziel.

Demotivation – innere Kündigung – psychische Gewalt

Das Selbstwertgefühl eines Menschen wird am stärksten getroffen, wenn er in Gegenwart von anderen kritisiert wird. Ganz gleich, in welchem Umfeld Kritik in Gegenwart von Dritten geäußert wird – ob im Arbeitsbereich, zu Hause, in der Schule oder beim Sport – sie verletzt, trifft buchstäblich ins Mark. Sie lähmt „vernünftiges Denkvermögen". Der in dieser Weise Kritisierte „sieht entweder rot" oder ist „wie gelähmt". Und damit tritt genau das Gegenteil von dem ein, was man mit einer solchen Kritik erreichen wollte: eine Analyse des bisherigen Verhaltens, das Anlaß zu dieser Kritik gibt, und Verhaltensänderung bei demjenigen, dessen Verhalten einer Kritik unterzogen wird, aus eigener Überzeugung. Anstatt zu überzeugen, wird vor versammelter Mannschaft „angepfiffen". Kritik als einseitige Strafaktion! An die Stelle kooperativer Überzeugungsarbeit tritt psychische Gewalt.

Daß ein derartiges Vorgehen keine dauerhafte Wirkung haben kann, ist den meisten, die eine solche Kritik am eigenen Leibe erfahren mußten und müssen, klar, nur den kritisierenden Vorgesetzten nicht, die sich unbeirrt weiter des in ihren Augen bewährten Führungsmittels bedienen.

Der Anteil derjenigen, die angaben, in Gegenwart von Dritten kritisiert worden zu sein, stieg mit der Höhe der Hierarchiestufe und war am höchsten auf der zweiten Leitungsebene unterhalb des Vorstandes, der Geschäftsleitung oder dem allein verantwortlichen Unternehmer! In Diskussionen hören wir immer wieder: Er oder sie sollen sich doch schließlich ärgern, sollen von dieser Kritik betroffen sein. Das ist doch das einzige Mittel, was noch hilft. Nur mit einem Schuß vor den Bug ist noch etwas zu erreichen.

Schuß vor den Bug? Hier handelt es sich vielmehr um Volltreffer in der Psyche. Nicht Einsicht, sondern Angst und Aggressionen werden erzeugt. Kritik vor versammelter Mannschaft wird zum „Rohrkrepierer". Kritik, die in Gegenwart von Dritten an den Mann oder die Frau gebracht wird, kommt in vielen Fällen auch gar nicht an. Sie kann verstandesmäßig überhaupt nicht verarbeitet werden, denn durch den mit dieser Kritik verbundenen starken Ausstoß des Streßhormons Adrenalin wird die Denk- und Lernfähigkeit stark beeinträchtigt, was bis zur völligen Denkblockade gehen kann. Der oder die Betroffenen bekommen nur mit, daß etwas Fürchterliches passiert, möchten am liebsten in den Boden versinken, weglaufen oder sich auf den Kritisierenden stürzen. Von diesen Reaktionen, die durch das vegetative Nervensystem ausgelöst werden, derartig beherrscht, bleibt zum vernünftigen Denken kaum noch Raum. Aber vielleicht sind diese Reaktionen beabsichtigt. Vielleicht sollte hier Macht demonstriert, gezeigt werden, wer Herr im Hause ist. Autoritäres Führungsverhalten in Reinkultur!

Im Ländervergleich sind deutsche Führungskräfte bei Kritik in Gegenwart von Dritten Spitze. In der internationalen Untersuchung „Jobs in the 80's" führten sie in deutlichem Abstand zum Beispiel vor Führungskräften in den USA, Japan und Schweden. Deutsche Führungskräfte – Weltmeister in Kritik?

Anstatt ständig über die hohen Lohn- und Lohnnebenkosten, die die Wettbewerbsfähigkeit international beeinträchtigen, zu klagen, sollte man lieber etwas im eigenen Haus unternehmen. Führungsdefizite sind – und das sehen wir bei unseren Schwachstellenanalysen bei den einzelnen Unternehmen immer wieder – hausgemacht.

Der Gang zur Klagemauer löst keine Probleme. Und die Teilnahme an Großveranstaltungen oder Podiumsgesprächen über die „großen Aufgaben der Zukunft" führt allein auch nicht viel weiter, wenn man diese Veranstaltungen mit dem Gefühl verläßt, „daß das, was dort gefordert wird, bei uns ja schon längst erfüllt ist". Freilich, über Kritik in Gegenwart von Dritten wird bei solchen Veranstaltungen nicht gesprochen.

Ratschläge von Beratern, „Projektgruppen bestehend aus Fertigungs- und Entwicklungsleiter, Vertriebschef, Marketing- und Personalchef zu bilden, die dann darüber nachzudenken hätten, was sich für ihr Unternehmen im Europäischen Binnenmarkt ändert", hören sich zwar im ersten Augenblick gut an. Was geschieht aber, wenn sich das alles im Rahmen eines autoritär geführten Unternehmens – nach allen Umfragen eindeutig die Mehrheit – abspielt? Wie gehen die Mitglieder dieser Projektgruppen miteinander um?

„Der Denkprozeß ist in vollem Gange" und „Wir stehen vor einer interessanten Phase". Derartige Äußerungen hört man von Spitzenführungkräften immer wieder, verbunden mit dem Höhenflug von Gedanken über internationale Markenpolitik, europäisches Kundenverhalten, europäisierte Ausbildung, Überprüfung der Fertigungstiefe und europäische Logistik. Ganz sicher interessante und auch wichtige Fragen im Hinblick auf „1992 – die Stunde des Unternehmers". Inzwischen wird aber im Unternehmen weiter „geholzt", in Gegenwart von Dritten kritisiert, an Anerkennung der Leistung gespart, und Freiräume werden eingeschränkt, um nur einige Beispiele von Schwachstellen in der Mitarbeiterführung zu nennen.

Und während sich Spitzenführungskräfte und Unternehmer in einem – wie es scheint – einseitigen Denkprozeß bewegen, fällt die „Ertragsbilanz der Arbeit" für den einzelnen immer negativer aus. „Wie sehen Sie das gefühlsmäßig – verbraucht sich der Mensch in der Arbeit eher, oder gewinnt er auch etwas durch die Arbeit?" Diese Frage, gestellt in der Untersuchung über die Motivation in der Metallindustrie (G. Schmidtchen, Menschen im Wandel der Technik, Köln 1986) beantworteten 1982 noch 59 Prozent der Befragten mit „gewinnt auch etwas", 1985 waren es nur noch 51 Prozent.

Bei der Antwort „verbraucht sich eher" stieg der Anteil von 30 Prozent auf 34 Prozent an. Bei den Meistern und Facharbeitern war sogar schon ein Übergewicht bei der Antwort „verbraucht sich eher" von 45 Prozent gegenüber „gewinnt" mit 44 Prozent festzustellen.

1982 war die Frage gestellt worden; „Wenn Sie an Ihre Situation als Arbeitnehmer denken, die Sie vor zwei Jahren hatten, und mit heute vergleichen: Hat sich Ihre Gesamtsituation verbessert, ist sie gleich geblieben oder hat sie sich verschlechtert?" Für „verbessert" entschieden sich 21 Prozent der Befragten, für „verschlechtert" aber 26 Prozent.

Gelten diese Ergebnisse nur für den Bereich der Metallindustrie? Dieses „Gewinnen" oder „Verbrauchen" hat doch auch etwas mit Führung, der Behandlung am Arbeitsplatz zu tun. Und außerdem: ist ein unbefriedigendes Kritikklima nicht belastend, führt es nicht zu dem Gefühl, als Arbeitnehmer „gebraucht" und damit „verbraucht" zu werden? Und wenn man das Gefühl hat, sich bei der Arbeit zu verbrauchen oder verbraucht zu werden, geht man dann gerne zur Arbeit, wird „Freizeit" nicht auch als „frei von Arbeit" verstanden?

Warten auf Freitag! Für manche hat dies eine ganz besondere Bedeutung. Endlich Gelegenheit, das „loszuwerden", was einen die Woche über belastet, bedrückt. Oder endlich einmal zeigen können, daß man auch etwas „leisten" kann. Bezeichnend hierfür ist die Aussage eines Frankfurter „Hooligans" in einem Interview mit der *Frankfurter Neuen Presse* vom 24. November 1988 (D. Sattler, Bei Randalen im Stadion werde ich den Frust von der Arbeit los).

Frage: „Hast du Spaß daran, andere zu schlagen, oder was ist der Grund, Randale zu machen?" Antwort: „Für mich ist der Zoff ein echter Ausgleich für den Streß und den Frust auf der Arbeit. Samstags geht es dann ab!"

Bei anderen geht es schon viel früher ab, sie warten nicht bis zum Wochenende. In einem Führungsseminar mit Ausbildern eines großen Produktionsbetriebes – alle hatten übrigens die Ausbildereignungsprüfung abgelegt, die meisten verfügten über eine mehrjährige Praxis als Ausbilder – beklagten sich diese besonders darüber, daß die Auszubildenden wohl nichts anderes im Kopf hätten, als pünktlich am Feierabend ihre „Feuerstühle" zu besteigen, um dann mit lautem Getöse und hoher Geschwindigkeit davonzurasen.

Es waren dieselben Ausbilder, die auch noch nach mehrstündiger Diskussion fest davon überzeugt waren, daß Kritik vor versammelter Mannschaft das beste und vor allem einprägsamste Mittel sei, eine Verhaltensänderung zu bewirken, und daß sich dieses Erfolgsrezept auch immer wieder bewähre. „Sie kennen die Kerle nicht, anders werden Sie mit denen nicht mehr fertig", war das immer wieder vorgebrachte „Argument".

Muß man da nicht mit lautem Getöse davonrasen? Und ist dieses Phänomen nur auf Auszubildende beschränkt? Gibt es nicht auch ältere Mitarbeiter und Führungskräfte, die sich nach Arbeitsende ans Steuer setzen, um dann im Straßenverkehr zu zeigen, daß auch sie etwas „können", und durch aggressive Fahrweise demonstrieren, „daß man sich nicht alles gefallen lassen muß"? Und sind es nur junge Leute, die auf dem Heimweg erst mal „einen nehmen" – manchmal auch schon während der Arbeitszeit –, um den Ärger oder den Frust herunterzuspülen?

Worauf ist es zurückzuführen, daß im europäischen Ländervergleich die Deutschen bei der Frage, ob sie sich zu Hause oft gereizt fühlen, den Spitzenplatz einnahmen? Ähnliches zeigte sich bei der Frage „zu Hause oft entspannt" oder „zu Hause oft glücklich", wo sie im Ländervergleich jeweils den vorletzten Platz einnahmen.

Damit kein Mißverständnis entsteht: Hier soll nicht der Eindruck erweckt werden, das Arbeitsleben sei für alles verantwortlich zu machen. Aber hier bestehen Wechselwirkungen.

Ist es denn so schwer vorstellbar, daß ein Mensch, der während der Arbeitszeit unangemessen, unsachlich, ironisch, lautstark oder gar in Gegenwart von Dritten kritisiert, oder sollte man treffender sagen: fertiggemacht wurde, zu Hause nicht gereizt sein sollte? Derartiges schüttelt man doch nicht einfach ab und ist nach dem Verlassen der Arbeitsstelle ein anderer Mensch.

Und nicht erst auf dem Weg nach Hause oder zu Hause stellen sich Gereiztheit oder ähnliche Gefühle ein, die zu Überreaktionen führen können. Nicht gegenüber dem Vorgesetzten, gegen den man sich schließlich kaum wehren kann. „Opfer" sind die Kollegen, Kunden oder Geschäftspartner.

Braucht man sich da zu wundern, wenn Reklamationen „formal" abgewickelt werden? Ist man sich darüber im klaren, daß, wie eine

Untersuchung gezeigt hat, ein Kunde, der der Auffassung ist, seiner Reklamation sei nicht genügend nachgegangen worden, dies durchschnittlich neun bis zehn anderen Menschen mitteilt? Was helfen da zum Beispiel die in den Hotels ausliegenden „Beschwerdekarten" – auch noch ausfüllen, wenn man sich geärgert hat? – oder die immer wieder an die Kunden gerichtete Aufforderung „Wenn Ihnen etwas nicht gefällt, dann sagen Sie es uns"? Die Kunden oder Hotelgäste sagen es nämlich in den meisten Fällen nicht. Sie bleiben einfach weg.

Oder glaubt man ernsthaft, daß eine Mitarbeiterin, ein Mitarbeiter erhöhte Aufmerksamkeit darauf richtet, ob Kunden lange Finger machen, wenn sie von ihren Vorgesetzten zuvor „angepfiffen" wurden? Da wird schon einmal ein Auge zugedrückt oder gleich zwei, als „Ausgleich" für schlechtes Verhalten „von oben". Oder man schafft sich selbst einen „Ausgleich". Was kosten eigentlich die umfangreichen, zum Teil durch Elektronik unterstützten Sicherheitsmaßnahmen oder Hausdetektive? Und was nützen scharfe „Ausgangskontrollen" des „Personals"? Sollte man nicht vielmehr versuchen, durch Veränderung des Führungsverhaltens, durch Motivation mit der Folge einer höheren Identifikation mit dem Unternehmen eine entsprechende Wende herbeizuführen?

Gegeneinander statt Miteinander

Das Übel fängt schon im „Vor-Arbeitsleben", in der Schule, an. „Gerade unsere Kleinen streiten viel mehr als früher. Sie treten sich gegenseitig mit den Füßen, traktieren ihre Kameraden mit Karate-Schlägen oder lassen plötzlich das gestreckte Bein vorschnellen." (Gestört und seelisch tot – Gewalt und Gefühlsarmut verändern das Klima an den Schulen, *Spiegel* 15/1988).

Sinken der Konzentrationsfähigkeit wird ebenso beklagt wie mangelnde Geduld und Lernbereitschaft sowie Erlahmen des Interesses am Unterricht. Etwa ein Viertel aller Schüler verhält sich im Unterricht störend aggressiv, weitere 22 Prozent stören den Unterricht durch Unkonzentriertheit, 16 Prozent durch Faulheit, 15 Prozent zeigen motorische Unruhe und 14 Prozent mangelndes Interesse. So das Ergebnis einer Untersuchung an den Schulen in Rheinland-Pfalz zu Verhaltensauffälligkeiten von Schülern (*Spiegel*).

Rangeleien, Schülerstreiche, Erlahmen des Interesses am Unterricht hat es schon immer gegeben. Wer erinnert sich nicht an derartiges aus seiner eigenen Schulzeit. Bedrückend aber ist der enorme Zuwachs an physischer und psychischer Gewalt und der Schwund an innerer Disziplin. Pädagogen sprechen von einer „epochalen Wende in der Schulgeschichte".

Das alles ist jedoch nicht nur ein nationales, sondern auch ein internationales Problem. In den USA – so der *Spiegel*-Bericht – verüben Schüler pro Jahr mehr als 200 000 schwere Tätlichkeiten, und in Japan wurden 2000 Schlägereien zwischen Schülern und Lehrern im Verlauf eines Jahres gezählt, rund 1000 verletzte Lehrer mußten ambulant oder stationär behandelt werden.

Die Ursachen für solches Schülerverhalten sind komplex. Autoritätsverlust der Erwachsenen wird ebenso dafür verantwortlich gemacht wie „Reizüberflutung" außerhalb der Schule.

Bei der Ursachenforschung kamen aber auch die Lehrer nicht gut davon: Langweiliger Unterricht ist die von den Schülern am häufigsten genannte Störungsursache. Schlecht vorbereitete und ungerechte Lehrer werden ebenso beklagt wie monotone Paukerei und endlose Textinterpretationen. Lehrer hingegen beklagen, daß sie nirgendwo gelernt hätten, mit schwierigen Schülern umzugehen.

Der Reformpädagoge Hartmut von Hentig bringt die ganze Misere auf einen Nenner: Schule macht krank! Und die beiden Lüneburger Hochschullehrer K. Czerwenka und H. Schmidt, die 12 000 Aufsätze in Niedersachsen, Bayern, Schweden, England und den USA über Schule und Lehrer schreiben ließen, kamen zu dem Ergebnis: So ungern wie der Deutsche geht kein anderer zur Schule!

Wäre es nicht ratsam, auch daran zu denken, wenn man über die Vor- und Nachteile des Standorts Bundesrepublik diskutiert? Deutsche Schüler, so der *Spiegel*-Bericht, erleben ihre Schule

„überwiegend als dauernde Überprüfungssituation, was ihnen die Freude an der Schule verdirbt. Zensuren, Zeugnisse und Leistungsdruck lasten auf deutschen Schülern wie ein Gebirge." Und, „vielleicht gäbe es diese Störungen überhaupt nicht, wenn wir irgendwie Einfluß auf den Unterrichtsstoff hätten", so eine 19jährige Schülerin.

230 000 Schüler verfehlen jährlich in der Bundesrepublik das Klassenziel. Angst wird als die wichtigste Ursache aller Unterrichtsstörungen registriert. Sitzengebliebene Schüler werden in ihrem Selbstwertgefühl stark getroffen. Sie sind oft aggressiver als andere Schüler, bei ihnen kommt es sehr oft zum Alkohol- und Nikotinmißbrauch.

Führung – zielorientierte Verhaltensbeeinflussung – ungenügend, muß man da ins „Klassenbuch" schreiben. Mit dieser Feststellung allein ist es aber noch lange nicht getan. Genauso wie bei den beträchtlichen Führungsdefiziten in der Wirtschaft muß auch in diesem Bereich nach Abhilfe gesucht werden. Denn hier wird nicht nur im – engeren – Schulbereich Minderleistung und Leistungsausfall produziert. Hier findet eine Prägung für das ganze Leben statt. Hier gibt es Dauerfolgen und Dauerschäden. Lehrer müssen – wie alle anderen Führungskräfte auch – Führung lernen!

Die einzelnen Kapitel aus dem „Schulleben" lesen sich wie ein Lehrbuch über den autoritären Führungsstil und über Streß und Streßfolgen: Frustration, Kampf oder Flucht. „Aufgelockerte Unterrichtsformen sind in der pädagogischen Theorie so beliebt wie in der Praxis selten, das umfangreiche Stoffpensum setze einem abwechslungsreichen Unterricht natürlich Grenzen", so der *Spiegel*-Bericht.

Die Parallelen zum Führungsverhalten in der Wirtschaft sind unverkennbar. Der kooperative Führungsstil ist in der Theorie so beliebt wie in der Praxis selten, könnte man formulieren. Berge von Arbeit setzen einem kooperativen Führungsverhalten natürliche Grenzen.

Die Ursache hier wie da: Mangel an Führungswissen und Führungskönnen. „Führung" wird nicht systematisch gelernt! Die

Schule als dauernde Überprüfungssituation – mangelnde Mitwirkungsmöglichkeiten der Schüler! Und glaubt man all dem glücklich entronnen zu sein, geht das Ganze im Arbeitsleben wieder von vorne los.

Der Beruf wird als dauernde Überprüfungssituation erlebt, Mitbeteiligung an Entscheidungsprozessen ist weithin verwehrt. Immer mehr Unternehmen führen Beurteilungssysteme ein, nach denen Mitarbeiter und Führungskräfte in regelmäßigen Zeitabständen nach ihren Leistungen und der prognostizierten künftigen Eignung „beurteilt" werden. Im Bereich des öffentlichen Dienstes ist die „Regelbeurteilung" seit langem eingeführt.

Um nicht mißverstanden zu werden. Hier geht es nicht um die Frage „Beurteilungen – ja oder nein", genauso wie es im Schulbereich weitgehend – noch – nicht um die Frage geht, ob das Schulleben „zeugnisfrei" werden müsse. Es geht darum, „wie" das Zeugnis- und Beurteilungssystem gehandhabt wird. Und da muß man leider feststellen, daß sehr viele Beurteilungssysteme in der Wirtschaft zu reinen Demotivationsinstrumenten verkommen sind.

Waren nach unseren Erhebungen 1981 noch gut ein Drittel der Führungskräfte der Ansicht, das in ihrem Bereich geltende Beurteilungsverfahren sei „gut", sank dieser Anteil 1989 auf ganze 27,3 Prozent ab. Wohin die Reise gehen kann, zeigt unser Befragungsergebnis aus dem Bereich des öffentlichen Dienstes. Ganze 8,5 Prozent der Befragten hielten das in ihrem Bereich praktizierte Beurteilungsverfahren für gut!

Hauptansatzpunkt der Kritik ist das mit den Beurteilten geführte Gespräch über ihre Beurteilung. Vorgesetzte nehmen sich immer weniger Zeit für die Erörterung einer der wichtigsten Fragen, die jeden Menschen bewegen: Wie werde ich, wie werden meine Leistungen gesehen, wie komme ich an, wo stehe ich, wie geht es weiter und wie sind meine Zukunftsaussichten?

Waren es 1981 noch 43 Prozent der Führungskräfte, die angaben, das mit ihnen geführte Beurteilungsgespräch habe nur bis zu 10 Minuten gedauert, stieg dieser Anteil 1989 auf 49 Prozent an. Wen wundert es da noch, daß der Anteil der Führungskräfte, die dieses

Beurteilungsgespräch für „nützlich" hielten, kräftig absank: von 69,1 Prozent im Jahre 1981 auf ganze 54,4 Prozent 1989.

Bleibt noch ergänzend festzustellen, daß der Anteil der Führungskräfte, obwohl seit mehreren Jahren in Führungspositionen, mit denen überhaupt noch kein Beurteilungsgespräch geführt worden war, von 28,3 Prozent im Jahre 1981 auf 35 Prozent im Jahre 1989 anstieg. Das alles zusammengenommen ist eine Bankrotterklärung der Führung auf einem der wichtigsten Führungsgebiete: dem Gespräch über die Leistung.

Kein Wunder, daß die Leistung, das Leistungsprinzip immer mehr in Frage gestellt werden. Ein Prinzip, das sowohl in Reden von Politikern, aber auch von Unternehmern und Spitzenführungskräften immer wieder als „Grundfrage" unserer Wirtschaft angesehen wird.

„Wenn Sie das gegenwärtige Beurteilungsverfahren für schlecht halten, warum ist dies der Fall?" An der Spitze der Mängelliste stand in weitem Abstand „das Leistungsprinzip wird zu wenig beachtet". 1989 glaubten dies 55,6 Prozent der von uns befragten Führungskräfte gegenüber 24,4 Prozent im Jahre 1981.

Bereits 1982 war in einer Allensbach-Untersuchung die Frage gestellt worden: „In allen Bereichen gibt es ja Tüchtige und weniger Tüchtige. Wie ist es in Ihrem Beruf? Verdienen die Tüchtigen da mehr oder verdienen die Tüchtigen nicht mehr?" 51 Prozent der Berufstätigen insgesamt und 44 Prozent der Arbeiter beantworteten diese Frage mit „Tüchtige verdienen nicht mehr"!

Beurteilungsprobleme machen keine Schlagzeilen, kosten aber sehr viel Geld! Hier wäre ein sehr guter Ansatzpunkt, Leistungsreserven zu mobilisieren, die Leistung zu erhöhen.

Für das Management besteht aber auch hier – wie in vielen anderen Bereichen der Führung auch – kein Handlungsbedarf. Sie sind von den in ihren Organisationen praktizierten „perfekten" Beurteilungssystemen überzeugt, bei deren Erstellung weder Kosten noch Mühe und Zeit gescheut wurden. Einmal in die Welt gesetzt, haben diese Systeme, wie alles, was von „oben" kommt, zu funktionieren. Wie die Vorgesetzten mit diesen Systemen fertig werden, ob für Beurteilungen im Zeitbudget überhaupt genügend Zeit zur Verfügung steht, danach wird nicht gefragt. Und erst recht macht man sich keine Gedanken darüber, ob die Vorgesetzten auch gelernt haben, Menschen richtig zu beurteilen.

„Es fehlt an der Schulung der Beurteiler." Mehr als 40 Prozent der von uns befragten Führungskräfte setzten diesen Mangel an die zweite Stelle der Mängelliste. Werden derartige Führungsdefizite in Führungsseminaren erörtert, wird von Führungskräften immer wieder eingewendet, daß Gespräche über die Beurteilung ja gar nicht so lange dauern müßten. Beurteilungsgespräche seien nur ein Teil, wenn auch ein sehr wichtiger, im Rahmen des Gesamtkomplexes „Gespräch über die Leistung". Diese Gespräche würden mit den Mitarbeitern auch laufend und ausführlich geführt.

„Sagt Ihnen Ihr Vorgesetzter, wie er über Ihre Leistungen denkt?" Diese Frage beantworteten 1989 (die vergleichenden Ergebnisse von 1986 sind in Klammer gesetzt) nur 3,9 Prozent (7 Prozent) der von uns befragten Führungskräfte mit „immer" und 30,1 Prozent (26,4 Prozent) mit „häufig", der Rest mit „selten" oder „nie".

Was ist nicht alles über „das Mitarbeitergespräch" geschrieben worden? Wie oft ist an die Vorgesetzten appelliert worden, mit ihren Mitarbeitern über deren Leistung, ihr Arbeitsverhalten zu sprechen? Personalchefs können ganze Aktenordner vorweisen, die mit dem Problem „Mitarbeitergespräch" gefüllt sind.

Geht man dann jedoch in der Praxis ins Detail, stellt sich in vielen Fällen eines immer wieder heraus: Es ist weitgehend beim „Schriftlichen" geblieben. Führungsleitlinien, Beurteilungsrichtlinien, Hinweise, wie Beurteilungsgespräche zu führen seien, darüber gibt es „Material". Auch über die rechtliche Problematik werden die Führungskräfte durch Mitteilung der neuesten Rechtsprechung auf dem laufenden gehalten. Damit ist wenigstens die „Beweislage" gesichert. Man hat die Führungskräfte mit „Material" versorgt.

Diskutiert über all dies wird kaum. An Seminare über Mitarbeiterbeurteilung ist überhaupt nicht zu denken. Beurteilungsgespräche,

Mitarbeitergespräche als Seminarthemen? Lernen, wie man diese Gespräche führt, vielleicht gar noch unter Einsatz der Video-Technik? Vorgesetzte können das, denn sonst wären sie ja nicht Vorgesetzte geworden. Oder hat man etwa Angst, daß bei solchen Seminarthemen herauskommen könnte, daß man „es" doch nicht kann?

Hier beißt sich die berühmte Katze in den Schwanz. Aus der Position folgt die Legitimation. „Wem Gott ein Amt gibt, dem gibt er auch Verstand." Wenn dieser Satz überhaupt jemals gegolten haben sollte, heute gilt er bestimmt nicht mehr, schon gar nicht auf dem Gebiet der Menschenführung.

Wie lange will man auf dem Gebiet der Führung noch weiterwerkeln? Wie lange glaubt man, die – heute noch – vorhandenen Ressourcen an Humankapital schlummern lassen zu können? Glaubt man im Ernst, daß sich Führungsprobleme von selbst lösen oder dadurch, daß man sie ständig beklagt? Um es zu wiederholen: Sich darauf zu verlassen, daß die anderen schließlich auch nichts tun, löst das Problem nicht, abgesehen davon, daß man dies so genau gar nicht weiß. Wir können es uns nicht leisten, untätig zu sein.

Der Mensch lebt nicht von Brot allein

„Glauben Sie, daß Sie Ihrer Leistung entsprechend bezahlt werden?" 1986 waren es noch mehr als die Hälfte der von uns befragten Führungskräfte, die diese Frage mit „ja" beantworteten, 1989 waren es nur noch 47 Prozent, die sich für ein positives Votum entscheiden konnten. Dies vor dem Hintergrund, daß seit dem Beginn der siebziger Jahre, als sich variable Vergütungsquoten durchzusetzen begannen, Managergehälter bis heute um 100 Prozent gestiegen sind (J. Priewe, Zielvorstellung Großverdiener, *management wissen* 2/1989).

Diese Entwicklung nur mit einem „erhöhten Anspruchsdenken" zu kommentieren, von einer Schlaraffenland-Mentalität zu sprechen, wäre sicher zu einfach. Schon 1963 schrieb Ludwig von Friedeburg (Soziologie des Betriebsklimas, Frankfurt 1963): „Lohnforderungen, Klagen und Beschwerden über Lohnregelungen sagen gewiß etwas über die objektive Bedeutung der Bezahlung für die Arbeitnehmer aus. Zugleich aber haben sie symbolischen Charakter. Wie kein anderer Aspekt der industriellen Arbeit eignet sich der Lohn als Vehikel, um Unzufriedenheit jeglicher Art auszudrücken."

Und zwei amerikanische Forscher, Mills und Form (Unternehmung, Betrieb und Umwelt, Köln 1957) bemerken zu diesem Problem, daß Löhne nur selten Hauptgrund der Zufriedenheit oder Unzufriedenheit sind. Sie sind vielmehr deren Gradmesser und gehen auf fundamentale Wünsche wie Sicherheit, Aufstieg, menschenwürdige Behandlung und menschliche Würde zurück.

Dieses Phänomen ist nicht nur bei Arbeitern zu beobachten. Es gilt allgemein bis in die oberen Ränge der Hierarchie. Wenn wir bei unseren Schwachstellenanalysen im Führungsbereich bei Unternehmen eine hohe Unzufriedenheit mit der Bezahlung feststellten, fand sich als Gegenstück eine hohe Unzufriedenheit mit dem Führungsverhalten des jeweiligen Vorgesetzten, so daß der Schluß gezogen werden konnte: Je höher die Unzufriedenheit mit der Bezahlung, um so höher die Führungsdefizite.

In anschließenden Diskussionen zeigte sich die Ursache dieses Zusammenhangs: Führungsfehlleistungen der Vorgesetzten müssen „bezahlt" werden. Wenn schon das Führungsklima nicht in Ordnung ist, dann sollten wenigsten die „Kohlen" stimmen.

Unzufriedenheit mit dem Führungsverhalten wird in den meisten Fällen nicht offen geäußert. „Revolten", wie der Aufstand der Redakteure einer bekannten überregionalen Zeitung, die ein Papier verabschiedeten, in welchem die Führungsmethoden des Chefredakteurs als „autokratisch und höchst kontraproduktiv" beschrieben wurden, sind selten (P. Schmatz, Die Journalisten tanzten, doch bei der S. Z. spielte die Musik, *Die Welt* 1/1989). Die Angst, bei Einzelaktionen „oben" anzuecken, ist viel zu groß. Warum sollte man den Konflikt mit dem Vorgesetzten oder der obersten

Leitungsebene wagen, indem man sich zum Beispiel über unsachliche oder unangemessene Kritik beschwert, sich über mangelnde Information durch den unmittelbaren Vorgesetzten oder gar die Geschäftsleitung beklagt, oder vielleicht Launenhaftigkeit, Unfreundlichkeit, ungerechte Behandlung, Eingriffe in den eigenen Delegationsbereich anprangert. „Lohnforderungen haben gleichsam a priori objektiven Charakter, denn sie beziehen sich auf einen realen, allgemein anerkannten Interessenkonflikt zwischen Arbeitern und dem Management", so von Friedeburg.

Flucht in eine Scheinbegründung, um sich persönlich nicht engagieren zu müssen, aber trotzdem seinen Unmut äußern zu können. Diesem Phänomen begegnet man auch, wenn es um den Arbeitsplatzwechsel geht.

Als Begründung für den Wechsel des Arbeitgebers wird in erster Linie angegeben: „Woanders bekomme ich mehr". Wer wird schon den „Führungsstil des Vorgesetzten" oder „zu wenig Freiraum am Arbeitsplatz" als Kündigungsgrund angeben. Unangenehme Auseinandersetzungen werden befürchtet, vielleicht sogar Auswirkungen auf die Formulierung des Zeugnisses. Fälle, daß sich Mitarbeiter zum Abschlußinterview nur unter der Bedingung bereit erklärten: „erst das Zeugnis und dann das Gespräch am letzten Freitagnachmittag, damit nichts mehr passieren kann", sind nicht selten.

Bei der Frage „Was könnte für Sie der Grund sein, den Arbeitgeber zu wechseln?" gaben 1986 noch 33 Prozent den „Führungsstil" an, 1989 waren es schon 38 Prozent. Bei dem Fluktuationsgrund „Selbständigkeit, Entscheidungsfreiheit" stieg der Anteil von 34,7 Prozent im Jahre 1986 auf 41,6 Prozent im Jahre 1989. Dazu kommt noch mit nach wie vor 21 Prozent der Grund „Vorgesetzter".

Nimmt man die Antworten beim „Führungsstil", dem „Vorgesetzten" und der „Entscheidungsfreiheit" zusammen, dann wird die Fluktuationsursache „Bezahlung" mit 48,8 Prozent zum mindesten erreicht, wenn man berücksichtigt, daß bei den einzelnen Faktoren des Führungsverhaltens Mehrfachnennungen möglich waren, was im übrigen auch für den Fluktuationsgrund „Bezahlung" galt. Eines wird man mit Sicherheit feststellen können: Bei den Erwägungen, den Arbeitgeber zu wechseln, nimmt das Führungsverhalten eine immer größere Bedeutung ein. Von Fachleuten wird mittlerweile geschätzt, daß im Durchschnitt etwa 70 Prozent der fluktuierenden Arbeitnehmer aus betrieblichen Anlässen (unangenehmes Betriebsklima, ungerechte Behandlung durch Vorgesetzte, mangelnde Anerkennung ihrer Leistung und fehlende Aufstiegsmöglichkeiten) ihre Stellung wechseln. Das Gefühl, daß die eigene Leistung von den Vorgesetzten zu wenig anerkannt wird, spielt bei Kündigungserwägungen eine wichtige Rolle.

Der Mensch lebt nicht von Brot allein! Diese Lebensweisheit gilt für das Arbeitsleben genauso wie die Erkenntnis: Geld allein macht nicht glücklich. Die Gegenleistung, das Entgelt für geleistete Arbeit, besteht doch nicht nur im Lohn, dem Gehalt, dem „Baren" allein. Und seit langem gilt der Satz: Verweigerte Anerkennung ist verweigerter Lohn. Wobei, und das soll keineswegs verschwiegen werden, in der Höhe des Entgelts natürlich auch ein Teil „Anerkennung" enthalten ist.

Wie aber steht es um die „Anerkennung der Leistung", einem der – nach den Erkenntnissen der Motivationsforschung – der wichtigsten Motivationsmittel? Ein Vorgesetzter wird besonders geschätzt, wenn er die Leistung seiner Mitarbeiter anerkennt. Die „Anerkennung der Leistung" steht nach wie vor an der Spitze der bei einem Vorgesetzten erwünschten Eigenschaften.

1976 waren es noch 64,8 Prozent aller Befragten, die in der Untersuchung „Arbeitnehmer in Bayern beurteilen ihre Arbeitswelt" (Wo drückt uns der Schuh, Bayerisches Arbeitsministerium 1976) die Eigenschaft „Anerkennung der Leistung" an die zweite Stelle der wichtigsten Vorgesetzteneigenschaften gesetzt hatten. Bei den Führungskräften und den Befragten mit qualifizierter Vorbildung rangierte diese Eigenschaft sogar an erster Stelle. Je qualifizierter die Vorbildung, je höher die Stellung in der Hierarchie, desto stärker der Wunsch nach Anerkennung – eine Feststellung, die wir bei unseren eigenen Befragungen von Führungskräften immer wieder machen konnten.

Die Beliebtheit der Vorgesetzteneigenschaft „Anerkennung der Leistung" zeigte dabei steigende Tendenz. Waren es 1981 noch 76,2 Prozent der Befragten, die diese Eigenschaft an die erste Stelle gesetzt hatten, pendelte sich dieser Anteil 1986 und 1989 auf rund 82 Prozent ein.

Kann man aus dieser Steigerung den Schluß ziehen, daß man, was man nicht bekommt, sich besonders wünscht? In der Tat: Zwischen dem „Soll" und dem „Ist" bestehen erhebliche Unterschiede. Die Anerkennung der Leistungen durch den Vorgesetzten wird immer mehr zur Mangelware. Waren es 1981 noch 54,7 Prozent der von uns Befragten, die die Frage „Glauben Sie, daß Ihrem Wunsch nach ausdrücklicher Anerkennung Ihrer Leistung von Ihren Vorgesetzten Rechnung getragen wird?" mit „ja" beantworteten, sank dieser Anteil auf 52,6 Prozent im Jahre 1989.

Das Motivationsdefizit bei der „Anerkennung der Leistung" zieht sich wie ein roter Faden durch die Analysen der letzten Jahre. „Wird von Ihrem Vorgesetzten gute Arbeit genügend anerkannt?" Diese Frage in der sozialpolitischen Untersuchung über die Motivation in der Metallindustrie (E. Schmidtchen, Neue Technik, Neue Arbeitsmoral, Köln 1984) beantworteten ganze 18 Prozent mit „immer".

„Erkennt Ihr direkter Vorgesetzter im allgemeinen gute Leistungen lobend an?" Diese Frage beantworten in der Umfrage „Die Arbeitsmotivation von Arbeitern und Angestellten der deutschen Wirtschaft" 21 Prozent mit „ja, immer" (Gütersloh 1987).

Bei der Untersuchung „*Hoechst* im Blickfeld seiner Mitarbeiter" nahm die erwünschte Vorgesetzteneigenschaft „lobt gute Leistungen" bei den Mitarbeitern die drittletzte und bei den Führungskräften die vorletzte Stelle im „Ist" ein, und bei der *BASF*-Mitarbeiterbefragung 1987 ergab sich gegenüber der Befragung 1982 im Gesamtergebnis ein Minus bei der Frage „Erkennt Ihr Vorgesetzter Leistungen lobend an?", wobei sich die Beurteilung in der Nähe von „manchmal" bewegte.

Mit dem „Dank" an die Mitarbeiter – auch eine Form der Anerkennung der Leistung – ist es auch nicht zum Besten bestellt. Bei einer Analyse von 23 Reden, die auf verschiedenen Hauptversammlungen von großen Kaufhauskonzernen, Elektrizitätsgesellschaften, Versicherungen, Metallbaufabriken und Hüttenwerken, die in der Zeit von Mitte Mai bis Mitte Juli 1987 gehalten wurden, haben über ein Viertel der Redner nicht einmal indirekt auf die Mitarbeiter Bezug genommen. „Ein Dank an die Mitarbeiter für die im vergangenen Jahr geleistete Arbeit findet sich lediglich in knapp 40 Prozent der Reden. Daß man in diesen Dank auch die gewählten Vertreter der Arbeitnehmerschaft einbeziehen kann, war nur in drei Reden der Fall. Die Form ist untadelig, der Umfang des Dankes ist in der Regel äußerst knapp gehalten und beschränkt sich auf einen Satz." (H.P. Bernfeld, Quantité nègligeable oder: Wie dankt man seinen Mitarbeitern?, *Blick durch die Wirtschaft*, 30. Dezember 1987))

Die Zurückhaltung der Vorgesetzten bei einem der wichtigsten Motivationsmittel, der Anerkennung, ist vor allem mit einer mangelnden Beschäftigung mit Führungsfragen zu erklären. Es fehlt an Führungswissen und Führungskönnen. Über der Beschäftigung mit Fachfragen werden Führungsfragen total vernachlässigt. Wenn eine radikale Änderung erforderlich ist, dann hier.

Darauf zu warten, daß diese Änderung „von selbst" kommt, hieße, sich einer Illusion hinzugeben. Hier muß der Personalbereich – endlich – aktiv werden und sich mit dem Gebiet „Führung" intensiv beschäftigen. Was hier in vielen Bereichen anzutreffen ist, kann man milde ausgedrückt nur als Ignoranz bezeichnen. Die Ergebnisse von Meinungsumfragen werden nicht einmal zur Kenntnis genommen, geschweige denn etwas unternommen.

Dabei werden diese Umfragen sowohl in der Tagespresse als auch in den verschiedenen Fachzeitschriften mit den entsprechenden Schlagzeilen und den Hauptergebnissen publiziert, ebenfalls die Ergebnisse von Betriebsumfragen in Großunternehmen. Auf diese Veröffentlichungen angesprochen, hört man immer wieder: „Man kann doch nicht alles lesen." Geradezu erschütternd war die Frage eines für die Personalentwicklung einer der größten deutschen Banken Verantwortlichen, nach einem Vortrag über „Schwachstellen der Führung": „Wo haben Sie denn die ganzen Zahlen her?" Und: „Sind Sie wirklich der Überzeugung, daß diese Zahlen stimmen, und daß man daraus Folgerungen ziehen kann?" Wie weit dieses „Nicht-Beschäftigen" mit Führungsfragen geht, konnten wir bei einer Bewerberauswahl, bei der es um die Neubesetzung der Stelle des Personalleiters ging, feststellen. Von den mehr als 20 Bewerbern, die alle aus dem Personalbereich kamen, zum Teil in leitender Funktion, hatte sich keiner mit derartigen Fragen beschäftigt. Umfragen wie zum Beispiel „Die Arbeitsmotivation von Arbeitern und Angestellten der deutschen Wirtschaft" oder das Buch „Macht Arbeit krank? Macht Arbeit glücklich?" waren ihnen unbekannt, von anderen Analysen ganz zu schweigen.

Hier muß man doch einmal die Frage stellen: Womit beschäftigen sich diese Personalfachleute? Die Antwort war einfach: Arbeitsgerichtsprozesse nahmen ebenso einen beträchtlichen Raum in der „Tagesarbeit" ein wie „Freisetzungen" anläßlich von Rationalisierungsmaßnahmen oder „Personalbeschaffung" als Ausgleich einer hohen Fluktuationsrate. Aber auch auf dem Gebiet der Bewerberauslese waren Lücken festzustellen. Erhebungen über Jugendfragen waren ebenso unbekannt wie Berichte über die Bevölkerungsentwicklung in den nächsten Jahren. Wahrscheinlich ist dann die Überraschung über zukünftige Bewerberzahlen groß.

Wen wundert es da noch, daß zunehmend ein ganz anderer Bereich auf dem Personalsektor aktiv wird. Es sind die Marketing- und Vertriebsverantwortlichen, die, noch vorsichtig, weil nicht „zuständig", ihre Forderungen anmelden. Sie wissen, was der Markt in Zukunft für Anforderungen stellt. Und sie haben längst begriffen, daß der Wettbewerb am Markt nicht mit Maschinen oder Robotern, mit „Technik" ausgetragen wird, sondern mit Menschen. Und sie wissen, daß an diese Menschen ganz bestimmte Anforderungen gestellt werden, daß es einer zielorientierten, kooperativen Führung bedarf, um diese Menschen zu motivieren.

Im Personalbereich scheint sich das vielfach noch nicht herumgesprochen zu haben. Hier wird oft noch „statisch" gearbeitet, von der immer wieder beschworenen und in den Personalanzeigen bei Bewerbern geforderten „Dynamik" ist wenig zu spüren. Aber vielleicht fehlt es hier an der Motivation. „Innere Kündigung" im Personalbereich?

Erfolgserlebnisse

Erfolgreich sein, Erfolg haben – wer strebt nicht danach? Erfolgserlebnisse, in welchem Lebensbereich auch immer, gehören zu den Grundbedürfnissen des Menschen. Sie stärken das Selbstbewußtsein und sind Grundpfeiler und Stabilisatoren für die Gesundheit. Warum sollte dies im Arbeitsleben – hier bringt der Mensch den größten Teil seines „wachen" Lebens zu – anders sein?

Erfolgserlebnisse im Arbeitsleben tragen wesentlich zur Arbeitszufriedenheit bei. Und – dies ist eine Grunderkenntnis der Psychologie – der Mensch strebt danach, diese Erfolgserlebnisse zu wiederholen. Erfolgserlebnisse bestätigen den eingeschlagenen Weg, stabilisieren das Verhalten, das zu diesen Erfolgserlebnissen geführt hat und machen den Weg zu Leistungssteigerungen frei. Eine der wichtigsten Führungsaufgaben für Führungskräfte, die ja schließlich Verhalten beeinflussen sollen, besteht darin, ihren Mitarbeiterinnen und Mitarbeitern Erfolgserlebnisse zu verschaffen.

Erfolgserlebnisse werden in erster Linie dadurch ermöglicht, daß Gelegenheit gegeben wird, möglichst selbständig und frei Aufgaben zu bewältigen. Das habe ich gemacht, alleine gemacht, gut gemacht, oder hier habe ich einen wichtigen Beitrag geleistet. „Das Gefühl, am Arbeitsplatz mitentscheiden zu können, Spielraum für eigene Entscheidungen zu haben, erhöht die Arbeitsfreude. Überhaupt ist Freiheitserfahrung verbunden mit Glücksgefühl." (E. Noelle-Neumann/B. Strümpel, Macht Arbeit krank? Macht Arbeit glücklich?, München 1985)

Mit dem Gewähren von „Freiraum" allein ist es allerdings nicht getan. Sicher gibt es Menschen, die sich schon allein aus ihrer Tätigkeit heraus „motivieren" können. Das „Glücksgefühl" ist für die meisten Menschen aber erst dann vollkommen, wenn das, was sie getan haben, von anderen anerkannt wird. Hier bildet das Arbeitsleben keine Ausnahme. Die Anerkennung einer Leistung durch Dritte setzt den bewußten Punkt auf das i, wobei der „Anerkennung von oben" eine besondere Bedeutung zukommt.

Eine Tätigkeit, die Bestätigung und Erfolg ermöglicht, und ein Vorgesetzter, der gute Leistungen offen anerkennt, nehmen im „Soll" von Mitarbeiterinnen und Mitarbeitern einen hohen Stellenwert ein. Dies zeigte in jüngster Zeit eine Untersuchung über das Betriebsklima im Bankbereich. Eine Arbeit, die Bestätigung und Erfolg ermöglicht, wünschten sich 83 Prozent der befragten Bankmitarbeiterinnen und -mitarbeiter, einen Vorgesetzten, der gute Leistungen offen anerkennt, 89 Prozent.

Ein ähnliches Ergebnis war bei unserer eigenen Befragung von Führungskräften zu verzeichnen. 1989 verbanden 88,7 Prozent der Führungskräfte mit der ausdrücklichen Anerkennung ihrer Leistung durch ihre Vorgesetzten ein Erfolgserlebnis, 1986 waren es noch 82,5 Prozent.

Doch Mitarbeiter und Führungskräfte werden in ihren Erwartungen bitter enttäuscht. Nur 35 Prozent der Bankmitarbeiter sahen ihre Erwartungen nach einer Arbeit, die ihnen Bestätigung und Erfolg ermöglicht, erfüllt, und nur 40 Prozent glaubten, daß ihre guten Leistungen von ihren Vorgesetzten offen anerkannt werden.

Bei der Frage „Was überwiegt bei Ihrer täglichen Arbeit, Anerkennung oder Kritik?" konnten sich nur noch 47,7 Prozent der von uns befragten Führungskräfte im Jahre 1989 für die Aussage „mehr Anerkennung" entscheiden, 1986 waren es noch 49,8 Prozent.

Geradezu erschreckend war das Ergebnis bei der Analyse „Die Arbeitsmotivation der deutschen Arbeiter und Angestellten" (Bertelsmann-Stiftung, Gütersloh 1987). „Wie oft kommt es vor, daß Sie sich bei Ihrer Arbeit über eine besondere Leistung oder einen Erfolg freuen?" Für die Antwort „häufig" entschieden sich 22 Prozent aller Befragten. Die Bandbreite erstreckte sich von 7

Prozent bei den un- und angelernten Arbeitern über die Facharbeiter, kleinen und mittleren Angestellten mit 21 Prozent bis zu den höheren Angestellten mit 53 Prozent.

Nun, in der deutschen Wirtschaft sind nicht nur höhere Angestellte tätig, wobei man bemerken muß, daß die Zustimmungsrate von nur etwa der Hälfte der Befragten bei diesem wichtigen Motivationsaspekt als außerordentlich niedrig bezeichnet werden muß.

Können sich die höheren Angestellten zum großen Teil noch aus ihrer Tätigkeit selbst motivieren, Kraft schöpfen – bei dem großen Heer der kleinen und mittleren Angestellten und der Arbeiter sieht es da wahrscheinlich schon anders aus. Ist die Motivation aus der Arbeit selbst nicht möglich – hier muß im übrigen dringend über die Arbeitsstrukturierung nachgedacht werden – muß der Vorgesetzte „einspringen". Die Anerkennung der – manchmal bewundernswerten – Dauerleistung kann zwar das Erfolgserlebnis aus der Tätigkeit nicht ersetzen, doch bewirkt diese „Anerkennung durch Zuwendung" viel.

Fehlt es aber an beidem, dann ist der Scherbenhaufen der Führung perfekt. Muß man sich dann noch über das „Nachlassen in der Arbeitsmoral" wundern?

Das Urteil über die Vorgesetzten fällt dann auch entsprechend aus. „Würden Sie sagen, daß Ihr direkter Vorgesetzter seine Mitarbeiter motiviert und für die Arbeit begeistern kann?" Ganze 17 Prozent der im Rahmen der Untersuchung „Die Arbeitsmotivation der deutschen Arbeiter und Angestellten" Befragten, konnten sich bei dieser Frage für ein „ja, immer" entscheiden!

Kein Wunder, wenn verzweifelt nach dem „Euro-Manager" gesucht wird. Aber, wo soll der so plötzlich herkommen? Soll er wie ein Phönix aus der Asche aufsteigen? Wann wird man – endlich – einsehen, daß hier langfristige Entwicklungsprozesse in Gang gesetzt werden müssen. Hier muß vieles radikal geändert werden. Das beginnt übrigens bei einer völligen Neuorientierung bei der Führungskräfteauswahl, setzt sich mit einer systematischen Ausbildung in Führungsfragen fort und mündet in einen Prozeß der ständigen Persönlichkeitsentwicklung. Lebenslanges Lernen!

Die Minustendenzen bei der Anerkennung von „oben nach unten" haben ürigens ein nicht zu übersehendes Gegenstück bei der Anerkennung von „unten nach oben", wobei es in vielen Bereichen nach wie vor als „unmöglich" gilt, daß es sich ein „Untergebener" herausnehmen könnte, die Leistungen von Vorgesetzten diesen gegenüber ausdrücklich anzuerkennen.

Motivation erschöpft sich freilich nicht nur in der Anerkennung der Leistung. Einen wichtigen Platz im Bündel der verschiedenen Motivationsmittel nimmt die Achtung vor dem Mitarbeiter, die Beachtung seiner Fähigkeiten ein, wobei es nicht bei der reinen Beachtung der Fähigkeiten bleiben darf. Das Fähigkeitspotential der Mitarbeiter und nachgeordneten Führungskräfte muß auch tatsächlich genutzt werden.

„Beachtet Ihr Vorgesetzter Ihre Meinung bei wichtigen Entscheidungen?" Bei der Untersuchung „Arbeitsmotivation von Arbeitern und Angestellten der deutschen Wirtschaft" wurde diese Frage nur von 13 Prozent der Befragten mit „ja, immer" beantwortet. Und bei der Frage „Wenn in Ihrem Betrieb Entscheidungen getroffen werden sollen, die Ihre eigene Arbeit, Ihren eigenen Arbeitsplatz betreffen, können Sie solche Entscheidungen beeinflussen?" meinten lediglich 8 Prozent, sie könnten dies.

Beachten setzt allerdings grundsätzlich voraus, daß erst einmal gefragt wird. Der Anteil derjenigen, die auf den anonym auszufüllenden Fragebogen „ergänzend" bemerkten, „werde überhaupt nicht gefragt", steigt.

Diese Ergebnisse müssen besonders erschrecken, bedenkt man den ungeheuren Zuwachs an Bildung in der letzten Zeit. Die Aufwendungen von Unternehmen für die berufliche Aus- und Weiterbildung steigen von Jahr zu Jahr, die Zahl der qualifizierten Schul- und Hochschulabschlüsse ebenfalls.

Wird denn dieser Zuwachs an Wissen und Können von den Vorgesetzten nicht genutzt? Auch hier muß man wieder an die Vor- und Nachteile des „Standorts Bundesrepublik" denken. Gerade die hohe fachliche Qualifikation der Menschen in der Bundesrepublik

Deutschland ist doch eine der wichtigsten Trumpfkarten im internationalen Wettbewerb. Gerade hier liegt doch die Rechtfertigung für die hohen Lohn- und Lohnnebenkosten.

Das Ifo-Institut hat durch eine Befragung von 800 deutschen Metallunternehmen (*iwd* Nr. 48 vom 1. Dezember 1988) ermittelt, welche Standortfaktoren aus der Sicht der Wirtschaft besonders wichtig sind und wie die Unternehmen selbst den Produktionsstandort Bundesrepublik sehen.

Vergeben werden konnten jeweils auf einer Positiv- und Negativskala (günstiger und ungünstiger Unternehmensstandort Bundesrepublik) bis zu 200 Punkte. Vorgegeben waren 21 Standortfaktoren.

Von der Bedeutung der Standortfaktoren her gesehen, setzten die Unternehmen die „Stückkosten" an die erste Stelle, gefolgt von der „Qualifikation der Mitarbeiter" und den „Personalzusatzkosten". Auf den letzten drei der 21 vorgegebenen Positionen rangierten „Betriebsklima/Motivation", „Energieversorgung/-kosten" und „Kapitalbeschaffung". Welchen Platz hätte der Standort „Betriebsklima/Motivation" wohl bei einer Bewertung in Japan eingenommen?

Bei der Bewertung wurden auf der Positivskala als höchster Punktwert +69, auf der Negativskala –151 Punkte vergeben.

Als günstig für den Unternehmensstandort Bundesrepublik wurden bewertet „Qualifikation der Mitarbeiter" (+69), „Betriebsklima/Motivation" (+16) und „Kapitalbeschaffung" (+1), während die Standortfaktoren „Energieversorgung/-kosten" (–25), „Stückkosten" (–96) und die „Personalzusatzkosten" (–151) auf der Negativskala der Standortfaktoren an letzter Stelle standen.

Die geringe Bedeutung des Standortfaktors „Betriebsklima/ Motivation" aus der Sicht der Unternehmen der Metallindustrie spiegelt die niedrige Priorität, die der Mitarbeiterführung insgesamt eingeräumt wird, wider. Und dies gilt nicht nur für die Unternehmen der Metallindustrie. In der deutschen Wirtschaft wird das Führungsproblem nach wie vor stark vernachlässigt.

Nach einer Untersuchung über die „Arbeitsdirektoren" (für Personalfragen zuständige Vorstandsmitglieder nach dem Mitbestimmungsgesetz von 1976), in deren Rahmen im Laufe von anderthalb Jahren 150 Interviews in 55 Firmen mit 2000 bis 250 000 Mitarbeitern durchgeführt wurden (R. Fiedler-Winter, Für Neues keine Zeit, *management wissen* 2/1989) müssen sich drei Viertel der Befragten auch noch mit Aufgaben anderer Ressorts als dem des Personals befassen, zum Beispiel des Finanzressorts, des Marketings und Vertriebs oder haben gleichzeitig Länderverantwortung oder Verantwortung für eine Unternehmenssparte übernommen. Nur rund 25 Prozent der Befragten können ihre gesamte Arbeitszeit für Personalfragen einsetzen, 30 Prozent nicht einmal die Hälfte der Zeit, und 12 Prozent haben dafür sogar weniger als ein Drittel ihrer Arbeitszeit übrig.

„Wiederum nur ein gutes Drittel der befragten Arbeitsdirektoren entscheidet über die so zentrale Frage der Weiterbildung mit, fast 90 Prozent beachten Arbeitszeitentwicklungen und Motivationsinstrumente wie Quality Circles eher als sekundäre Größen." (*management wissen* 2/1989)

Gewiß sind Standortfaktoren wie Infrastruktur, Verfügbarkeit von Arbeitskräften, arbeitsrechtliche Bestimmungen, Wechselkurse, Unternehmenbesteuerung, Arbeitszeitregelungen, um nur einige Beispiele zu nennen, wichtig. Aber sind sie wichtiger als die Motivation der Mitarbeiter?

Was nützen zum Beispiel „Arbeitszeitregelungen", wenn während der Arbeitszeit, mit wieviel Stunden auch immer, nicht oder nur wenig motivierte „Arbeitnehmer" tätig sind? Was nützt eine „bessere Verfügbarkeit von Arbeitskräften", wenn diese verfügbaren Arbeitskräfte nicht motiviert sind? Glaubt man denn im Ernst, dieses Problem durch die „bewährte" Führungsmethode „Anordnen und Ausführen" lösen zu können, auf die Kurzformel gebracht: „Wer nicht spurt, der fliegt"?

Die fachliche Qualifikation der Mitarbeiter auf dem zweiten Platz der Rangliste der Standortfaktoren, dagegen Betriebsklima/ Motivation auf Platz 19! Ist dieser Unterschied in der Bewertung nicht zu krass? Begreift man denn nicht, daß Qualifikation erst dann voll zum Tragen kommt, wenn die qualifizierten Mitarbeiter auch „motiviert" sind? Aus der Leistungsfähigkeit allein folgt doch nicht zwangsläufig Leistungsbereitschaft und damit die Leistung! Die Arbeitsproduktivität rangierte bei der Umfrage des Ifo-Instituts auf der vierten Position mit einem Pluswert von 39 – wohlbemerkt bei 200 erreichbaren Punkten. Ist nicht „Motivation" eine wichtige Voraussetzung für Arbeitsproduktivität, bei aller Anerkennung von „Technik"?

Eng zusammen mit der Arbeitsproduktivität hängt die Frage nach der Überforderung, Auslastung und Unterforderung. „Würden Sie sagen, daß Ihre Tätigkeit Ihre beruflichen Fähigkeiten und Ihr Wissen voll beansprucht, oder fühlen Sie sich eher unterfordert?" 52 Prozent der in der Untersuchung „Die Arbeitsmotivation von Arbeitern und Angestellten der deutschen Wirtschaft" Befragten meinten, ihre Tätigkeit beanspruche ihr berufliches Fachkönnen und ihr Wissen voll, 25 Prozent waren unentschieden, und 22 Prozent fühlten sich eher unterfordert.

Wenn über dieses Problem in unseren Führungsseminaren diskutiert wird, heißt es immer wieder: „Die jungen Leute überschätzen sich, das war bei uns in unserer Jugendzeit genauso!" Überschätzen sich die jungen Mitarbeiterinnen und Mitarbeiter jedoch wirklich? Oder gibt man ihnen keine anspruchsvollen Aufgaben, weil man Angst hat, die Jungen könnten besser sein als mancher Ältere?

Intrigen, Foulspiel, Konkurrenzdruck

„Meine Kollegen sind hilfsbereit, ehrlich, das heißt nicht hinterlistig, genießen mein Vertrauen, geben mir erforderliche Informationen rechtzeitig und umfassend, sprechen mit der Arbeit verbundene Probleme immer offen an." So das Wunschbild, das „Soll", das in den Betriebsklimaanalysen im Bereich der Kreditgenossenschaften gezeichnet wurde (Bachmann, Mittelpunkt und Engpaß,

Die Motivation der Mitarbeiter, *Genossenschaftskurier* 4/1988). Rund 90 Prozent der befragten Bankmitarbeiter hoffen, bei ihren Kollegen dieses positive Erscheinungsbild anzutreffen.

Das im betrieblichen Alltag angetroffene „Ist" entsprach jedoch bei weitem nicht den Erwartungen. Die niedrigste zustimmende Wertung erhielt „sprechen die mit der Arbeit verbundenen Probleme offen an" mit 42 Prozent, die höchste „meine Kollegen sind hilfsbereit" mit 59 Prozent. Die übrigen zustimmenden Äußerungen bewegten sich zwischen diesen Werten (*Genossenschaftskurier* 4/1988).

Die „Kollegialität" scheint abzunehmen. 1976 waren in der umfassenden Untersuchung „Arbeitnehmer in Bayern beurteilen ihre Arbeitswelt", in deren Rahmen 4000 Arbeitnehmer befragt worden waren („Wo drückt uns der Schuh?" Bayerisches Arbeitsministerium, München 1976), folgende Fragen zur „Kollegialität" gestellt worden:

„Haben Sie Probleme bei der Zusammenarbeit mit Ihren Kollegen?" 11,5 Prozent der damals Befragten antworteten mit „ja" und „eher ja".

„Meinen Sie, daß Ihre Kollegen Sie nicht mögen?" 14,3 Prozent antworteten mit „ja" oder „eher ja".

„Herrscht unter Ihnen starker Konkurrenzkampf?" 19,4 Prozent fühlten sich einem starken Konkurrenzkampf ausgesetzt.

Bei unseren Befragungen von Führungskräften zeichnet sich langfristig ein deutlicher Trend ab. Die Frage „Wie verstehen Sie sich mit Ihren Kollegen?" beantworteten 1981 noch 84,1 Prozent mit „gut", 1989 waren es nur noch 76,3 Prozent. Bei den befragten Mitarbeiterinnen und Mitarbeitern sank der Prozentsatz derjenigen, die diese Frage mit „gut" beantwortet hatten, von 82,1 Prozent auf 70 Prozent ab.

Bei der Untersuchung „Die Arbeitsmotivation der Arbeiter und Angestellten der deutschen Wirtschaft" (Gütersloh 1984) fanden sich Bewertungen zur Arbeitsatmosphäre im kollegialen Bereich im Mittelfeld. Hier wurden Durchschnittspunktezahlen auf einer Skala von 1 (trifft voll und ganz zu) bis 7 (trifft überhaupt nicht zu) errechnet.

„Bei uns fällt keiner dem anderen in den Rücken." Durchschnittsbewertung: 3,02. „Bei uns hat jeder Zeit für die Probleme des anderen." Durchschnittsbewertung: 3,96.

„Kollegialität" – eine wichtige Voraussetzung für Zusammenarbeit – steht im allgemeinen jedoch nicht im Mittelpunkt der Führungsdiskussion, die sich vorrangig auf das Verhältnis zwischen „oben und unten" konzentriert. Mit dieser Bewertung sind auch eng die Prioritäten bei den Führungsaufgaben verbunden. Daß eine der wichtigsten Aufgaben von Vorgesetzten darin besteht, sich der zwischenmenschlichen Beziehungen ihres Teams anzunehmen, wird in vielen Bereichen überhaupt nicht erkannt.

„Für seine Beziehungen zu den anderen" – der Ausdruck „Kollegen" wird immer seltener gebraucht – „ist jeder selbst verantwortlich. Da mische ich mich nicht ein." Manche Vorgesetzte gehen sogar so weit, das „Klarkommen mit den anderen", als „Privatangelegenheit" zu bezeichnen. Nur dann, wenn es zu „ernsthaften Störungen" kommt, wenn es „gar nicht mehr anders geht", wird „eingegriffen", wobei dieses Eingreifen sehr oft lediglich darin besteht, die Personalabteilung zu bemühen. „Denn die haben uns ja ,den' oder ,die' aufgedrückt."

Die Pflege der zwischenmenschlichen Beziehungen innerhalb des Teams gehört zu den wichtigsten Führungsaufgaben eines Vorgesetzten. In einem Klima des „Gegeneinander" oder schon des „Nebeneinander" kann Leistung schlecht gedeihen. Für die gute Gesamtleistung seines Teams ist jeder Vorgesetzte verantwortlich. „Abstinenz" führt zu Leistungsminderungen oder gar zum Leistungsausfall.

Soziale Intelligenz, soziale Kompetenz werden vom nach wie vor dringend gesuchten Euro-Manager verlangt. Aber warum nur vom Manager der Zukunft? Soziale Intelligenz, soziale Kompetenz zeichneten schon immer eine gute Führungskraft aus. Doch unter dem Stichwort „1992 – die Stunde des Unternehmers" scheint man diese Eigenschaften neu entdeckt zu haben.

Doch nicht nur die Erwartungen der Bankmitarbeiter werden bitter enttäuscht. „Eine Hölle aus Foulspielen, Durchstecherei, unbewußt ablaufenden Psychodramen auf allen Managementebenen" ortete Dieter Weber in seinem Beitrag „Foulspiel im Management – Hinterlist aus Hilflosigkeit" (*management wissen* 10/1987).

Nach Beobachtung von Psychologen werden die Spiele und Spielchen im Management immer schädigender. Informationsvorenthaltung wird ebenso praktiziert wie Schmeichelei und Unterdrückung von Kritik, harte Kämpfe um Statussymbole sind ebenso an der Tagesordnung wie Imponiergehabe, das nicht selten in Brüllerei ausartet. „Foulspiele dieser Art, von der groben Sorte offenkundigen Stühlesägens in vielen Abstufungen bis hin zu unbewußt ablaufenden Manövern subtilster Art, sind im Management deutscher Unternehmen nach Überzeugung von psychologisch geschulten Managementberatern und -trainern die Regel", so der Verfasser des Berichts in der Zeitschrift *management wissen*.

Ein Beispiel unter vielen: Kritik in Abwesenheit des Kritisierten. Nach den Ergebnissen unserer Befragungen von Führungskräften wußte ein gutes Drittel der Befragten von einer solchen Kritik hinter ihrem Rücken zu berichten. Auch hier zeigte sich wachsende Dünnhäutigkeit. Waren es 1986 noch 64,8 Prozent, die sich über eine solche Kritik hinter ihrem Rücken ärgern würden, stieg 1989 dieser Prozentsatz auf 72,6 Prozent an, bei „Wut" war ein Anstieg von 17,8 auf 20,2 Prozent, bei „Rache" von 4,4 auf 9,8 Prozent und bei „Betroffenheit" von 38,1 auf 47 Prozent festzustellen, wobei Mehrfachnennungen möglich waren. Der Prozentsatz bei „Gleichgültigkeit" sank hingegen von 6,6 auf 5,4 Prozent ab, bei „Einsicht" von 3 auf 2,4 Prozent.

Ärger, Wut, Rache, Betroffenheit! Bestimmt kein leistungsförderndes Klima. Aktive Führung ist hier gefordert. Einmal als beispielgebendes Vorbild, zum anderen als nicht zögernder Vorgesetzter, wenn es darum geht, dem uralten bewährten Gesetz zu folgen: Wehret den Anfängen.

Ein weiteres Beispiel von Foulspielen im Betrieb kommt aus dem Bereich des Vorschlagwesens. „Achtet Ihr Vorgesetzter darauf, daß Ihre Ideen auch als Ihre Vorschläge bekannt werden?" Mit „immer" antworteten 1986 noch 19,2 Prozent der von uns befragten Führungskräfte, 1989 waren es noch 17,4 Prozent. Wohin die Reise gehen kann, zeigt eine Befragung aus dem Bereich des öffentlichen Dienstes, wo sich nur ganze 9,8 Prozent der Befragten für „immer" entscheiden konnten.

Worauf ist all dies zurückzuführen? Warum wird intrigiert, bei Vorschlägen aus dem eigenen Bereich unkorrekt verfahren, was bis zum „Schmücken mit fremden Federn" gehen kann? Eine der Hauptursachen liegt in der überwiegend praktizierten autoritären Führung, die, um es milde auszudrücken, die „Förderung des Karrieredenkens", die bis zur Anstachelung geht, auf ihre Fahnen geschrieben hat. „Teile und herrsche." Schon die alten Römer verfuhren nach diesem Grundsatz, der heute dahingehend abgewandelt wird, die Mitarbeiter und Führungskräfte mit Konkurrenzkämpfen untereinander so zu beschäftigen, daß man als Vorgesetzter „ungestört" herrschen kann. Das beginnt bei der laufenden Veröffentlichung von „Rennlisten" und endet beim bewußten Ausspielen einzelner Kollegen gegeneinander, die dann schließlich zu unerbittlichen Wettbewerbern werden. Dauerolympiade im Unternehmen?

Konkurrenz belebt das Geschäft! Gilt das auch bezüglich der Leistung „im" Geschäft? Gilt es da, wo – nach offizieller Bekundung jedenfalls – Zusammenarbeit, Teamgeist gefordert wird, um im Wettbewerb gegenüber anderen bestehen zu können?

Konkurrenzmentalität im Betrieb schadet der Produktivität, mindert die Arbeitsleistung und kostet letzten Endes viel Geld. So die Erkenntnis von Soziologen und Psychologen, belegt durch eine Reihe von Forschungsergebnissen (P. Roese, Konkurrenz verdirbt das Geschäft, *managment wissen* 8/1987).

Innerbetrieblicher Wettbewerb mindert die Produktivität. Zu dieser These wurden 122 Forschungsberichte von amerikanischen Psychologen ausgewertet. Im Vergleich mit den individualistischen wie auch den konkurrenzbestimmten Gruppen gingen die untersuchten kooperativen Teams in den meisten Fällen als Sieger hervor. Je kleiner die Gruppe, so stellten die Forscher fest, um so deutlicher war die Überlegenheit der Kooperation gegenüber dem Konkurrenzprinzip. „Schon ein winziges Quentchen Wettbewerb vermindert Effizienz und Produktivität!"

Und wie sieht die Wirklichkeit in deutschen Unternehmen aus?

„Es beginnt vermeintlich unschuldig im Kindergarten und bei den Erstklässlern und hört bei einigen auch im Altersheim nicht auf: einander übertrumpfen, einander ausstechen, einander anschwärzen. Das wird schon dem kleinen Moritz und seiner Schwester beigebracht. Besser sein als die anderen, da dürft ihr nicht pingelig sein." (P. Pucher, Schon der kleine Moritz, *Frankfurter Neue Presse*, Januar 1989)

Nicht pingelig sein! Darauf ist man stolz. Das gehört letzten Endes zum immer wieder betonten „Durchsetzungsvermögen", Standardforderung in Zeitungsanzeigen, mit denen Manager gesucht werden. Und hier wird sogar von „oben" ein Auge zugedrückt, wenn ein „Ehrgeiziger" beim Durchsetzen über das Ziel hinausschießt. „Er wird sich schon die Hörner abstoßen." Ehrgeiz, Konkurrenzdenken wird dann auch mit Initiative gleichgesetzt, die man auf keinen Fall „abtöten" will. Und die „Anständigen"? Auch hier ist das Urteil schnell gefällt: „ein bißchen weltfremd."

Und das bei all den Forderungen nach sozialer Intelligenz und Kompetenz. „Soziale Sensibilität beziehungsweise Intelligenz ist die Tugend der Generalisten und prädestiniert daher für höhere Führungsaufgaben im Management" (Dieter Weber, Ellbogen oder Fingerspitzen, *management wissen* 7/1987), und es wird prognostiziert: „Manager, die ohne soziale Sensibilität führen, werden Schwierigkeiten bekommen."

Aber haben diese Manager nicht schon jetzt Schwierigkeiten? Gewiß, zur offenen Konfrontation kommt es in den wenigsten Fällen. Die Reaktion auf diese Art von Führung – oder sollt man besser sagen, „Anti-Führung" – läuft nach den Gesetzen der Streß-Reaktion ab: Kampf oder Flucht!

Jeder Mensch, jedes höhere Lebewesen ist von Natur aus mit einem Gefahrenabwehrsystem ausgestattet, das ihn vor Gefahren schützt, vom vegetativen Nervensystem gesteuert wird und damit vom Willen weitgehend unbeeinflußbar ist. Dieses System mobilisiert den Menschen rein körperlich, um ihn in die Lage zu versetzen, sich dieser Gefahr durch die Flucht zu entziehen oder sich ihr im Kampf zu stellen. Dabei werden Hormone produziert, die dem Menschen helfen sollen, entweder zu fliehen (Adrenalin) oder zu kämfen (Noradrenalin), und zwar überwiegt der Adrenalinanteil. Aggressive Reaktionen sind daher im Verhältnis seltener als Fluchtreaktionen.

Kommt es im Arbeitsleben aber zu Aggressionen, richten sich diese in den meisten Fällen nicht gegen den eigentlichen Verursacher, den Vorgesetzten, sondern gegen ein „Ersatzziel". Ob ein Gegenstand zertrümmert wird, ein Stuhl getreten oder ob sich die Aggression gegen einen anderen Menschen richtet, ist dabei gleichgültig. Die Aggression, verusacht durch die Hormonlage, muß sich entladen. Kunden können dabei ebenso das „Opfer" sein, wie Geschäftspartner, Kollegen, nachgeordnete Führungskräfte, wie auch Familienangehörige zu Hause.

Flucht zeigt sich im „Zurückziehen" ebenso wie in der „Flucht aus der Arbeit". Streß macht auf die Dauer krank. Auf eine Kurzformel gebracht: Streß, verursacht durch Führungsfehlverhalten, ist eine der Hauptursachen für die innere Kündigung.

Die Arbeitsumwelt

Berichte über die Arbeitsumwelt, die „äußeren" Arbeitsbedingungen, machen – noch – keine Schlagzeilen. Doch tickt hier eine Zeitbombe. Genauso wie das „Umweltbewußtsein" in der Gesamtbevölkerung ständig wächst, steigt der Sensibilisierungsgrad der arbeitenden Menschen gegenüber ihrer Arbeitsumwelt. Die Bedingungen, unter denen man seiner Arbeit nachgeht oder nachgehen muß, werden immer kritischer betrachtet.

Die Arbeitsumwelt 107

Diese kritische Betrachtungsweise schlägt sich in den Ergebnissen von repräsentativen Meinungsumfragen, aber auch in Analysen von Großunternehmen nieder. Die Zufriedenheit mit den „äußeren Arbeitsbedingungen" sinkt genauso wie die Zufriedenheit mit den „inneren Arbeitsbedingungen", der Führung. Dies überrascht nicht. Denn die Gestaltung der Arbeitsumwelt ist eine Führungsaufgabe von hohem Rang.

Arbeitsbedingungen – in diesem Zusammenhang sollen ohne Berücksichtigung des Arbeitszeitproblems schwerpunktmäßig die Faktoren Lärm, Belüftung, Beleuchtung, Raumgröße und sanitäre Einrichtungen in den Mittelpunkt der Betrachtungen gestellt werden – haben großen Einfluß auf die Arbeitsleistung.

Zum einen können diese Arbeitsbedingungen schon an sich die Leistung beeinträchtigen oder ausschließen (wer zu wenig Licht hat, kann unter diesen Bedingungen kaum eine vollwertige Leistung erbringen). Zum anderen spielt aber auch die Unzufriedenheit mit den Arbeitsbedingungen eine große Rolle. Wer seine Arbeitsbedingungen als „belastend" empfindet, leidet unter Streß. Die aus dieser Streßbelastung zwangsläufig resultierende Hormonlage läßt, zumindest teilweise, eine „Volleistung" überhaupt nicht zu. Selbst dann, wenn zum Beispiel ein Mensch glaubt, sich an Lärm „gewöhnt" zu haben, produziert sein Körper, veranlaßt durch das vegetative Nervensystem, das Streß-Hormon Adrenalin mit den entsprechenden Folgen: Die Gehirntätigkeit wird negativ beeinflußt, die geistige Leistungsfähigkeit sinkt. Das kann schließlich dazu führen, daß der Mensch, was seine geistige Leistungsfähigkeit betrifft, ganz oder teilweise „abgeschaltet" wird. Weitere Folge ist steigende Aggressivität – gegenüber „was" und „wem" auch immer – oder Flucht, „ich muß da raus!". Bei Dauerbelastung steht letztendlich Krankheit ins Haus.

Vor diesem Hintergrund müssen die Arbeitsbedingungen langfristig gesehen werden. Kurzfristige Überlegungen, die vor allem aus Kostengründen angestellt werden, erweisen sich langfristig gesehen als sehr teuer. Zunächst wird zwar Geld gespart – „normale" Fenster sind viel billiger als lärmdämmende, wenn man Jalousien bei der Bauplanung einspart, kann man ebenso Kosten sparen wie bei Fußböden ohne Kälteschutz –, später aber mit zum Teil erheblichen Leistungseinbußen bezahlt. Und irgendwann kommt dann der Zeitpunkt, zu dem mit entsprechenden Baumaßnahmen um- oder nachgerüstet werden muß. Fußböden werden herausgerissen, Fenster ersetzt und zusätzliche Lärmdämmungen für Maschinen und Geräte angeschafft.

Allein die Kosten der Umrüstung sind enorm. Dazu kommen noch die „unsichtbaren" Kosten bei den oft langwierigen Baumaßnahmen. Es muß „umgezogen" und „zusammengerückt" werden, damit die Handwerker auch arbeiten können. Die damit verbundenen Umstände, Belästigungen durch Lärm, Staub und so weiter, führen zu neuen Leistungseinbußen. „Ja, wenn man das damals gewußt hätte!"

Führungskräfte müssen sich ernsthaft und systematisch mit den Auswirkungen „aversiver Arbeitsbedingungen" auf Leistungsfähigkeit und Leistungsbereitschaft beschäftigen.

In kleinen Firmen und Betrieben muß dies der Chef tun, eine, wenn man die Vielfalt der Anforderungen, die an einen Unternehmer oder Geschäftsführer gestellt werden, betrachtet, sicher nicht einfache Führungsaufgabe. Gegebenenfalls muß man sich hier eben beraten lassen. Für steuerliche Angelegenheiten eine Selbstverständlichkeit, denn hier geht es um Geld. In Führungsfragen hingegen geht es um, wie es immer so schön heißt, den „wichtigsten Produktionsfaktor", das Humankapital, den Menschen. Letzten Endes geht es aber auch hier um Geld, und zwar um viel mehr Geld als bei Steuerfragen.

Die für den Bau verantwortliche Abteilung ist hier genauso gefordert wie die für die Beschaffung verantwortliche, nicht zu vergessen der Bereich, der für das gesamte Budget verantwortlich ist. Der Personal- und Organisationsbereich des Unternehmens hat außerdem koordinierende und beratende Funktion und sollte deshalb entsprechend auch „beteiligt" werden.

Die Zufriedenheit mit den äußeren Bedingungen der Arbeit ist zum Teil stark zurückgegangen. Am günstigsten wurde nach dem

Die Arbeitsumwelt

Ergebnis unserer Befragungen von Führungskräften noch die Belüftung am Arbeitsplatz beurteilt. Mit rund 73 Prozent positiver Aussagen war kaum ein Unterschied gegenüber den Ergebnissen von 1986 zu verzeichnen.

Ganz anders sah die Entwicklung bei den anderen Faktoren der äußeren Arbeitsbedingungen aus. Bei der „Beleuchtung" fiel der Zufriedenheitsgrad von 87,1 Prozent auf 78,3 Prozent. Bei der Zufriedenheit mit den Raumverhältnissen, insbesondere der Raumgröße, war ein Absinken der Zufriedenheit von 76,5 Prozent auf 72,2 Prozent zu verzeichnen. Mit dem Geräuschpegel – zu laut – zeigten sich 1989 nur noch 67,5 Prozent im Gegensatz zu 72,9 Prozent im Jahre 1986 zufrieden. Bei den sanitären Einrichtungen sank der Zufriedenheitsgrad von 89,2 Prozent auf 82,5 Prozent ab.

Bei den Mitarbeiterinnnen und Mitarbeitern war eine ähnliche Entwicklung zu verzeichnen. Mit Belüftung, Beleuchtung und den sanitären Einrichtungen waren rund 70 Prozent zufrieden, bei der Raumgröße sank die Zufriedenheit auf 57 Prozent und beim Geräuschpegel auf 64 Prozent ab.

Ähnliche Ergebnisse zeigten sich bei den Erhebungen im Bereich der Metallindustrie, wo sich rund 30 Prozent über „Schmutz, Staub, Lärm, Hitze oder schlechte Luft" beklagten (Schmidtchen, Neue Technik, Neue Arbeitsmoral, Köln 1984; Menschen im Wandel der Technik, Köln 1986), wobei der Anstieg von 1 Prozent in der Zufriedenheit zwischen beiden Erhebungen sicher nicht stark ins Gewicht fällt. Beim Vergleich der Altersgruppen war die Gruppe der 14- bis 19jährigen mit 47 Prozent am unzufriedensten. Ebenfalls rund 30 Prozent der in der Umfrage „Die Arbeitsmotivation von Arbeitern und Angestellten der deutschen Wirtschaft" Befragten (Bertelsmann-Stiftung, Gütersloh 1987) konnten der Aussage „eine Arbeit ohne Lärm, Schmutz und andere Umweltbelastungen" an ihrem Arbeitsplatz „gar nicht" zustimmen, weitere 33 Prozent nur „teilweise".

Besonders aufschlußreich sind die Ergebnisse von zwei Untersuchungen aus Teilbereiochen der deutschen Wirtschaft, einmal aus dem Bankbereich 1988 – 19 Kreditinstitute mit etwa 1700 Befragten – und der Industrie, nämlich der *BASF*-Mitarbeiterbefragung 1987 mit einer Basis von rund 9600 Mitarbeitern. Diese beiden Detailuntersuchungen haben Bedeutung für den gesamten Bereich der deutschen Wirtschaft.

Mitarbeitern der *BASF* war 1982 und 1987 die Frage gestellt worden: „Wie zufrieden sind Sie insgesamt mit den äußeren Bedingungen an Ihrem Arbeitsplatz?" Der Zufriedenheitsgrad bewegte sich zwischen „zufrieden" und „teil, teils", wobei insgesamt ein Minus von 5 Punkten zwischen den Ergebnissen von 1987 und 1982 festzustellen war.

Die Steigerungsraten in der Unzufriedenheit war in den einzelnen Gruppen unterschiedlich. 10 und mehr Punkte waren bei folgenden Gruppen zu verzeichnen: Auszubildende, gewerbliche Mitarbeiter, Schichtarbeiter, Diplom-Chemiker, Diplom-Ingenieure, Vorgesetzte mit 6 bis 50 Mitarbeitern, leitende Angestellte und Wirtschaftswissenschaftler. Der höchste Unzufriedenheitsgrad insgesamt war bei den Mitarbeitern unter 35 Jahren zu verzeichnen.

Führungskräfte und leitende Angestellte holen auf! Die Unzufriedenheitsraten zwischen „oben" und „unten" nähern sich an. Und, je jünger die Führungskräfte und Mitarbeiter, desto kritischer werden die äußeren Arbeitsbedingungen gesehen. Die Zeitbombe tickt!

Parallel zu dem Zuwachs an Unzufriedenheit mit den äußeren Arbeitsbedingungen nahm die Zufriedenheit mit dem Führungsverhalten der Vorgesetzten ab – besonders bei den Auszubildenden, den gewerblichen Mitarbeitern, den Schichtarbeitern, den Vorgesetzten mit 1 bis 5 Mitarbeitern und den Wirtschaftswissenschaftlern.

Wohin die Reise gehen kann, zeigen die Ergebnisse der Betriebsklimaanalyse von 19 Kreditgenossenschaften, die 1988 veröffentlicht wurde (Bachmann, Mittelpunkt und Engpaß: Die Motivation der Mitarbeiter, *Genossenschaftskurier* 4/1988).

Das von den Mitarbeitern aufgestellte „Soll" bewegte sich zwischen 87 und 89 Prozent. Der Anteil der Mitarbeiterinnen und

Mitarbeiter, die an die Qualität ihres Arbeitsplatzes ganz bestimmte Anforderungen stellen, ist außerordentlich hoch.

Die Vorstellungen, die diese Mitarbeiterinnen und Mitarbeiter von der Qualität ihres Arbeitsplatzes haben, werden bei weitem nicht erfüllt. Für die Aussage, daß der Arbeitsplatz so gestaltet ist, daß man sich wohl fühlt (Licht, Pflanzen, Farben etc.) konnten sich nur 37 Prozent entscheiden, daß er genügend Platz bietet für die Erledigung aller Aufgaben 54 Prozent, daß er funktional gestaltet ist, man also reibungslos arbeiten kann, 40 Prozent, und daß der Arbeitsplatz nur wenige Störfaktoren wie Lärm, Luftzug etc. aufweist, die bei der Arbeit behindern, 39 Prozent. Auch hier zeigen sich Parallelen zu der Beurteilung der Führungsleistung der Vorgesetzten durch die befragten Mitarbeiter.

Die Aussage, der direkte Vorgesetzte trete direkt für seine Mitarbeiter ein, erreichte eine Zustimmungsrate von nur 48 Prozent, er seinem Mitarbeiter helfe, die Arbeitsergebnisse zu verbessern, 38 Prozent, und der Vorgesetzte gute Leistungen seiner Mitarbeiter offen anerkenne, 42 Prozent.

„Wohlfühlen" am Arbeitsplatz, wohlfühlen durch entsprechende „äußere" und „innere" Arbeitsbedingungen. Wohlfühlen! Wenn dieser Begriff in unseren Führungsseminaren in den Raum gestellt wird, kommt regelmäßig Heiterkeit auf. Ähnliche Heiterkeit übrigens, wenn über „Harmonie am Arbeitsplatz" gesprochen wird. „Auch das noch!", heißt es dann, von „Schlaraffenlandmentalität" ist die Rede, von übersteigertem Anspruchsdenken, und schließlich wird dann festgestellt, daß man es doch nicht jedem recht machen könne, wo käme man da hin: „Am liebsten noch mit dem Wagen zu Hause abgeholt und abends wieder nach Hause gebracht werden", ist dann das Schlußargument.

Es sind übrigens dieselben Führungskräfte, die selbst verstärkt Mängel bezüglich Raumausstattung, zu hoher Lärmbelastung und so weiter beklagen. Ja, bei ihnen sei das alles ganz anders. Sie müßten sich schließlich konzentrieren, benötigten mehr Raum für Besprechungen, die Technik, vom Telefon bis hin zur Beleuchtung, müsse – endlich – auf den neuesten Stand gebracht werden.

Eine ähnlich „geteilte" Einstellung findet man auch noch auf anderen Gebieten, insbesondere bei der leistungsgerechten Bezahlung. Führungskräfte heben ab, sie können oder wollen sich nicht mehr in die Lage der Mitarbeiter hineinversetzen, was Arbeitsbedingungen oder das Gehalt anbelangt.

Gewiß, es mag eine mehr oder minder kleine Gruppe geben, die der Anspruchsmentalität huldigt. Aber wenn sich, wie in der Bankanalyse, nur ganze 37 Prozent, also etwas mehr als ein Drittel der Mitarbeiterinnen und Mitarbeiter, an ihrem Arbeitsplatz wohlfühlen, muß das doch zu denken geben. Was bedeutet das für die Leistung, wenn sich zwei Drittel der Befragten eben nicht wohlfühlen, und, das kommt noch hinzu, ebenfalls zwei Drittel der Meinung sind, daß ihnen ihr direkter Vorgesetzter nicht hilft, ihre Arbeitsergebnisse zu verbessern, um nur zwei Beispiele zu nennen.

Unzufriedene hat es immer gegeben und wird es auch in Zukunft geben. Erschreckend ist nur ihre hohe Zahl und vor allem der Trend, der sich bei den Analysen immer wieder abzeichnet.

Zu einem Arbeitsplatz, an dem man sich wegen der „äußeren" und „inneren" Bedingungen nicht wohlfühlt, fühlt man sich nicht hingezogen, um es einmal ganz vorsichtig zu formulieren. Die Parole „35 Stunden sind genug" – inzwischen wird schon die 30-Stundenwoche „andiskutiert" – sollte man einmal auch vor diesem Hintergrund unter die Lupe nehmen.

Das Arbeitsleben muß attraktiver gestaltet werden, sonst werden sich immer mehr Menschen von ihm abwenden. Nicht die Technik ist es, und auch das zeigen Untersuchungen immer wieder, die die Menschen aus dem Arbeitsleben treibt, sondern die Menschen selbst!

Die Arbeitsmoral

Die Arbeitswelt wird kritischer beurteilt. Das gilt sowohl für die „inneren" als auch für die „äußeren" Arbeitsbedingungen. Hauptansatzpunkte der Kritik sind:

- Führungsstil – Mitwirkung an Entscheidungsprozessen,
- Beurteilung der Leistung,
- Anerkennung der Leistung,
- Entgelt für die Leistung,
- Kontrolle,
- Kritikverhalten,
- Information,
- Kommunikation,
- Weiterbildung,
- Arbeitsumwelt.

Die Zufriedenheit mit dem Führungsverhalten der Vorgesetzten ist gesunken. Waren es 1981 noch 45,8 Prozent der von uns befragten Führungskräfte, die die Frage „Sind Sie mit dem Führungsverhalten Ihres Vorgesetzten zufrieden?" mit „zufrieden" beantworteten, sank dieser Anteil 1989 auf 41 Prozent ab.

Auch die fachlichen Fähigkeiten der Vorgesetzten werden nicht mehr so positiv beurteilt. Hier war ein Absinken von 80,7 Prozent bei der Zufriedenheitsrate 1981 auf 75,2 Prozent 1989 zu registrieren.

Eine der Hauptursachen für die kritische Beurteilung der fachlichen Fähigkeiten: Ist man mit dem Führungsverhalten des Vorgesetzten nicht zufrieden, „findet" man zunehmend auch an den fachlichen Fähigkeiten etwas auszusetzen. Wer sucht, der findet! Die stark unterschiedliche Bewertung von Führungsverhalten und fachlichen Fähigkeiten zeigt sich auch deutlich im Befragungsergebnis der Untersuchung „Die Arbeitsmotivation von Arbeitern und Angestellten der deutschen Wirtschaft" der Bertelsmann-Stiftung.

„Sind Sie mit dem Führungsstil Ihres Vorgesetzten einverstanden?" Mit „ja, immer" antworteten 12 Prozent der Befragten.

Die Frage „Würden Sie sagen, daß Ihr Vorgesetzter fachlich überzeugend ist, und daß er sein Handwerk versteht?" wurde von 37 Prozent ebenfalls mit „ja, immer" beantwortet, also von dreimal soviel der Befragten. Der deutsche Vorgesetzte ist – nach wie vor – als „Fachmann" anerkannt. Seine Führungsqualitäten werden dagegen viel geringer eingeschätzt.

Mit dieser kritischen Beurteilung des Vorgesetztenverhaltens, sowohl fachlich als auch führungsmäßig, ging ein deutlicher Vertrauensschwund einher. Die Frage „Hätten Sie zu Ihrem Vorgesetzten soviel Vertrauen, daß Sie sich mit privaten Problemen an ihn wenden würden?" beantworteten 1989 nur noch 35 Prozent der von uns befragten Führungskräfte uneingeschränkt mit „ja", 1981 waren es 39,1 Prozent.

Die Bedeutung von Arbeit und Beruf wird von den Menschen immer geringer eingeschätzt. „Vor die Alternative gestellt, möchten immer mehr Menschen das Leben genießen, anstatt im Leben etwas zu leisten" (Die Arbeitsmotivation von Arbeitern und Angestellten der deutschen Wirtschaft). Diese Entwicklung läßt sich deutlich in den Langzeituntersuchungen des Allensbach-Instituts nachvollziehen. „Ich betrachte mein Leben als eine Aufgabe, für die ich da bin, und für die ich alle Kräfte einsetze. Ich möchte in meinem Leben etwas leisten, auch wenn das oft schwer und mühsam ist." Bis 1964 entschieden sich noch 60 Prozent der Befragten für diese Aussage, 1985 waren es nur noch 48 Prozent.

„Ich möchte mein Leben genießen und mich nicht mehr abmühen als nötig. Man lebt schließlich nur einmal, und die Hauptsache ist doch, daß man etwas von seinem Leben hat." 30 Prozent waren 1964 dieser Auffassung, 1985 stieg dieser Anteil auf 38 Prozent. Tendenz: „Die Leistungsmenschen einerseits und die Lebensgenießer andererseits dürften sich zur Zeit in etwa gleich großen Gruppen gegenüberstehen." (Die Arbeitsmotivation von Arbeitern und Angestellten der deutschen Wirtschaft)

„Ich setze mich in meinem Beruf ganz ein und tue oft mehr, als von mir verlangt wird. Der Beruf ist mir so wichtig, daß ich ihm vieles opfere." Dieser Meinung stimmten 1982 im Rahmen der

Die Arbeitsmoral

internationalen Umfrage „Jobs in the 80's" 42 Prozent zu (E. Noelle-Neumann/B. Strümpel, Macht Arbeit krank? Macht Arbeit glücklich?, München 1985), 1986 im Rahmen der Untersuchung der Bertelsmann-Stiftung über die Arbeitsmotivation 44 Prozent. In den USA waren es 68 Prozent, in Schweden 56 Prozent und in Großbritannien 66 Prozent, die dieser Meinung zustimmten.

Ein Anstieg bei der Arbeitsmotivation, wenn auch nur um 2 Prozent? Die Antwort darauf findet man bei der Beantwortung der alternativ gestellten Frage: „Ich tue bei meiner Arbeit das, was von mir verlangt wird, da kann mir niemand etwas vorwerfen. Aber, daß ich mich darüber hinaus noch besonders anstrengen soll, sehe ich nicht ein. So wichtig ist mir der Beruf nun auch wieder nicht." 1982 hatten sich noch 41 Prozent für diese Auffassung entschieden, 1986 dagegen 54 Prozent. In den USA entschieden sich für diese Auffassung 24 Prozent, in Schweden 36 Prozent und in Großbritannien 30 Prozent.

Innerhalb der einzelnen Gruppen war der Anstieg recht unterschiedlich (in Klammern die Steigerungsraten): Bei den ungelernten und angelernten Arbeitern lag die Arbeitsmotivation bei 73 Prozent (12 Prozent), bei den Facharbeitern bei 61 Prozent (8 Prozent), bei den kleinen und mittleren Angestellten und Beamten bei 53 Prozent (6 Prozent), bei den höheren Angestellten bei 26 Prozent (7 Prozent) und bei den Selbständigen und Freien Berufen blieb er gleich.

„Die Tendenz der Umfrageergebnisse läßt an Deutlichkeit nichts zu wünschen übrig" (Die Arbeitsmotivation von Arbeitern und Angestellten der deutschen Wirtschaft). Kann man von dieser „Bilanz der Arbeitsmoral" aber auch eine Verbindung zur „Arbeitsplatz-bilanz" herstellen? Es wird immer wieder gern auf den Zuwachs an Arbeitsplätzen von 840 000 in den Jahren 1983 bis 1988 hingewiesen. Gewiß eine beeindruckende Zahl, hinter der sich eine Zuwachsrate von 3,4 Prozent in der Zahl der Erwerbstätigen verbirgt. Im Ländervergleich nimmt die Bundesrepublik hinter den USA (14,2 Prozent), Großbritannien (8,9 Prozent), der Schweiz (7,8 Prozent), Spanien (7,5 Prozent), Japan (4,9 Prozent),

Österreich (4,2 Prozent) und Schweden (4,1 Prozent) den drittletzten Platz vor Italien (3 Prozent) und Frankreich (– 0,6 Prozent) ein. Gibt es demnach nicht nur eine gesunkene oder veränderte Arbeitsmoral im Vergleich zu anderen Ländern, sondern auch eine gesunkene Bereitschaft oder Initiative, neue Arbeitsplätze zu schaffen?

Parallel zu diesen Ergebnissen wurde die Arbeitszufriedenheit beurteilt. „Würden Sie sagen, daß Sie Ihre jetzige Arbeit voll und ganz befriedigt oder nur zum Teil oder überhaupt nicht?" Für „voll und ganz" entschieden sich 1986 nur noch 52 Prozent (Arbeitnehmer unter 30 Jahre: 38 Prozent!) gegenüber 64 Prozent im Jahre 1967. „Nur zum Teil" antworteten 1967 30 Prozent, 1986 40 Prozent und „überhaupt nicht" meinten 1986 8 Prozent gegenüber 4 Prozent im Jahre 1967 (Allensbach, Bertelsmann).

„Sind Sie stolz auf Ihre Arbeit, Ihren Beruf?" Im Ländervergleich ließen die Deutschen wenig Stolz erkennen. Mit „sehr stolz" antworteten in den USA 83 Prozent, im europäischen Durchschnitt 36 Prozent und in der Bundesrepublik nur 15 Prozent. In Europa wurden sie nur noch von den Franzosen „übertroffen", bei denen sich 13 Prozent für „sehr stolz" entschieden (E. Noelle-Neumann/ R. Köcher, Die verletzte Nation, Stuttgart 1987).

Aber nicht nur in bezug auf die Arbeit nahmen die Deutschen eine Sonderstellung ein. „Sie hatten eine besonders wurschtige Art, über ihre Einstellung zur Arbeit zu sprechen, das paßte zu dem offenkundigen Mangel an Stolz, den sie für ihre Arbeit bekundeten." (E. Noelle-Neumann/R. Köcher)

Die Deutschen bekundeten auch ein besonderes Ruhebedürfnis. „Wenn Sie einmal ganz allgemein an das Wochenende, an Ihre Freizeit denken, was ist Ihnen da alles in allem wichtiger: möglichst viel Entspannung, ausruhen oder etwas unternehmen und erleben?" „Mir ist es am wichtigsten auszuruhen", sagten im europäischen Durchschnitt 28 Prozent, in den USA 24 Prozent, in der Bundesrepublik 41 Prozent. Mir ist es am wichtigsten, etwas zu unternehmen: USA 63 Prozent, Europa 47 Prozent, Deutschland 23 Prozent.

Als „sehr glücklich" bezeichneten sich die Deutschen mit 10 Prozent, Europa 21 Prozent, USA 33 Prozent. „Ich war sehr niedergeschlagen, habe mich sehr unglücklich gefühlt": Deutsche 46 Prozent, Europäer 26 Prozent, US-Amerikaner 27 Prozent.

Ein dünne Haut, gereizt, niedergeschlagen, unglücklich? Hier muß man unwillkürlich an die in den letzten Jahren deutlich verstärkten emotionalen Reaktionen, zum Beispiel bei Kritik in Abwesenheit oder Kritik in Gegenwart von Dritten, denken. Mehr Ärger, Betroffenheit, Wut, Rachegefühle, verstärkter Widerstand!

Und wie steht es um die Zufriedenheit mit der häuslichen Situation? Wie man sich zu Hause fühlt, wurde in der internationalen Wertestudie gefragt: Oft gereizt, sagten 60 Prozent der Deutschen, 45 Prozent der Europäer und 55 Prozent der Amerikaner.

77 Prozent der Amerikaner sagten, sie fühlten sich zu Hause oft glücklich, in Europa waren es 60 Prozent, in Deutschland nur 46 Prozent. Hier wurden sie nur noch von den Italienern mit 35 Prozent übertroffen.

Geringere Zufriedenheit im Arbeitsleben – geringere Zufriedenheit im häuslichen Bereich! Hier gibt es doch Beziehungen, die in Wechselwirkung zueinander stehen, ohne daß die Frage der Kausalität abschließend beantwortet werden muß.

Auch die Frage, ob sich die Arbeitsmoral verringert oder lediglich verändert habe, braucht letztlich nicht beantwortet zu werden. Entscheidend ist, daß die Arbeitswelt, so wie sie sich heute insgesamt darstellt, an Attraktivität deutlich verloren hat, kritischer, distanzierter betrachtet wird mit all den Auswirkungen auf Leistungsbereitschaft und Leistung.

Anstatt sich in endlosen Debatten über den Wertewandel zu erschöpfen, sich in Prinzipienreiterei, in „Grundsatzfragen" zu ergehen, muß – endlich – gehandelt, entschieden werden, was zu geschehen hat, um die Attraktivität des Arbeitslebens wieder zu erhöhen.

Hier ist die in der Vergangenheit immer wieder gerühmte Initiative des Managements gefordert. Nicht eine Initiative, die sich im

Gang zur Klagemauer erschöpft. Nicht eine Initiative, die immer wieder die Regierung auffordert, etwas zu tun. Hier ist jeder gefordert. Für das „Klima" ist jede Führungskraft, insbesondere die oberste Leitungsebene, verantwortlich – climate starts at the top. Die inneren und äußeren Arbeitsbedingungen müssen geändert werden. Das ist möglich! Ob es dagegen möglich ist, den Menschen zu verändern, wie das von vielen Managern immer wieder gefordert wird, die gesellschaftliche Entwicklung endlich wieder zurückzudrehen, scheint dagegen äußerst zweifelhaft.

Wie aber steht es um die Initiative? Wie steht es um die Entscheidungskraft, die Entschlußfreudigkeit der Führungskräfte? „Welche Eigenschaften stören Sie bei einem Vorgesetzten?"

An der Spitze rangierte 1989 nach wie vor „Wenn er sich um Entscheidungen drückt". Waren es 1981 noch 78,4 Prozent der von uns befragten Führungskräfte, die diese Eigenschaft an die Spitze der störenden Vorgesetzteneigenschaften gesetzt hatten, stieg dieser Anteil 1989 auf 87 Prozent an.

Liegt dies daran, daß das, was man am meisten vermißt, besonders gewünscht wird? In der Tat, die Frage „Ist Ihr Vorgesetzter entschlußfreudig?" wurde 1981 noch von 26,4 Prozent der von uns befragten Führungskräfte mit „ja, immer" beantwortet, 1989 waren es nur noch 19,5 Prozent, also weniger als ein Fünftel!

Hinwendung zum autoritären Führungsstil? Ganz im Gegenteil. Den Wunsch, kooperativ geführt zu werden, äußerten nach wie vor mehr als 80 Prozent der Führungskräfte. Um was es hier vielmehr geht, ist die Mitbeteiligung am Entscheidungsprozeß. Die „Entscheidung" durch den Vorgesetzten wird dadurch nicht berührt, im Gegenteil, sogar gefordert. Der Vorgesetzte soll entscheiden, sich dabei aber des Fähigkeitspotentials seiner Mitarbeiter bedienen. Was abgelehnt wird, ist die „einsame Entscheidung" des Vorgesetzten, das Prinzip des „Anordnens und Ausführens", das Mitarbeiter und Führungskräfte weitgehend in die Statistenrolle drängt.

Doch trotz des nach wie vor überwiegend praktizierten autoritären Führungsstils: Es wird immer weniger „entschieden". Entscheidungsprozesse benötigen immer mehr Zeit. Nicht, weil die immer wieder behauptete Mitbeteiligung an Entscheidungsprozessen durch die „Nachgeordneten" so viel Zeit in Anspruch nimmt, zu viel „palavert" wird, sondern weil „oben" viel zu viel Entscheidungskompetenzen konzentriert sind und die wenigen Entscheidungsträger allein von der Masse der zu treffenden Entscheidungen her immer mehr vor sich herschieben müssen. Der Flaschenhals im Entscheidungsprozeß ist zu eng, der Entscheidungsstau wird immer größer.

Kommt dazu noch eine verstärkte Absicherungsmentalität und das Bestreben, sich bei den Entscheidungen durch unklare Formulierungen noch ein „Hintertürchen" offen zu halten, ist die Entscheidungsmisere perfekt. „Sind die Arbeitsanweisungen Ihres Vorgesetzten verständlich und eindeutig?" 26,4 Prozent der von uns befragten Führungskräfte konnten sich 1981 bei der Beantwortung dieser Frage noch für ein „immer" entscheiden, 1989 waren es nur noch 13 Prozent. Autoritäre Führung ohne klare und verständliche Arbeitsanweisungen? Das Bild der Führungsmisere rundet sich ab.

Führung systematisch lernen!

„Die Beziehung zwischen Führenden und Geführten ist brüchig geworden", so die angesehenen Wirtschaftsanalytiker Warren Bennis und Burt Nanus in ihrem Buch „Führungskräfte" (Frankfurt/New York 1985). „Die Führungskräfte haben es nicht geschafft, ihren Untergebenen langfristige Perspektiven zu eröffnen, ihre Arbeit mit Sinngehalt zu erfüllen und ihr Vertrauen zu gewinnen. Sie haben es versäumt, Macht an sie abzutreten ... ein entscheidender und unerläßlicher Faktor zur Steigerung der menschlichen Produktivkräfte ist die Führung."

Führung ist zielorientierte Verhaltensbeeinflussung. Menschen sollen beeinflußt werden, etwas zu tun oder ... nicht zu tun. Das hört sich sehr einfach an, so einfach, daß fast jeder glaubt, es zu können, ganz gleich ob in der Ehe oder der Familie – auch hier wird schließlich Verhalten beeinflußt –, im Arbeitsleben, in der

Politik oder im Freizeitbereich. Überall, wo das Verhalten von Menschen beeinflußt werden soll, ist Führung gefordert, wobei sich ein anderer Begriff in gefährlicher Nähe befindet: die Verführung. Führung als Mittel der Manipulation, Führung als Technik, Führung als ein Koffer voller Tricks. Von nicht wenigen wird Führung in diesem Sinne verstanden – und genau das will man lernen. Bei jedem Führungsseminar wird immer wieder der eine Wunsch geäußert: Tricks, Rezepte mit denen man seine „Untergebene" noch besser, noch leichter beherrschen kann, „Gebrauchsanleitungen" dafür, um sich oder „etwas" besser zu „verkaufen". Diese Rezepte müssen kurz und prägnant sein. Denn man hat ja wenig Zeit zum Lernen. Führung? Das muß, wenn überhaupt, in einem Zweitagekurs absolviert werden. Und das muß sich auch in kürzester Zeit „auszahlen". Denn der Gewinn muß schließlich steigen. Gelingt das alles nicht, kann dieser „Erfolg" nicht garantiert werden, dann ist das Thema „Führung" schnell vom Tisch.

„Managers do things right, leaders do the right thing!" So eine der Thesen aus W. Bennis' und B. Nanus' Werk „Führungskräfte". Folgt man dieser These, so muß man feststellen, daß es immer weniger „Führer" zu geben scheint, die die richtigen Dinge tun, sonst hätte es nicht zu dieser „Unterentwicklung" auf dem Gebiet der Führung kommen können. Immer mehr „Führungskräfte" verstehen unter Führung „dafür zu sorgen, daß Anweisungen ausgeführt werden" oder „sich als Vorgesetzter durchzusetzen". Der autoritäre Führungsstil feiert fröhliche Urstände mit der Folge, daß die Leistungsbereitschaft immer mehr abnimmt. Eine Entwicklung, die auch in den USA zu beobachten ist.

„Eine Reihe von Beobachtern hat darauf hingewiesen, daß beträchtliche Unterschiede bestehen zwischen der Anzahl der Arbeitsstunden, die die Arbeitnehmer bezahlt bekommen, und der Anzahl der Arbeitsstunden, die sie mit produktiver Arbeit zubringen. Es gibt Anzeichen dafür, daß sich diese Schere noch weiter öffnet. Eine Veröffentlichung der Universität von Michigan ergab, daß sich die Differenz zwischen bezahlten und tatsächlichen Arbeitsstunden in den siebziger Jahren um 10 Prozent erhöhte." (W. Bennis/B. Nanus)

Führung systematisch lernen!

Eine amerikanische Sonderentwicklung? Man sollte endlich auch einmal über den Unterschied zwischen „anwesend sein" und „produktiver Arbeit" nachdenken. Was nützt es, mit einem ungeheuren Kraftaufwand immer wieder darüber zu streiten, ob 40 Stunden, 39,5 Stunden, 39 Stunden oder 38,5 Stunden „gearbeitet" werden sollen, wenn das „menschliche Nutzungspotential" nur zu 35 oder 40 Prozent „genutzt" wird, wie Experten dies geschätzt haben. Was nützt die einseitige „formale" Betrachtungsweise nach Zeiteinheiten, wenn darüber die „inhaltliche", und zwar sinnvolle inhaltliche Betrachtungsweise dessen, was während der Arbeitszeit geleistet wird, ins Hintertreffen gerät.

Nicht das „Verwalten von Zeiteinheiten", sondern „Führung" ist gefordert, und Führung muß man lernen. Hier gilt das Goethe-Wort: „Jeder hat sein eigen Glück unter den Händen, wie der Künstler eine rohe Materie, die er zu einer Gestalt umbilden will. Aber es ist mit dieser Kunst wie mit allem: Nur die Fähigkeit wird uns angeboren, sie will gelernt und sorgfältig ausgeübt sein."

Sie will gelernt und sorgfältig ausgeübt sein. Führung lernen bedeutet Führung systematisch lernen, nach dem Baukastenprinzip sorgfältig einen Baustein auf den anderen setzen, Bildteil zu Bildteil zu einem Mosaik zusammenfügen. „Personalentwicklung ist ein Prozeß, der durch eine Vielzahl von möglichst abgestimmten Maßnahmen über viele Jahre auch zur Persönlichkeitsentwicklung beiträgt. Entsprechend langfristig ist auch die Erfolgsmessung zu sehen" (Domsch, *manager magazin* 12/1985). Langfristig gesehen sind Erfolge auch meßbar. So stieg der Anteil der Führungskräfte eines Unternehmens nach dreijährigem Führungstraining (zwei Seminare pro Jahr mit entsprechender Nacharbeit im Unternehmen) bei der Frage „Hat Ihnen Ihr Vorgesetzter, soweit möglich, selbständige Aufgaben usw. übertragen?" bei der Spitzenbewertung „bin sehr zufrieden" von 35,3 Prozent vor Beginn des Trainings auf 83,3 Prozent. Die „Quittung" blieb nicht aus. Waren es bei Beginn des Trainings 59,4 Prozent, die die Frage „fördert das Verhalten Ihres Vorgesetzten Ihre Einsatzbereitschaft?" mit „stark" oder „sehr stark" beantwortet hatten, waren es nach Abschluß der ersten Trainingsphase nach 3 Jahren 83,4 Prozent.

Bis dahin ist es oft ein weiter Weg. „Jedoch in unserer direkten ‚Nachbarschaft' merken wir, daß noch vieles im Argen liegt in Deutschlands Wirtschaftsstuben. Da wird noch gebrüllt, werden Basisinformationen vorenthalten. Entscheidungen in die ewige Länge gezogen, wird lustvoll Macht demonstriert, werden Vorurteile zementiert, Gerüchte ausgestreut, ohne dem ‚Gerichteten' die Chance einer Aussprache zu geben. Ein oft leidvolles Treiben, Energie wird leichtfertig verplempert, Motivationen läßt man kaltblütig ersticken." So Gottfried Aigner in einem Rundbrief vom Januar 1986.

Systematische Führungsausbildung? Was muß getan werden, um Effizienz zu gewährleisten, das heißt, zu garantieren, daß das „Erlernte" dann auch in die Praxis umgesetzt wird?

Systematische Führungsausbildung bedeutet zunächst einmal Führungskräfteschulung auf allen Gebieten der Führung im Gegensatz zum sporadischen Besuch einzelner spezieller Seminare. Es ist zum Beispiel wenig effizient, eine Führungskraft auf ein Beurteilungsseminar zu „entsenden", weil „der das braucht", das heißt, weil er „Schwächen" bei der Beurteilung seiner Mitarbeiter hat erkennen lassen. Bei Führungsseminaren geht es vielmehr um die Grundeinstellung den Mitarbeitern gegenüber, und solange diese Grundeinstellung nicht vorhanden oder genügend gefestigt ist, hat es wenig Sinn, mit einem Spezialthema zu beginnen. Es kann nicht oft genug betont werden: Bei der Führungskräfteschulung geht es nicht um Vermittlung von Tricks oder Rezepten, wie man mit seinen Mitarbeitern besser „fertig" wird oder wie man diesen noch geschickter „etwas" verkauft, sondern um gezielte Persönlichkeitsentwicklung. Daraus folgt schon, daß es sich um langfristige Prozesse handelt, die hier in Gang gesetzt werden sollen, und nicht um kurze „Crash-Seminare". Denkanstöße sollen vermittelt werden. Man muß selbst „drauf kommen", worum es geht. Man muß sich selbst überzeugen und darf auf keinen Fall überredet werden. Überredung in Führungsfragen, schnelle „Erfolge" sind Scheinerfolge. Der „Rückfall" ist fast vorprogrammiert.

Führung ist zum ganz überwiegenden Teil Verhalten, und Verhalten muß trainiert werden. Führungsseminare leben geradezu von

der aktiven Mitarbeit der Teilnehmer. Da ist einmal die Gruppenarbeit, bei der sich die Teilnehmer in der Diskussion gemeinsam eine Lösung erarbeiten (oder sich nicht auf eine Lösung einigen können). Da ist aber auch das Rollenspiel aus der betrieblichen Praxis des eigenen Unternehmens, in das jeder Teilnehmer seine eigene Führungs-, aber auch „Leidenserfahrung" einbringen kann. „Erkenne dich selbst." Von der „unbestechlichen" Kamera aufgenommen, kann sich jede Führungskraft den Spiegel vors Gesicht halten und sich entweder wiedererkennen oder ungläubig die Frage stellen: „Das war ich???"
Für viele Führungskräfte ein manchmal schmerzlicher Prozeß. Daher immer wieder die Frage, bevor man sich „für" oder „gegen" eine Teilnahme an der Führungskräfteschulung entscheidet: „Mit oder ohne Video?" Lautet die Antwort „mit", ist die Entscheidung meist schon gefallen. Die „Video-Angst", die Furcht, Führungsschwächen erkennen zu lassen, ist weit verbreitet. Ein Grund übrigens, auch in der eigenen Organisation kein Führungstraining „einzuführen".

Führungskräfteentwicklung kann „extern" oder „intern", also in der eigenen Organisation, betrieben werden. Werden zu externen Führungsseminaren Führungskräfte planmäßig entsandt, dann kommt der Sicherung des Lerntransfers entscheidende Bedeutung zu. Lerntransfer bedeutet einmal, daß der Seminarteilnehmer das Erlernte in der Praxis auch anwendet. Lerntransfer bedeutet aber gerade in Führungsfragen, daß auch die anderen Führungskräfte im Unternehmen von diesem Führungswissen profitieren. Es muß sichergestellt werden, daß sich im Unternehmen keine „Führungsinseln", „Führungsoasen" bilden, die auf die Mitarbeiter einen gewissen Sog ausüben. Es muß sichergestellt werden, daß das Führungsverhalten im Unternehmen im großen und ganzen auf der gleichen Ebene liegt. Erfahrungsaustausch nach dem Besuch von externen Führungsseminaren ist das mindeste, was getan werden muß, besser noch Erfahrungsaustausch mit entsprechender gemeinsamer Nacharbeit.

Ideal sind interne Seminare mit der gesamten Führungsmannschaft einer Organisation. Der Lerntransfer ist dann im großen und ganzen gesichert. Der Informationsstand ist gleich. Problematisch wird diese interne Art von Führungsausbildung in größeren Unternehmen dann, wenn Führungskräfte aus allen Himmelsrichtungen, Führungskräfte aus den verschiedenen Bereichen und verschiedenen Leitungsebenen zusammenkommen. Ansonsten ist mit derartigen „Konzernseminaren" ein außerordentlicher Vorteil verbunden: Man lernt sich kennen, sieht Probleme, die man selbst noch nicht gesehen oder noch nicht erkannt hat. Das Zusammengehörigkeitsgefühl in den sonst großen mehr oder minder anonymen Unternehmen wird gesteigert. Überregionale, bereichsübergreifende Veranstaltungen haben ihren Sinn, und „nacharbeiten" im eigenen Bereich kann man auch.

Ergänzt werden müßten solche überregionale Konzernveranstaltungen gerade auf dem Gebiet der Führung durch gezielte Führungstrainings innerhalb des eigenen Bereichs, zum Beispiel in einem Zweigwerk. Derartige Veranstaltungen sind schon deswegen unverzichtbar, weil es auf Konzernebene viel zu lange dauern würde, bis alle Führungskräfte „durch" sind. Die Führungsmannschaft innerhalb eines Bereichs muß sich als Einheit darstellen, muß das tägliche „Miteinander" einüben und durchspielen. Die Führungsmannschaft muß auf lokaler Ebene regelrecht zusammenwachsen, muß „endlich" einmal Zeit haben – Zeit haben füreinander. Beim Fachtraining sind diese Gesichtspunkte nicht so ausschlaggebend. Beim Führungstraining, bei dem es in erster Linie auf Kooperation ankommt, ist dies jedoch entscheidend. Entscheidend sind aber auch die Stunden nach dem Training, in denen man zusammensitzt und inoffiziell die offiziellen Probleme bespricht und dabei erkennt, daß man miteinander „kann". „Der ist ja gar nicht so!" Der erste Schritt zur erfolgreichen Teamarbeit ist dann getan.

Dieses Zusammenwachsen einer Führungsmannschaft zu einem Team ist eines der wesentlichen Ziele des Führungstrainings, das von vielen Fortbildungsexperten überhaupt nicht berücksichtigt wird. Hier unterscheiden sich eben Fach- und Führungsfortbildung, die man nicht über einen Kamm scheren sollte. Gemeinsames Erleben – die oberste lokale Führungsspitze eingeschlossen – schafft die gemeinsame Basis zur Zusammenarbeit.

3. Kapitel

Dekoratives Management – Scheinwelt der Programme

Menschen wollen heute anders „behandelt", geführt werden als noch vor 10 oder gar 20 Jahren. Voraussetzung für eine der gesellschaftlichen Entwicklung entsprechende Führung ist ein modernes Personalmanagement, das mit der klassischen Personalverwaltung nicht mehr viel gemein hat. Personalpolitik, Personalführung, Personalentwicklung – diese Aufgabengebiete sucht man selbst in den Organigrammen mancher größerer Unternehmen heute noch vergebens. Und selbst dann, wenn diese Aufgaben entsprechend „verankert" sind, stehen sie oft nur auf dem Papier. Personalfragen muß endlich die Priorität eingeräumt werden, die ihnen zukommt. Im Personalbereich schlägt das Herz einer jeden Organisation.

Wer liefert die Farbe zu den roten Zahlen?

„Kein Platz für mittlere Manager." Mit dieser Überschrift auf der Titelseite schockte eine bekannte deutsche Management-Zeitschrift ihre Leser. Da war von „Minderleistern" – sogenannten „Nuts" im amerikanischen Geschäftsslang – genauso die Rede, wie davon, daß nach Schätzungen 10 bis 50 Prozent aller Mitarbeiter zwischen dritter und fünfter Führungsebene überflüssig seien und ersatzlos von der Gehaltsliste gestrichen werden könnten (*management wissen* 1/1987).

Die Klage über Schwächen in der mittleren Führungsebene ist nicht neu. Sie überrascht allerdings in ihrer Kompaktheit und Schärfe.

Auch das Topmanagment bleibt nicht ungeschoren. Die Krise sei hausgemacht und ließe sich durch Entlassungen, wie etwa in Amerika, nicht beheben. „Wenn schon Rausschmiß, dann an der Spitze des Unternehmens. Jene Topmanager, die ständig klagen, daß ihre mittleren Führungskräfte mit dem technischen Fortschritt nicht Schritt halten, den Wertewandel verschlafen und die Veränderung der Märkte nicht bemerken, sind in Wahrheit die Hauptschuldigen an der Krise."

Die Klagen über die Schwächen in der deutschen Führungslandschaft finden ihr Gegenstück in den Anforderungen, die an die Führungskräfte der Zukunft gestellt werden. An der Spitze rangieren Führungsfähigkeiten wie Kooperations-, Kommunikations- und Motivationsfähigkeit, und selbst im Bereich des technischen Managements heißt es: Maschinenverstand reicht nicht mehr aus.

Doch nicht nur Führungsqualität wird gefordert. Nach einer Untersuchung der Basler Prognos wird unter allen Tätigkeitsbereichen der dispositive bis zum Jahre 2000 die stärkste Beschäftigungszunahme erleben. Bereits heute hat jeder zwanzigste Erwerbstätige Leitungsfunktionen. Insgesamt nehmen 1,4 Millionen Personen in der Wirtschaft oder im öffentlichen Dienst mehr oder minder maßgebende Positionen ein. Bei einem Wachstum von nur 1 Prozent soll der Anteil bei der Tätigkeitsgruppe „Führungsaufgaben, Management" auf 6 Prozent, bei einem Wachstum von 2,5 Prozent auf 6,6 Prozent und bei einer Wachstumsrate von 3 Prozent auf 6,8 Prozent im Jahre 2000 steigen.

Hier muß doch einmal die Frage gestellt werden, wie das bewerkstelligt werden soll. Denn zum einen werden ganz andere Qualifikationsmerkmale als bisher gefordert, und zum anderen kommt dazu noch die quantitative Mehrforderung.

Da soll die „Überbewertung der Sachbearbeiterkompetenz" abgebaut werden, „veraltete Führungsstrukturen" sollen verschwinden. Diese Forderungen, auch von Topmanagern immer wieder erhoben, werden doch dadurch nicht erfüllt, daß man sie immer wieder aufstellt und in der Praxis nichts oder viel zu wenig tut, um diese Forderungen auch umzusetzen. Gerade Topmanager und Unternehmer werden doch unglaubwürdig, wenn sie immer wieder, wenn auch in den verschiedensten Spielarten, Thesen verkünden, diese Thesen aber nicht am eigenen Unternehmenstor anschlagen. Auch hier gibt es schon einen Fachausdruck: dekoratives Management. Nach außen so tun als ob, im Inneren bleibt alles beim Alten. Im Gegenteil: Die Gangart wird noch verschärft.

Um den einhellig erhobenen Anforderungen an die Führungsqualifikation genügen zu können, muß gehandelt werden, und zwar ganz schnell. Denn wie jede Entwicklung braucht auch diese ihre Zeit, und zwar mehr Zeit, als man wohl aufwenden muß, um eine neue Hinterachse für einen PKW zu entwickeln. Kooperations-, Kommunikations- und Motivationsfähigkeit, um nur drei der geforderten Führungsqualifikationen zu nennen, kommen doch nicht von selbst. Selbst wenn, und das ist unabdingbare Voraussetzung für Führungsfähigkeit überhaupt, dazu Anlagen in der Persönlichkeitsstruktur vorhanden sind, müssen diese Anlagen systematisch weiterentwickelt, ausgebaut werden. Genauso, wie eine „mathematische Begabung" noch lange keinen Mathematiker aus dem Boden stampft, schaffen gewisse „Talente" zur Führung noch lange keine qualifizierte Führungskraft. Und genauso wenig, wie es gelingt, in einem oder zwei Kurzseminaren aus einer mathematischen Begabung einen Mathematiker zu machen, gelingt es auch nicht, Führungsanlagen in zwei Kurzseminaren zur Führungsqualifikation auszubauen.

Auf keinem Gebiet glaubt man auf „Fachkräfte" verzichten zu können, auf Fachkräfte, die ihre Befähigung durch entsprechende Prüfungen nachweisen müssen. Nur auf dem Gebiet der Menschenführung können sich ungestraft Dilettanten tummeln und mit dem wichtigsten Kapital einer jeden Organisation experimentieren: dem Menschen.

Handeln bedeutet zunächst einmal, die Personalarbeit im eigenen Unternehmen kritisch zu überprüfen. Wo ist der Personalbereich „angesiedelt"? Ist der Wandel von der klassischen „Personalabteilung" zum modernen Personal-Management vollzogen? Sind die „Personalverantwortlichen" auf ihre Aufgabe genügend vorbereitet, sind sie qualifiziert? Gehören Personalführung, Personalentwicklung zu den zentralen Aufgaben ihres Bereichs? Kennen sie überhaupt die Anforderungen, die an die Führungsaufgabe im Personalbereich gestellt werden?

Selbstverständlichkeiten? Selbst in vielen Großunternehmen existieren auch heute noch „klassische Personalverwaltungen", die jede Konzeption, die die gesellschaftlichen Anforderungen an ein modernes Personal-Management stellen, vermissen lassen.

Freilich, die Schuld hier einseitig beim Personalbereich zu suchen, wäre verfehlt. Eine Personalabteilung ist stets so gut, wie sie das Topmanagement sein läßt. Räumt das Topmanagment den Personalfragen nicht die Priorität ein, die ihnen zukommt, dann kommt auch aus diesem Bereich nichts mehr. Für manche Spitzenführungskräfte ein Idealzustand, denn dann herrscht „wenigstens auf diesem Gebiet Ruhe". Eine trügerische Ruhe, die sich in absehbarer Zeit in Grabesstille verwandeln kann – die Farbe zu den roten Zahlen wird zunehmend vom Personalbereich geliefert.

Personal-Management – nicht einmal auf dem Papier

Auf den ersten Blick scheint das Personalwesen gut organisiert und seiner Bedeutung entsprechend eingeordnet. In der Geschäftsleitung oder im Vorstand durch ein entsprechendes Mitglied der obersten Führungsspitze vertreten, erscheint es zumindest „gleichberechtigt" neben den anderen Bereichen, wie zum Beispiel „Finanzen", „Vertrieb" oder „Produktion". In „mitbestimmten Unternehmen" wird gesetzlich der Bedeutung des Personalwesens durch den „Arbeitsdirektor" Rechnung getragen. Wie sich dann die Personalvorstände im Rahmen des Vorstandes „durchsetzen", wie sie „angesehen" sind, ist eine ganz andere Frage. Es gibt heute noch eine nicht unbedeutende Anzahl von Unternehmen, in denen trotz „Sitz und Stimme" im obersten Gremium der Personalbereich eine unbedeutende Rolle spielt. Hier nur ein kleines Beispiel für die Konzeptionslosigkeit und das mangelnde Durchsetzungsvermögen mancher Personalchefs: Es gibt viele Führungskräfte, die 15 oder 20 Jahre in Führungspositionen im Unternehmen tätig sind und noch nicht an einem Führungsseminar teilgenommen haben. Nicht etwa deswegen, weil sie sich „erfolgreich gedrückt haben", sondern deshalb, „weil es das bei uns nicht gibt". Wohlbemerkt: an einem Führungsseminar! Von einer systematischen Führungs-Aus- und -Fortbildung ganz zu schweigen.

In mittelständischen Unternehmen ist der Personalbereich meist auf der dritten Führungsebene anzutreffen. Im übrigen „regelt" der Chef das Personalwesen. Und der hat für „diese Dinge" oft keine Zeit, da er sich ohnehin um fast alles kümmern muß. Die Folge: Es fehlt an der Personalpolitik, langfristigen Programmen der Personalplanung, der Personalentwicklung, insbesondere der Fortbildung in der Personalführung.

In diesem Zusammenhang wird der folgende Satz aus dem von der Bundesvereinigung der Deutschen Arbeitgeberverbände in Köln herausgegebenen Buch „Unternehmerische Personalpolitik" zu einer leeren Formel: „Im Zusammenwirken mit den sachlichen Produktionsmitteln ist der Mensch der wesentliche Leistungsträger, dessen Effizienz den Betriebserfolg entscheidend mitbestimmt." Und geradezu ernüchternd ist die Feststellung eines Unternehmensberaters, der auf eine 25jährige Erfahrung als Personalleiter in verschiedenen Unternehmen zurückblicken kann, daß „erschreckend viele Führungskräfte, verstärkt auch in Großunternehmen, nicht in der Lage sind, das Wissen ihrer Mitarbeiter zu nutzen. Da wird so viel Potential weggeschmissen, das gibt es gar nicht".

In vielen Unternehmen läuft der Personal- und Sozialbereich „eben so mit". Er ist „zuständig" für Einstellungen, vorwiegend für Entlassungen. Eine weitere wichtige Rolle spielen Tarif- und Entgeltfragen, wobei die Entscheidung bei letzteren meist „von oben" vorgegeben ist, bevor der Personalbereich überhaupt ernsthaft tätig wird. Eine wichtige Aufgabe des Personalbereichs: Steuer- und Krankenkassenfragen, „damit mit dem Finanzamt und der Krankenkasse alles läuft". Gibt es Probleme, wird in großen Organisationen die Rechtsabteilung eingeschaltet oder „das Problem dorthin verlagert". Oder noch einfacher: Recht und Personal werden in einem Bereich zusammengefaßt. Die Folge: Führungsfragen, Personalpolitik werden vorrangig unter rechtlichen Gesichtspunkten betrachtet. Kompetenzfragen stehen im Vordergrund, Arbeitsgerichtsprozesse müssen gewonnen, Grundsatzentscheidungen herbeigeführt, die Mitarbeitervertretung muß rechtlich in ihre Schranken verwiesen werden. Die „Bearbeitung" solcher Fragen erfordert selbst bei hohem juristischen Sachverstand so viel Zeit, daß für die dringenden Probleme des Personal-Managements nicht mehr viel Zeit übrig bleibt. Da hilft auch eine personelle Verstärkung kaum. Im Gegenteil, Rechtsfragen werden noch mehr hochstilisiert.

Selbst bei weitverzweigten Unternehmen mit mehr oder weniger selbständig arbeitenden, über das ganze Land verstreuten Betrieben ist das Personalwesen manchmal nur eine Randerscheinung. In der Geschäftsleitung gibt es Verantwortliche für bestimmte Gebietsregionen, die alle „ihre" Personalangelegenheiten „mitmachen". „Zentral" existiert nur die Buchhaltung, die Bearbeitung der Löhne und Gehälter. Sonst macht jeder seine eigene

„Personalpolitik" mit der Folge, daß es an einer langfristigen Konzeption einer Personalpolitik für das Gesamtunternehmen völlig fehlt. Man lebt von der Hand in den Mund. Eine gezielte Weiterbildung findet nicht statt. Führungskräfte und Mitarbeiter betrachten derartige Unternehmen ohnehin als Durchgangs- oder Parkstation. Daß die Gesamtleistung derartiger Unternehmen ständig spürbar sinkt, ist eine logische Folge. Der „Ausgleich" wird dann ganz oben gesucht. Der Wechsel an der Spitze vollzieht sich in immer kürzeren Abständen. Neue Männer mit neuen Ideen sollen dann den Umsatz „puschen". Der Wechsel vollzieht sich schließlich unter Umständen in so kurzen Abständen, daß es gar nicht mehr zu neuen Ideen, geschweige denn zu ihrer Ausführung kommt.

Diese Praxis ist vorwiegend bei deutschen Töchtern ausländischer Mütter, aber nicht nur dort anzutreffen. Zur „Berichterstattung" über den großen oder auch kleinen Teich bestellt, wissen die deutschen Statthalter oft nicht, ob sie noch in Amt und Würden zurückkehren werden oder nur zur Übergabe an den bereits bestimmten Nachfolger. „Unten" wird weitergewurstelt, unter enormen Druck natürlich. Das böse Wort vom „Kolonialregime" steht im Raum. Daß unter solchen Vorzeichen überhaupt noch Leistung gedeihen kann, ist nur durch die „harte Knochenarbeit" des mittleren Managements und ihrer Mitarbeiter zu erklären. Auch hier ist das schleichende Ende vorprogrammiert. Immer mehr qualifizierte Führungskräfte und Mitarbeiter verlassen das Unternehmen. Immer weniger qualifizierte Kräfte müssen immer mehr leisten. An der Gesundheit wird Raubbau getrieben. Überstunden werden zur Regel, zu Hause ist man nur noch als Gast.

„Entsorgung"

Fehlt es bei einer nicht kleinen Anzahl von Unternehmen schon an einem Personalmanagement, das wenigstens auf dem Papier steht, ist selbst bei Firmen, die den Personalbereich gut im Organigramm dargestellt haben, bei näherem Hinsehen einiges zu entdekken. So manchem Organigramm sieht man an, daß es „stehen geblieben" ist. Vergebens sucht man nach Aufgabengebieten wie Personalentwicklung oder Personalführung. Die Verantwortlichen erklären dann, daß man diese Aufgaben doch gar nicht besonders erwähnen müsse. Weist man aber darauf hin, daß in den Organigrammen andere Aufgaben bis ins einzelne aufgelistet sind, kommt heraus, daß man schon seit einiger Zeit zum Beispiel an einer „Fortbildungskonzeption" arbeitet, jedoch noch nicht recht weitergekommen ist. Ideen habe man schon, man sei aber zu „dünn" besetzt, und außerdem fehle es an Geld. Weiterhin sei es schwierig, die Fachbereiche davon zu überzeugen, für entsprechende Fortbildungsmaßnahmen Mitarbeiter freizustellen.

Auch sei es fast unmöglich, auf dem Gebiet der Personalführung etwas zu tun. Fachliche Fortbildung, das sehe man ja zur Not noch ein, das fordere schließlich schon die schnelle Entwicklung auf dem Gebiet der Technik. Ehe man sich hier mehr oder minder mühsam aus allen möglichen Quellen informiere, sei es schon ganz nützlich, sich von berufenen Fachleuten komprimiert auf den neuesten Stand der Entwicklung bringen zu lassen. Aber Schulung auf einem Gebiet, das man beherrscht? Warum ist man denn Abteilungsleiter, Bereichsleiter oder gar Geschäftsführer geworden? Doch sicher nur, weil man seine Befähigung auf dem Gebiet der Personalführung unter Beweis gestellt hatte. Wenn eine Unterrichtung über Führungsfragen, dann doch bei denjenigen, die es dringend brauchen, bei den untersten Leitungsebenen. Hier müsse vor allem dafür gesorgt werden, daß die Ziele, die die Geschäftsleitung gesetzt hat, auch verwirklicht, die Anweisungen, die von oben gegeben werden, auch lupenrein und nicht verwässert ausgeführt werden. Dafür reiche doch wohl eine Tagesschulung aus, und nach einem Jahr müßte man eben sehen, ob diese Schulung auch etwas genutzt hat. Im übrigen müsse man auch prüfen, ob nicht untere Führungsebenen entbehrlich sind.

Die „Konzeption" einer „Verdünnung von Führungsebenen" ist leicht in den Raum gestellt, denn solche Pläne scheitern schon an den rechtlichen Gegebenheiten. Sicher mag es hier und da gelingen, Kleinstlösungen über Vorruhestand oder „Ausscheiden mit

Abfindung" herbeizuführen. Von einer „Entsorgung" wird aber letzten Endes mehr gesprochen als in die Tat umgesetzt. Hier sollte man genau den umgekehrten Weg gehen. Anstatt sich darüber zu beklagen, daß Abteilungsleiter als „Schleusenwärter" fungieren, daß „Positionen nur besetzt gehalten und nicht ausgefüllt werden", sollte man sich die Frage stellen, wie es überhaupt so weit kommen konnte. Wer ist denn „Schuld" daran, daß „Erbhöfe", die erbittert nach oben und unten verteidigt werden, überhaupt entstehen konnten? Wer hat die Organisationsstruktur eines Unternehmens geschaffen? Das ist doch nicht „von unten" konstruiert worden. Nach welchen Auswahlkriterien, und spätestens dann kommt der Personalbereich ins Spiel, sind denn die Führungskräfte des mittleren Managements ausgewählt worden? Stimmt denn der Slogan, der inzwischen sogar auf Kalenderblättern zu lesen ist: „Erstklassige Männer leisten sich erstklassige Mitarbeiter, zweitklassige nur drittklassige. Schwache Führungskräfte haben gerne schwache Untergebene um sich!" Wer hat den Begriff von der „Entsorgung des mittleren Managements" geprägt? Hat man vergessen, daß man es mit Menschen zu tun hat, die „im Mittelpunkt des Unternehmens stehen"? Was ist das für eine Arbeitswelt, die nur mit „Mannmonaten" oder Prozenten davon „rechnet" und in „Entsorgungskategorien" denkt? Kann man in diesem Zusammenhang überhaupt noch an Motivation, an Leistungsbereitschaft denken? Wer hat da noch die Illusion, daß „unten" die „Sprüche von oben" geglaubt werden?

Hier ist die Konfrontation, die Klassenbildung geradezu vorprogrammiert. Hier die oberste Führungsebene und dort das mittlere Management und dann noch diejenigen, die „ganz unten" angesiedelt sind. Man kann doch ein Unternehmen nicht gegen das mittlere Management, sondern nur mit ihm führen. Wenn überhaupt Konzepte, dann solche, die dem mittleren Management Aufgaben zuweisen, die es auch fachlich gut erfüllen kann. Wobei zu den Aufgaben vor allem die Möglichkeit der Entscheidung des Tragens von Verantwortung gehört. Das Delegationsprinzip darf nicht nur auf dem Papier stehen, sondern muß endlich in die Tat umgesetzt werden.

Zwei Ergebnisse unserer Befragungen von Führungskräften der Wirtschaft sollten hier zu denken geben: Rund ein Viertel des mittleren Managements fühlen sich bei ihrer täglichen Arbeit unterfordert, und mehr als die Hälfte äußerten deutlich den Wunsch nach Erweiterung ihres Delegationsbereichs.

Kann man bei diesen Ergebnissen von einer Unwilligkeit des mittleren Managements sprechen? Hier wird doch nicht „gemauert". Wenn gemauert wird, dann von oben, indem man das vorhandene Potential sich nicht entwickeln läßt, nur an die eigene Omnipotenz glaubt. Die Ansicht, „daß die das nicht können", ist weit verbreitet. Wenn „man power" vergeudet wird, dann hier.

Spricht aus alldem nicht eine gewisse Hilflosigkeit, die nach kurzfristigen Totallösungen sucht, anstatt langfristig wirksame Konzeptionen zu entwickeln? Wird hier nicht der Popanz des fundamentalen Mißtrauens förmlich aufgebaut, indem man eine ganze Gruppe von Menschen geradezu deklassiert und sie als „Hypothek für das Unternehmen" bezeichnet? Haben diejenigen, die an Strukturen arbeiten, die das mittlere Management überflüssig machen sollen, daran gedacht, welche Folgen ein derartiger Kahlschlag für das Spannungsverhältnis hat? Die „Unterstellungsbereiche" werden dann viel zu groß und sind führungsmäßig kaum noch überschaubar. Die Anonymität, heute schon als ein Hauptübel der Arbeitswelt gebrandmarkt, würde noch verstärkt. Hat man den Wertewandel verschlafen, oder will man ihn gar überspringen?

100 000 gaben vorzeitig auf

In der Arbeitswelt wird „mehr Lebensqualität" gefordert. Dazu gehört unter anderem mehr Sensibilität für Bedürfnisse und Motivation der Mitarbeiter. Aufgabe der Führungskräfte wird es zunehmend sein, das Vakuum auszufüllen, das die fortschreitende Technisierung in der Arbeitswelt schafft. Nicht umsonst stehen Kommunikations-, Kooperations- und Motivationsfähigkeit an der Spitze der Führungseigenschaften, die heute schon von den Führungskräften erwartet werden.

Aber wer soll kommunizieren, motivieren, wenn Organisationen daran arbeiten, ganze Führungsebenen ersatzlos zu eliminieren? Das Führungsvakuum, das durch eine derartige Aktion entstehen würde, hätte eine totale Kommunikationsverarmung zur Folge.

„Streß macht jeden vierten Arbeitnehmer psychisch krank", „Berufskampf geht an die Nerven". Mit diesen Schlagzeilen wurde die Öffentlichkeit mit einem Problem konfrontiert, das in den obersten Führungsebenen weitgehend tabuisiert wird. Das internationale Arbeitsamt in Genf hatte in einer im Dezember 1986 veröffentlichten Studie erschreckende Zahlen mitgeteilt: jeder vierte Arbeitnehmer in den Industriestaaten wird im Laufe seines Berufslebens einmal psychisch krank. Angstzustände, Aggressionen und sogar chronische geistige Störungen sind zu einem ernsthaften sozialen Problem geworden. Hauptursachen, neben hohem Lärmpegel und direkten Gefahrensituationen, sind extremer Überwachungsdruck und unpersönliche Arbeitsatmosphäre.

Untersuchungen in einem großen Stahlkonzern in den USA brachten entsprechende Kostenfolgen zutage: Fernbleiben von der Arbeit sei zu 61 Prozent auf psychische Erkrankungen zurückzuführen, die Verluste durch diesen Krankheitsbefund wurden auf 20 Milliarden Dollar geschätzt.

Im Zusammenhang mit diesen Untersuchungsergebnissen und der damit verbundenen Ursachenforschung müssen Überlegungen in Richtung nach einer „Entsorgung" der mittleren Managementebene geradezu als wirtschaftlich unsinnig erscheinen. Will man die schon jetzt als „unpersönlich" empfundene Arbeitsatmosphäre etwa noch weiter auskühlen, mit dem Hintergedanken, der von manchem Organisationsstrategen gehegt wird: Je weniger am Arbeitsplatz kommuniziert, das heißt „geschwätzt" wird, um so mehr, um so konzentrierter und damit um so effizienter wird gearbeitet? Hier sollte man sich an das Schiller-Wort aus der „Glocke" halten: „Wenn gute Reden sie begleiten, da fließt die Arbeit munter fort."

Noch ein Untersuchungsergebnis sollte in diesem Zusammenhang zu denken geben:

Im Jahr 1985 schieden 103 890 Jugendliche vorzeitig aus ihrem Ausbildungsverhältnis aus. Das waren 5162 oder 5,4 Prozent mehr als im Vorjahr. Die meisten Verträge wurden bereits im ersten Ausbildungsjahr wieder gelöst. Etwa ein Viertel davon entfiel dabei auf die Probezeit, also die ersten drei Monate der Ausbildung. Insgesamt wurden 5,7 Prozent der Ausbildungsverhältnisse vorzeitig abgebrochen. Hauptgrund: 24 Prozent der Abbrecher gaben Konflikte mit dem Ausbilder als Ursache an. „Der Ausbilder kümmerte sich nicht um mich" oder „hatte mich besonders auf dem Kieker", „meckerte zu viel rum" oder „hat gar nicht bemerkt, daß ich Hilfe brauchte", waren Aussagen, die eine Untersuchung des Bundesinstituts für Berufsbildung zutage brachte.

Laut Umfrage des Bildungsministeriums verlangen 59 Prozent der Jugendlichen von den Ausbildern mehr Verständnis und Gesprächsbereitschaft. Nach Meinung des Instituts der Deutschen Wirtschaft offenkundig zu Recht. Denn die Mehrzahl der Vertragslösungen kam ohne ein vorangegangenes Gespräch zwischen Ausbilder und Auszubildendem zustande. 75 Prozent aller Abbrecher haben den Entschluß, aufzugeben „vorwiegend allein" getroffen.

Schätzungsweise 40 000 Ausbildungsplätze werden jährlich durch Abbruch der Ausbildung blockiert. Allenfalls der Hälfte aller Jugendlichen gelingt es, nach einer Vertragslösung relativ problemlos in einen anderen Ausbildungsberuf oder Betrieb zu wechseln. „Ohne Berufsausbildung sinken jedoch die Chancen, einen Arbeitsplatz zu bekommen", so das Institut der Deutschen Wirtschaft.

In manchen Bereichen war die Abbrecherquote geradezu katastrophal. Friseure brachten es auf 31 Prozent, Verkäufer im Nahrungsmittelhandwerk auf 23,7 Prozent, Fachgehilfen in steuer- und wirtschaftsberatenden Berufen auf 12 Prozent, Kaufleute im Groß- und Außenhandel auf 9,1 Prozent. Bei den Fertigungsberufen rangierten die Köche mit 29,2 Prozent, die Maler und Lackierer mit 27,5 Prozent, Radio- und Fernsehtechniker mit 22,9 Prozent und die Kraftfahrzeugmechaniker mit 14,8 Prozent an der Spitze.

Konflikte mit den Ausbildern! Hier die Ausbilder allein verantwortlich zu machen, hieße das Kind mit dem Bade ausschütten. Denn wer hat die Ausbilder ausgewählt, wer hat sie auf ihre AAufgabe vorbereitet und laufend fortgebildet, wobei die Ablegung der Prüfung nach der Ausbildereignungsverordnung doch auf keinen Fall genügt? Hier muß man letzten Endes auch die Frage nach der Verantwortung des Personalbereichs stellen. Denn wie kann es passieren, daß 23 Prozent der Jugendlichen die Ausbildung abbrechen, weil sie ursprünglich andere Vorstellungen vom Arbeitsgebiet hatten, 18 Prozent gesundheitliche Gründe für den Abbruch der Ausbildung angaben und weiteren 18 Prozent die Anforderungen zu hoch erschienen? Bei derartig hohen Abbrecherquoten muß schließlich auch die Frage nach der Effizienz der Bewerberauswahl gestellt werden. Hat es sich hier die Personalabteilung vielleicht zu einfach, zu bequem gemacht, indem man auf Testverfahren zurückgegriffen hat? Fehlt es etwa an der Qualifikation innerhalb der Personalabteilungen? Wie läuft überhaupt das Ausleseverfahren? Nach welchen Kriterien werden die Bewerberinnen und Bewerber ausgewählt? Wird vorher ausgiebig über den künftigen Beruf gesprochen? Werden die Anforderungen erörtert? Wieviel Zeit nimmt man sich für die Bewerberauswahl? Bei eingehender Information kann es hier für manchen Topmanager oder Unternehmer Überraschungen geben. Vielleicht unterzieht er sich selbst einmal dem in seinem Unternehmen praktizierten Einstellungstest.

Die ausführliche Information des Instituts der Deutschen Wirtschaft scheint weitgehend unbeachtet geblieben zu sein, wie so manches, das sich mit Führungsfragen beschäftigt. 1988 wurde berichtet, daß 1987 wiederum 110 220 junge Menschen vorzeitig aus dem Ausbildungverhältnis ausgeschieden sind, 6 Prozent mehr als im Vorjahr. Und am Schluß des Berichts des Instituts der Deutschen Wirtschaft heißt es: „Verfehlt wäre es, einen Ausbildungsabbrecher ‚abzuschreiben'. Jeder Mensch muß die Chance haben, neu anzufangen – zumal die Lehre häufig aus Gründen abgebrochen wird, die nicht vom Abbrecher zu vertreten sind."

„Nicht vom Abbrecher zu vertreten", schreibt hier das den Arbeitgebern nahestehende Institut. Auch diesem Bericht wurde offensichtlich nicht die nötige Beachtung geschenkt. Nach dem Berufsbildungsbericht der Bundesregierung brachen 1988 123 949 junge Menschen ihre Ausbildung vorzeitig ab! Dies waren, bezogen auf die Zahl der Neuabschlüsse, 20,5 Prozent.

Warten auf den Wechsel an der Spitze?

„Es geht nicht mehr ohne einen konsensbetonten Führungsstil." So die nach außen vertretene „Führungsphilosophie von Spitzenführungskräften, Unternehmensberatern und Wissenschaftlern. Kooperation, ob partnerschaftlich, kollegial, partizipativ oder in welcher Spielart auch immer, ist „in".

Der „Chef als Coach" wird gefordert, „der Motivator von Talenten, der seine Mannschaft menschlich begeistert und zum Erfolg führt" (*management wissen* 10/1986). Ein Klima soll geschaffen werden, in dem der Mensch sich wohl fühlt. Diese Forderungen entsprechen der gesellschaftlichen Entwicklung, dem Wertewandel nicht nur in der Bundesrepublik, sondern in der gesamten westlichen Industriewelt.

In der betrieblichen Realität ist von einer Verwirklichung dieser Forderungen jedoch kaum etwas zu spüren. Im Gegenteil: „Kooperationsfähigkeit wird zwar öffentlich als Tugend gepriesen, in manchen Unternehmen jedoch immer noch heimlich als Zeichen persönlicher Impotenz angesehen." (Kein Platz mehr zwischen den Stühlen, *management wissen* 1/1987)

Die Schere zwischen Wunsch und Realität klafft immer weiter auseinander. Rund 83 Prozent der von uns befragten Führungskräfte des mittleren Managements wollen kooperativ geführt werden, aber nur rund 38 Prozent werden ihrer Ansicht nach kooperativ geführt. Das Urteil über die Zufriedenheit mit dem Führungsverhalten ihrer Vorgesetzten fällt entsprechend vernichtend aus: Nur 41 Prozent waren mit dem Führungsverhalten ihrer Vorgesetzten zufrieden, in einzelnen Branchen erreichte die Quote nicht einmal die 33 Prozent-Marke.

Kein Wunder, daß man „ganz oben", wo diese gärende Unzufriedenheit nicht verborgen bleibt, über „Entschlackungskuren" nachdenkt. Nicht erstaunlich aber auch, wenn von Unternehmensberatern bereits „chronische Lähmungserscheinungen" in der deutschen Wirtschaft diagnostiziert werden und diese Wirtschaft als „ungemein freudlose Leistungsgesellschaft" bezeichnet wird.

Hier zeigen sich die deutlichen Auswirkungen von Unterlassungssünden der letzten Jahrzehnte, die sich in einem Bereich besonders kumuliert haben: dem Personalbereich. Anstatt, seiner zentralen Funktion entsprechend, als Motor des Unternehmens zu wirken, führt er in vielen Unternehmen geradezu ein Mauerblümchendasein. Dabei wird dieser Bereich noch zusätzlich laufend „verdünnt". Die elektronische Datenverarbeitung hat so manchen Personalsachbearbeiter, Gehaltsabrechner oder Buchhalter „überflüssig" werden lassen, die dann entweder „wegrationalisiert", in anderen Bereichen eingesetzt wurden oder im Personalwesen sich mit Gebieten befassen sollten, in denen sie bisher nicht tätig waren. Dabei wurden sie vorwiegend allein gelassen. Weiterbildung, etwa auf den Gebieten Personalplanung, Personalentwicklung oder Personalführung, wurde nicht angeboten. In vielen Fällen scheuen sich Mitarbeiter und Führungskräfte des Personalbereichs, in ihrer eigenen Weiterbildung aktiv zu werden. Denn dies hätte ja von der obersten Leitungsebene in der Weise gedeutet werden können, daß man eben von diesen Aufgabengebieten nichts oder nicht genügend versteht. Die Gefahr, daß man sich dann höheren Orts anderweitig nach einem Fachmann umsehen müßte, ließ manche Initiative in dieser Richtung gar nicht erst aufkommen. Es gibt heute noch Personalleiter, die noch kein einziges Seminar über Personalführung mitgemacht haben. Die Folge: handgestricktes Arbeiten.

Handgestricktes Arbeiten erschöpft sich zum Beispiel darin, daß man Weiterbildungsangebote, die von draußen kommen, „in Umlauf" gibt, mit der Folge, daß diese Angebote irgendwo hängen bleiben, nicht gelesen oder vom zuständigen Fachbereich regelrecht blockiert werden. Noch einen Schritt weiter geht es dann schon, diese externen Angebote in einer eigenen Broschüre „zusammenzufassen" und diese dann als eigenes Weiterbildungsangebot zu deklarieren. Der Inhalt dieses Angebots steht meistens in keinem Verhältnis zur Aufmachung. Es sind letztendlich oftmals reine Prachtbroschüren, die man als Zeichen der eigenen Aktivität der Geschäftsleitung vorweisen kann – ein typisches Beispiel für dekoratives Management. Der Erfolg derartiger Druckerzeugnisse ist oft gleich null.

Was hier fehlt, ist eine gezielte Entwicklung von Führungskräften. Die Führungsweisheit: „Wem Gott ein Amt gibt, dem gibt er auch Verstand", muß endgültig zu den Akten gelegt werden. Und damit auch die Praxis: „Erst mal ins Wasser werfen, dann werden er oder sie schon schwimmen". Hier wird eine gezielte Aus- und Fortbildung durch den „Lehrsatz" „Führen lernt man nur durch Erfahrung" ersetzt. Der kritische Führungsnachwuchs kontert heute jedoch mit dem Ausspruch von G. B. Shaw: „Manche halten das für Erfahrung, was sie seit 20 Jahren falsch gemacht haben."

Wenn etwas gegen die allgemein beklagte „Verkrustung" unternommen werden muß, dann hier. Denn bis zu dem Zeitpunkt zu warten, wo sich ein Wechsel in der Führungsspitze anbahnt, heißt kostbare Zeit verlieren. Die Gegensätze werden im Zuge der gesellschaftlichen Entwicklung immer krasser und die Frustration immer größer. Dieses „Warten, bis ein Wechsel ganz oben grünes Licht signalisiert", ist leider weit verbreitet. Es ist letzten Endes oft ein Generationsproblem, das hier zu lösen ist, von dem sehr viele Menschen betroffen sind. So schwer dieses Problem auch in der Praxis zu lösen sein mag, denn hier spielen Machtverhältnisse eine sehr große Rolle – es wird bestimmt nicht dadurch gelöst, daß man jeden Tag im Kalender einen Strich macht, um dadurch auch äußerlich zu dokumentieren, daß das Ende naht. Hier muß beharrlich Überzeugungsarbeit geleistet werden nach der alten Volksweisheit: „Steter Tropfen höhlt den Stein."

Im übrigen werden solche „Hindernisse" oftmals auch überbewertet. Je fundierter die Vorschläge sind, um so größer ist die Chance, daß sie auch akzeptiert werden. „Abwarten" ist jedenfalls die schlechteste aller Möglichkeiten. Denn wenn dann der Wechsel tatsächlich kommt, sind diejenigen, die „kritisch" gedacht haben, längst nicht mehr da. Ein neues Vakuum entsteht.

Die Angst vor dem Seminar

„Werden nach Ihrer Meinung genügend Fortbildungsmöglichkeiten geboten?" Mit einem uneingeschränkten „Ja", sich fachlich fortzubilden, antworteten 43,4 Prozent der von uns befragten Führungskräfte des mittleren Managements. Die Zufriedenheit mit den Fortbildungsmöglichkeiten auf dem Gebiet der Personalführung hingegen war deutlich niedriger. Sie erreicht ganze 16,8 Prozent. Nicht einmal ein Fünftel der Führungskräfte war also mit dem Fortbildungsangebot auf diesem Gebiet zufrieden, wobei die Zufriedenheitsrate in einzelnen Branchen sogar die 10 Prozent-Marke deutlich unterschritt.

Diese Ergebnisse unserer Befragung spiegeln nichts anderes als den Ist-Zustand der Fortbildung auf dem Gebiet der Mitarbeiterführung wieder. Hier wird gegen elementare Gesetze des „Marktes" verstoßen. Ein dringender Bedarf, immer wieder deutlich gemacht, wird nicht befriedigt. Jeder Marketing-Fachmann würde angesichts einer solchen Handlungsweise nur den Kopf schütteln.

Die Ursachen für derartiges Handeln, oder besser: Nicht-Handeln, sind komplex. Einmal wird Führungsfortbildung, von einer Ausbildung ganz zu schweigen, deswegen nicht systematisch betrieben, weil man befürchtet, darin ein Eingeständnis „mangelnder Führung" zu sehen. Genauso wenig, wie man Produktschwächen zugeben würde, gibt man „Führungsschwäche" zu.

Eng im Zusammenhang mit diesen „globalen Befürchtungen" einer Gesamt-Führungsschwäche im eigenen Unternehmen stehen Individualängste von Führungskräften der oberen Leitungsebene. Bewußt oder unbewußt wird befürchtet, daß im Rahmen eines solchen Fortbildungsprogramms eigene Schwächen offenbar werden könnten. Diese Befürchtungen äußern sich insbesondere in einer geradezu panischen Angst vor Rollenspielen. Allein die Furcht, sich vor anderen „produzieren", sich dann auch noch der Kritik aussetzen zu müssen, veranlaßt Führungskräfte bereits dann in Opposition zu gehen, wenn der Gedanke an eine Führungskräfteschulung im Unternehmen auch nur „andiskutiert" wird. Selbstverständlich wird diese Angst nicht offen zugegeben, vielmehr werden alle möglichen Einwände gegen ein solches Programm vorgebracht. Der Haupteinwand ist, man habe gerade jetzt Wichtigeres zu tun. Man müsse erst einmal die dringenden Probleme angehen und lösen. Später könne man auch an eine Führungsfortbildung denken, gegen die man natürlich „nichts einzuwenden habe". Mit diesen Argumenten gelingt es einer bestimmten Gruppe von Führungskräften immer wieder, jahrelangen „Aufschub" zu erreichen.

Und selbst dann, wenn es soweit ist, gibt es weitere Möglichkeiten der Verzögerung, zum Beispiel die Terminfrage. Seminare kommen nicht zustande, weil es unmöglich erscheint, Termine zu finden, an denen „alle können". Es gibt kaum ein Gebiet, wo Entscheidungsprozesse so lange dauern, wie auf dem Gebiet der Führungsfortbildung. Wenn irgendwo der kooperative Führungsstil geradezu mißbraucht wird, dann hier. Und selbst dann, gibt es eine weitere „Fluchtmöglichkeit": eine dringende Geschäftsreise. Oder man kommt etwas später zum Seminar oder muß früher wieder weg. Die Hauptsache, man entgeht dem Rollenspiel.

Man muß bedenken, es sind dieselben Führungskräfte, die tagtäglich im Unternehmen mit Führungsaufgaben und Problemen konfrontiert werden. Mit Problemen, die sie auch lösen, selbstverständlich auf ihre Art. Es sind dieselben Führungskräfte, die von sich behaupten, „selbstverständlich" kooperativ zu führen. Es sind dieselben Führungskräfte, die „bei aller kooperativen Einstellung" betonen, daß in Ausnahmefällen, in Krisensituationen „durchregiert" werden müsse. Das Urteil ihrer Untergebenen: „Bei denen ist immer Krise." Dekoratives Management in Reinkultur! Und es sind dieselben Führungskräfte, die schon nach dem Beginn einer Führungskräftefortbildung meinen, „es sei eigentlich genug getan worden, Neues gäbe es ja ohnehin nicht mehr, man müsse sich dringend wieder Fachfragen, insbesondere der fachlichen Fortbildung zuwenden".

Personalabteilungen, die in einem solchen „Umfeld" agieren müssen, sind wahrlich nicht zu beneiden. Haben sie keinen festen Rückhalt in der obersten Führungsspitze, sind die besten Programmme bald wieder vom Tisch, und es dauert dann sehr lange, bis man wieder an das Problem der Führungsfortbildung herangehen kann, denn schließlich „hatten wir die doch erst vor kurzem", wobei dieses „vor kurzem" durchaus einen Zeitraum von fünf Jahren bedeuten kann.

Im Gegensatz dazu steht das vielgeschmähte mittlere Management. Führungsfortbildung wird begrüßt, die Hilfe, die geboten wird, um den „Druck von unten und oben" besser meistern zu können, wird dankbar akzeptiert. Besonders die jungen Führungskräfte engagieren sich beim Verhaltenstraining, werden sie doch in der täglichen Praxis mit Problemen konfrontiert, von denen sich die berühmte Schulweisheit der Universitäten und Fachhochschulen nichts hat träumen lassen. Kraft ihrer Hochschulausbildung als Ingenieur, Chemiker, Physiker, Betriebs- oder Volkswirt oder Jurist, die Reihe der Beispiele ließe sich beliebig erweitern, sind sie zwangsläufig „berufen", schon nach kurzer Zeit der Einführung, wenn eine solche überhaupt zur Verfügung steht, Führungsaufgaben wahrzunehmen. Ganz anders „aufgewachsen" als ihre Vorgesetzten, vom Wertewandel viel stärker „infiziert", widerstrebt es ihnen, sich am Vorbild ihrer Vorgesetzten zu orientieren. Es widerstrebt ihnen, ihre Mitarbeiter so zu behandeln, wie sie selbst von ihren Vorgesetzten behandelt werden. Die Folge: Ratlosigkeit, Unsicherheit, vielleicht sogar „Flucht aus der Führung". Auch daran sollte man denken, wenn man die „Führungsschwäche" des „Nachwuchses" beklagt. Von nichts kommt nichts. Was auf der Hochschule versäumt wurde, muß sofort am Anfang des Arbeitslebens „nachgeholt" werden. Systematische Führungsausbildung ist das Gebot der Stunde. Alles, was am Anfang der Führungslaufbahn versäumt wird, ist später kaum noch nachzuholen. Fehler, die am Anfang gemacht werden, werden leicht zur lieben Gewohnheit.

Führungsgrundsätze als Alibi?

In vielen Unternehmen gibt es Führungs-Grund- oder -Leitsätze. Für Führungskräfte und Mitarbeiter sind sie mehr oder minder verbindlich. Die Bandbreite reicht hier von der „Grundlage und Hilfe für das Zusammenwirken unserer Mitarbeiter" (*Ruhrkohle*) über den „verbindlichen Orientierungsrahmen" (*Allianz*) bis zur Feststellung: „Die Grundsätze der Zusammenarbeit und Führung sind für alle Mitarbeiter verbindlich. Jeder hat das Recht, sich auf sie zu berufen. Verstöße gegen diese Grundsätze können zu Disziplinarmaßnahmen führen" (*Deutsche Shell*).

Was die Umsetzung derartiger Führungsleitlinien in die tägliche Praxis anbelangt, herrscht weitgehend Skepsis. „Appelle, selbst wenn sie noch so menschenfreundlich formuliert und auf Glanzpapier gedruckt sind, können auf längere Sicht wenig ausrichten" (In den Wind geschrieben, *management wissen* 9/1986).

Woran liegt es, daß Führungsgrundsätze im „Führungsalltag" nicht die Beachtung finden, die wünschenswert wäre? Wie kommt es, daß, obwohl kooperatives Führungsverhalten verbindlich vorgeschrieben ist, autoritäres Führungsverhalten nach wie vor fröhliche Urstände feiert?

Einer der Hauptgründe ist: Führung kann nicht wirksam nur auf dem Papier verordnet, Führung muß systematisch gelernt und gemeinsam trainiert werden. Dabei können Führungsleitlinien eine wertvolle Unterstützung sein. Als „Führungsverfassung" bieten sie unternehmensbezogen das notwendige Gerüst, auf dem eine zielorientierte Fortbildung aufbauen kann. Ohne eine systematische Begleitung durch ein gezieltes Verhaltenstraining sind aber derartige Leitlinien oft nicht mehr als ein Papiertiger und außerdem Ursache manchen betrieblichen Frustes. Denn „unten" wird immer wieder beklagt, daß man sich „oben" nicht an diese Grundsätze hält, und schnell ist das Urteil gefällt: „Führungsleitlinien haben doch nur eine Alibifunktion." Dekoratives Management!

Und das trotz aller Mühe, die man sich bei der Formulierung gegeben hatte. Manchmal jahrelanges Ringen in harter Projektgruppenarbeit unter Beteiligung der Betriebsvertretung, bis dann die „Führungsbibel" von der Geschäftsleitung „in Kraft gesetzt wurde". Dann noch einige Einführungsschulungen – und anschließend schien dann allen „Beteiligten" förmlich die Luft auszugehen. Der „Erfolg": Die Leitlinien liegen im Schreibtisch, „gehandelt" wird wie bisher.

Führungsleitlinien können eine systematische Aus- und Fortbildung in Führungsfragen nicht ersetzen, wobei die Betonung auf „systematisch" liegt. Führung ist nicht nur „Delegation", „Mitarbeiterbeurteilung", „Information" oder „Kontrolle", um nur einige Beispiele zu nennen. Führung ist ein ganzes Bauwerk, bestehend aus vielen Bausteinen. Führung ist vergleichbar mit den vielen Steinen eines Mosaikbildes. Deshalb muß beim Erlernen der Führungskunst Baustein auf Baustein gesetzt, Mosaikstein zu Mosaikstein gefügt werden, damit das Bauwerk, das Gesamtbild entsteht. Es nützt daher wenig, nur weil „ein dringender Bedarf entsteht", bei der Mitarbeiterbeurteilung etwa, nun einzelne Schulunsgsmaßnahmen mit Spezialthemen zu starten, wenn zum Beispiel das Gesamtgerüst der Kooperation noch nicht steht. Im Gegenteil, es ist geradezu gefährlich, nur einzelne Bausteine „abzuhandeln", wie zum Beispiel „Kommunikationstechniken" oder „Rhetorik", denn nichts ist gerade auf dem Gebiet der Führung verführerischer als Halbwissen. Die Gefahr, Techniken zum Zwecke der Manipulation zu mißbrauchen, ist viel zu groß.

An die Stelle der Technik muß die Grundeinstellung treten, und zwar eine positive, dem Mitarbeiter zugewandte Grundeinstellung. Es nützt doch überhaupt nichts, im Verhaltenstraining beispielsweise zu „lernen", bei einem Kritikgespräch nicht sofort mit der „Tür ins Haus zu fallen", sondern erst einmal sich dem Mitarbeiter persönlich zuzuwenden, wenn diese „Technik" dazu mißbraucht wird, dem Mitarbeiter etwas vorzuspielen. Zuwendung, persönliches Interesse am Mitarbeiter, sich um ihn kümmern im wahrsten Sinne des Wortes, ist gefordert und nicht Manipulation durch ein „so tun als ob".

Verhaltenstraining, das über die reine Technik hinausgeht, ist ungeheuer mühsam, verlangt hohen Einsatz der Moderatoren und die ernsthafte Bereitschaft der Führungskräfte, sich diesem langen Prozeß des Sich-Stück-für-Stück-Durcharbeitens zu stellen. Und nicht nur die Bereitschaft des langen Marsches durch das manchmal sehr dornige Gestrüpp menschlichen Verhaltens und Fehlverhaltens wird gefordert. Verhaltenstraining verlangt auch in vielen Fällen, die hohen Führungsdefizite zeigen das ganz deutlich, den ernsthaften Willen, eigenes Verhalten selbstkritisch in Frage zu stellen und gegebenenfalls zu ändern, und zwar auf Dauer. Ist diese ernsthafte Bereitschaft aber nicht vorhanden, hat ein Führungs-Verhaltenstraining nicht nur keinen Sinn, sondern birgt auch die Gefahr, daß im Rahmen eines solchen Trainings vermittelte Techniken zum Zwecke der Manipulation mißbraucht werden.

Ausschlaggebend für den Erfolg eines Führungs-Verhaltenstrainings ist, daß sich die oberste Führungsspitze voll mit der Gesamtkonzeption der Führungskräfteentwicklung und der darin eingeschlossenen Führungs-Aus- und -Fortbildung identifiziert. Ein halbherziges Vorgehen, ein „wollen mal sehen, was da rauskommt" kann ein solches Projekt zum Scheitern bringen, bevor es überhaupt begonnen hat.

Wichtig ist auch, daß die oberste Leitungsebene sich aktiv an der Führungskräftefortbildung beteiligt und darum besorgt ist, daß das im Verhaltenstraining „Gelernte" auch in die Praxis umgesetzt wird. Der zweite und viel umfangreichere Teil des Lernprozesses findet in der täglichen Praxis des Unternehmens statt. Und dazu gehört auch, daß hier das Topmanagement mit gutem Beispiel vorangeht, denn kooperative Führung ist nicht auf einzelne Leitungsebenen beschränkt, das heißt „immer nur für die anderen gedacht".

Und wenn, auf welcher Leitungsebene auch immer, „Ermüdungserscheinungen" auftreten, ist wieder das Topmanagement gefordert. Da gilt es „Kurs zu halten", denn letztlich steht die Glaubwürdigkeit der Unternehmensleitung auf dem Spiel. Das Vertrauenskapital, das dadurch geradezu vernichtet wird, ist kaum wieder neu zu bilden.

Gemeinsam arbeiten – gemeinsam lernen!

Was müssen Führungskräfte lernen, damit sie ihre Führungsaufgabe im wahrsten Sinne des Wortes meistern können? Eine Führungsaufgabe, die in den Führungsgrundsätzen der Firma Henkel so treffend formuliert ist: „Der Vorgesetzte schafft durch seine Führung eine Arbeitsatmosphäre, in der Leistungswille und Leistungsfähigkeit jedes einzelnen gefördert werden und in der die Mitarbeiter bereit sind, sich für ihre Aufgaben und Ziele des Unternehmens voll einzusetzen."

Zusammenarbeit ist gefordert und scheint auch leicht zu bewerkstelligen. In der täglichen Praxis ist aber gerade die Zusammenarbeit von unten nach oben, aber auch von oben nach unten außerordentlich problematisch. Und selbst wenn es im eigenen Bereich noch einigermaßen „klappt", die Zusammenarbeit zwischen den Bereichen eines Unternehmens läßt viele Wünsche offen.

Das Zusammenspiel der Kräfte innerhalb der Bereiche eines Unternehmens muß genauso „geübt" werden wie das Zusammenwirken aller zur Erreichung der Gesamt-Unternehmensziele. Dafür bieten sich innerbetriebliche Seminare geradezu an. Diejenigen, die tagtäglich zusammenarbeiten, müssen auch zusammen ins „Manöver". Und diejenigen, die, wie es Schwachstellen-Analysen immer wieder zeigen, viel zu wenig und außerdem ineffizient miteinander kommunizieren, müssen lernen, wie man im Team zusammenwirkt, und nicht, wie man sich durch Einzelleistungen, vielleicht noch auf Kosten anderer, profiliert. Hier muß man endlich wieder den Kontakt zueinander finden, der weitgehend verloren gegangen zu sein scheint. Die Zäune, die durch eine stetig wachsende Spezialisierung immer größer geworden sind, müssen beseitigt, der vorhandene Sachverstand muß allen zugänglich sein und gemeinsam genutzt werden.

Wichtiges Teilgebiet der Zusammenarbeit ist das Entscheidungsverhalten. Hier scheint das größte Problem darin zu bestehen, daß es viele Vorgesetzte einfach nicht fertig bringen, den hohen Sachverstand ihrer Mitarbeiter in den Entscheidungsprozeß mit einzubeziehen. Hier helfen selbst die besten Führungsleitlinien in der

Praxis nichts, wenn nicht Entscheidungsverhalten immer wieder gemeinsam durchgespielt, wenn Entscheidungsprozesse nicht transparent gemacht werden. Es mutet geradezu wie eine Führungs-Bankrotterklärung an, daß nur 51 Prozent – in manchen Branchen waren es nicht einmal die Hälfte – der von uns befragten Führungskräfte die Frage „Beachtet Ihr Vorgesetzter Ihre Meinung bei seinen Entscheidungen?" mit „ja" beantworteten und das bei einem „verordneten" kooperativen Führungsstil. Da helfen keine Appelle mehr, hier muß gehandelt werden, und handeln bedeutet gemeinsam lernen und gemeinsam üben.

Zur Zusammenarbeit gehört auch die Konfliktbewältigung. Es nutzt auf die Dauer nichts, so zu tun, als gäbe es diese Konflikte nicht, sie totzuschweigen oder unter den Teppich zu kehren. Kennzeichen gerade des autoritären Führungsstils ist es, Konflikte entweder zu negieren oder sie zu verbieten. Wie aber kann man Konflikte lösen, wie sie austragen, und zwar offen austragen? Wie soll man Konflikte so lösen, daß dieser Prozeß die Zusammenarbeit aus Überzeugung und nicht durch Anordnung verbessert? Auch das muß gelernt sein, muß gemeinsam geübt werden. Letzten Endes müssen alle lernen, die immer stärker werdende Streßbelastung auf dem Gebiet der Führung abzubauen und damit die Leistungsbereitschaft deutlich zu erhöhen. An dieses Problem muß man sich endlich heranwagen, denn das Streßproblem wird nicht dadurch gelöst, daß man es tabuisiert, sondern dadurch, daß man es gemeinsam offen angeht. Wo könnte das besser geschehen als im Rahmen der Führungsfortbildung?

Zur Zusammenarbeit gehört weiterhin das noch immer in der Unternehmenswirklichkeit mangelhaft gelöste Problem der Delegation. Mangelhaft gelöst weniger in der Theorie – Stellenbeschreibungen und Organisationspläne werden immer mehr verfeinert – als in der praktischen Umsetzung. Auch hier muß es zu denken geben, daß bei durchgehender Bejahung des Delegationsprinzips sich nur etwas mehr als die Hälfte der von uns befragten Führungskräfte bei der Frage „Läßt Sie Ihr Vorgesetzter in Ihrem Delegationsbereich ungestört handeln und entscheiden?" für ein klares „Ja" entscheiden konnten. Wohlgemerkt, hier waren Delegationsbereiche „eingerichtet" worden, und trotzdem wurde das Prinzip immer wieder mißachtet. Stellenbeschreibungen nur als Alibi? Dekoratives Management? Eng verzahnt mit der Delegation ist die Kontrolle. Gerade dieses Gebiet der Führung wird stark vernachlässigt. Wer hat „gelernt", wie man effizient kontrolliert, motivierend kontrolliert? Für viele Führungskräfte ein Buch mit sieben Siegeln.

Geradezu unverständlich sind die hohen Defizite im Führungsverhalten auf dem Gebiet der Motivation. Was ist nicht alles über Motivation geschrieben, in Führungsleitlinien „verordnet" worden? Was hat man sich an „Maßnahmen" nicht alles einfallen lassen, um dabei das Wichtigste offensichtlich zu vergessen: Wie werden gute Leistungen anerkannt? Wie wird durch effiziente Kritik die Zusammenarbeit und damit die Leistung verbessert?

Es ist doch geradezu erschreckend, wenn nur knapp die Hälfte der Führungskräfte glauben, daß ihrem Wunsch nach Anerkennung ihrer Leistung von ihren Vorgesetzten auch Rechnung getragen wird. Und nicht einmal ein Drittel beantwortete die Frage „Wie kritisiert Ihr Vorgesetzter, wenn einmal ein Fehler passiert?" mit „immer sachlich und angemessen". Die meisten Führungskräfte haben einfach nicht gelernt, mit diesen Führungsmitteln umzugehen. Das muß dringend nachgeholt werden.

Anerkennung und Kritik sind nur ein Teil der Gesamtkommunikation mit dem Mitarbeiter. Das Mitarbeitergespräch oder die Information über die Arbeitsaufgabe hingegen, um nur zwei Beispiele zu nennen, stehen leider oft nur auf dem Papier von Führungsgrundsätzen. Nicht einmal ein Drittel der Führungskräfte erfährt von ihrem Vorgesetzten, wie er über ihre Leistungen denkt. Offenbar muß erst einmal gelernt werden, wie kommuniziert, wie informiert wird.

Und wie steht es um die Mitarbeiterbeurteilung, die Voraussetzung für die Verwirklichung des Grundsatzes „Der richtige Mann an den richtigen Platz"? Wieviele Führungskräfte haben „gelernt", wie man Mitarbeiter beurteilt, wie man Beurteilungsgespräche führt? Lehrstoff gibt es genug. Der Nachholbedarf ist groß.

„Return on Investment"

„Was kommt dabei heraus?" Diese Frage wird vom Topmanagement immer wieder gestellt, wenn es um das „Ja" oder „Nein" zu Fortbildungsmaßnahmen auf dem Gebiet der Mitarbeiterführung geht. Auch diese Weiterbildung soll sich „rechnen". Man will wissen, was eine DM, die in die Personalführungs-Aus- und -Weiterbildung investiert wird, wieder hereinbringt, wobei man die „monetären Erfolge" auch möglichst schnell sehen will. Am besten ist, daß ein Wochenendseminar sich bereits in der nächsten Woche rentiert.

Für ein „Return on Investment" durch gezielte Führungsweiterbildung gibt es viele Beispiele. Von Umsatzsteigerungen in der Höhe von 80 bis 130 Prozent wird genauso berichtet wie von einer deutlich erhöhten Kundenbindung und Zeitgewinn im Verkauf.

„Nicht quantifizierbarer Nutzen", der sich letztlich im Gesamtergebnis niederschlägt, zeigt sich insbesondere in niedrigeren Fehlzeiten sowie Fluktuations- und Unfallraten, wobei eine erst kürzlich veröffentlichte Untersuchung aus den USA zu denken geben sollte, wonach Fernbleiben von der Arbeit zu 61 Prozent auf psychische Erkrankungen zurückzuführen ist. Geschätzter Schaden für die US-Volkswirtschaft: 20 Milliarden Dollar.

Eine Untersuchung aus dem Bankenbereich in der Bundesrepublik zeigte deutlich den Zusammenhang zwischen dem Krankenstand in Bankfilialen und der Zufriedenheit mit dem direkten Vorgesetzten. Diejenigen Filialen, deren Mitarbeiterinnen und Mitarbeiter mit dem Führungsverhalten ihrer direkten Vorgesetzten sehr zufrieden oder zufrieden waren, hatten einen deutlich niedrigeren Krankenstand aufzuweisen als die Filialen mit einer geringeren Zufriedenheitsrate.

Wir konnten im Rahmen von Schwachstellenanalysen im Führungsbereich signifikante Veränderungen in der Zufriedenheit mit dem Führungsverhalten der Vorgesetzten feststellen. So erhöhte sich zum Beispiel nach entspechendem Führungstraining die Zufriedenheit mit dem Vorgesetztenverhalten auf den Gebieten der

Kommunikation, Information, Motivation und Kooperation, um nur einige Hauptgebiete des Führungsverhaltens zu nennen.

Interessant waren die Ergebnisse von Befragungen im Laufe eines mehrjährigen Führungstrainings in einem Unternehmen, an dem alle Führungskräfte dieses Unternehmens teilnahmen. Die Frage „Hat Ihnen Ihr Vorgesetzter, soweit möglich, Entscheidungsbefugnisse übertragen?" beantworteten vor Beginn des Führungstrainings nur 35,3 Prozent, nach Abschluß der ersten Trainingsphase 83,3 Prozent der Führungskräfte eines Unternehmens mit „bin sehr zufrieden", während der Durchschnitt der von uns befragten Führungskräfte der Wirtschaft bei 39 Prozent lag.

Vor Beginn des Führungstrainings gaben 18,7 Prozent der Führungskräfte an, kooperativ geführt zu werden, nach Abschluß der ersten Trainingsphase von zwei Jahren waren es 81,9 Prozent, während der Durchschnitt bei den Führungskräften der Wirtschaft bei 39,9 Prozent lag.

Daß die Leistungsbereitschaft und damit die Leistung bei dieser Zufriedenheit mit dem Führungsverhalten steigt, ist eine logische Folge. Wenn Motivation, dann durch Führungsverhalten.

Diese Ergebnisse waren aber nur zu erreichen, weil sämtliche Führungskräfte am Führungstraining teilnahmen, die Seminararbeit durch entsprechende „Nacharbeit" im Unternehmen selbst ergänzt wurde und die oberste Führungsebene sich voll mit dem „Führungsprogramm" identifizierte.

Gerade letzteres geschieht leider in den meisten Unternehmen, die sich für eine Führungsfortbildung entschieden haben, nicht in dem Umfang, wie es wünschenswert wäre. Führungsfortbildung darf kein Eigenleben im Unternehmen führen. Führungsfortbildung ist zum Beispiel eng verzahnt mit Organisationsproblemen. Wird zum Beispiel in einer Schwachstellenanalyse im Führungsbereich festgestellt, daß eine große Zahl von Führungskräften sich über zu geringe Entscheidungskompetenz beklagt, einen größeren Delegationsbereich wünscht und sich zu einem nicht geringen Prozentsatz unterfordert fühlt, so muß darüber nicht nur im Rahmen der Führungskräftefortbildung diskutiert werden, sondern es muß nach den im Training gewonnenen Erkenntnissen im Unternehmen gehandelt werden. Es nützt zwar schon eine ganze Menge, wenn im Verhaltenstraining gelernt und dann geübt wird, wie das Führungsmittel der Delegation zu handhaben ist. Im Wege der Um- oder Neuorganisation müssen aber auch die Delegationsbereiche im Unternehmen überprüft und gegebenenfalls neu zugeschnitten oder die Entscheidungsbefugnisse in noch größerem Umfang verlagert werden. Führung ist auch Organisation, und Organisation ist auch und vor allem Führung.

Deshalb ist es besonders wichtig, daß Mitarbeiter und Führungskräfte aus dem Bereich der Organisation am Führungstraining teilnehmen. Denn ergeben sich im Laufe des Führungstrainings Probleme, die dann im Unternehmen auch organisatorisch angegangen werden müssen, müssen diese dann auch in die Tat umgesetzt werden können. So hat es zum Beispiel wenig Sinn, ein Beurteilungssystem im Unternehmen einzuführen, den beurteilenden Führungskräften vorzuschreiben, regelmäßig Gespräche mit den Mitarbeitern zu führen, wenn „organisatorisch" dafür keine Zeit zur Verfügung steht.

Führung und Organisation dürfen nicht nebeneinander herlaufen oder gar gegeneinander arbeiten. Leider ist in vielen Unternehmen zu beobachten, daß sich gerade der Organisationsbereich immer mehr verselbständigt und sich dadurch von den anderen Bereichen isoliert. „Aus organisatorischen Gründen" – diese Begründung hört man immer häufiger. Begünstigt wird diese Entwicklung durch eine fortschreitende Technisierung der „Orga", wie der Organisationsbereich in der Unternehmenssprache gerne genannt wird. „Organisatoren" haben inzwischen bereits einen eigenen Sprachcode entwickelt, der von den anderen Bereichen kaum noch verstanden wird.

Dieser Gefahr des Nebeneinander oder gar Gegeneinander gilt es zu begegnen, und wo könnte dies besser geschehen als im gemeinsamen Führungstraining. Wer zusammen arbeitet, soll auch zusammen trainieren und gemeinsam Probleme lösen. In einem solchen Führungstraining werden dazu die notwendigen Voraussetzungen geschaffen.

4. Kapitel

Der vorprogrammierte Frust: Berufsanfänger und Führungsnachwuchs

Die ersten Schritte in der Arbeitswelt sind oft entscheidend für ein ganzes Berufsleben. Weichen werden gestellt. In den ersten Wochen und Monaten kann Entscheidendes passieren, so Entscheidendes, daß in jedem Jahr mehr als 100 000 junge Menschen vorzeitig ihre Lehre abbrechen oder sich gar einen neuen Beruf suchen. Diesen ungeheuren Kräfteverschleiß kann sich die deutsche Wirtschaft nicht leisten, schon gar nicht in einer Zeit, in der, bedingt durch die demographische Entwicklung, die Zahl der Schulabgänger sinkt und immer weniger Schüler als Nachwuchspotential zur Verfügung stehen. Zum Praxisschock darf nicht noch der Motivationsschock kommen, der zur inneren Kündigung schon in jungen Jahren führt.

Ein neuer Lebensabschnitt

Auszubildende kosten Geld. Die Kosten der Ausbildung sind Investitionskosten. Ausgebildete Fachkräfte sind Voraussetzung für künftige Erträge.

Auszubildende leisten aber auch Arbeit. Nach den Berechnungen des Bundesinstituts für Berufsbildung lag der durchschnittliche Jahresertrag der von ihnen geleisteten Arbeit im Jahre 1984 zwischen 7000 und 9500 DM. Diesem standen Ausbildungskosten je nach Branche in doppelter bis dreifacher Höhe gegenüber.

Die Investitionen in junge Menschen gehen aber weit über diese Mark- und Pfennigrechnung hinaus. In diesem Lebensabschnitt werden oft die Weichen für das gesamte Berufsleben gestellt. Die ersten Tage, Wochen oder Monate prägen im wahrsten Sinn des Wortes. Hier gilt nicht nur der Satz „Was Hänschen nicht lernt, lernt Hans nimmermehr", sondern auch die Erkenntnis „Was einmal verdorben worden ist, kann kaum noch repariert werden". Die Arbeitswelt hat die Mitarbeiter, die sie verdient.

„Die Jugend von heute!" Bei diesem Ausspruch macht wie so oft der Ton die Musik. Da gibt es vorwurfsvolle „Untertöne" genauso wie die der Resignation, der Enttäuschung. Da klingt Unverständnis mit, aber genauso Rückbesinnung an die eigene Jugend. Es sind jedoch auch deutliche Abgrenzungstendenzen zu spüren: Mit „denen" will man nichts zu tun haben. „Wir sind und vor allem waren wir ganz anders als die" und „für die Zukunft sehe ich schwarz".

In der Arbeitswelt, im Beruf beginnt für junge Menschen ein neuer Lebensabschnitt, der für den einzelnen jungen Menschen von außerordentlicher Bedeutung ist. Die Arbeitswelt ist auch heute noch für den überwiegenden Teil der jungen Menschen „die Zukunft", auch wenn es manchmal „nur" darum geht, diese Zukunft „so erträglich wie möglich" zu gestalten. Doch ist dieser Start in das Berufsleben für die gesamte Volkswirtschaft von existentieller Bedeutung – von den jungen Menschen hängt die Zukunft ab, der „Wohlstand". Von ihnen hängt aber auch die „Zukunft" der älteren und alten Menschen ab, deren „wohlverdienter Ruhestand" gesichert werden muß. Das mag für manchen übertrieben, fast zu dramatisch klingen. Und vielfach wird es auch mit den Worten abgetan: „Was soll das Ganze? Wir waren ja auch einmal jung und sind vernünftig geworden", was man auch immer unter „vernünftig" verstehen mag. Sicher steckt da schon ein Körnchen Wahrheit drin, aber eben nur ein Körnchen. Abwiegelung und „Hoffen auf eine Änderung von selbst" lösen nicht „das Problem" junger Menschen. „Eine Chance zur Lebendigkeit und Identitätsfindung sehen junge Menschen vorrangig in der Auseinandersetzung mit Konventionen, mit denen die Erwachsenenwelt sie umspinnt. Die Abgrenzung zum ‚Moloch Gesellschaft' erfolgt nicht nur im publizitätsträchtigen Protest, sondern auch als Jugendkultur, die mit ihrer Lebensstilgestaltung zu einer eigenen Generationsgestaltung geführt hat." So die Zusammenfassung der zehnten Jugendstudie der *Deutschen Shell* im September 1985.

Eigene Generationsgestaltung – eigene Vorstellungen. Auch hierzu sind in der Studie interessante Feststellungen enthalten: „In ihrem Politikverständnis unterscheidet sich die ältere Generation insofern, als Erwachsene ihr Interesse damit begründen, sie wollten mitreden, während Jugendliche als Ziel hervorheben, sie wollten mitbestimmen. Für die Forderung der nachwachsenden Generation nach mehr Partizipation, in der sich ein gewollter Wertewandel ausdrückt, gab es in den fünfziger Jahren keine Entsprechung."

Mitreden – mitbestimmen. Hierin zeigt sich eine Grundeinstellung, die den ganzen Menschen betrifft, einen Menschen, der nicht teilbar ist in einen „politischen" und einen „arbeitenden Menschen". Will man in der Politik nicht nur mitreden, sondern mitbestimmen, will man es auch im Arbeitsleben. Es ist kaum vorstellbar, daß ein Mensch, der in der Politik „mitbestimmen" will, dies in der Arbeitswelt nicht für so wichtig ansieht. Dagegen ist es sehr wohl möglich, diese Grundeinstellung „nach außen" in verschiedener Weise und vor allem auch in verschiedener Stärke zu äußern. „Gefahrenlos" ist diese Äußerung beim Gang zur Wahlurne zu bewirken. „Nachteile" aus dieser Willensäußerung, die ja geheim ist, sind unmittelbar nicht zu befürchten.

Wie sieht es aber bei einer offenen Äußerung dieser Grundeinstellung in der Schule oder im Arbeitsleben aus? Wagen hier die jungen Leute, ihren Wunsch nach Mitbestimmung offen zu äußern? Oft wird ein deutlicher Unterschied zwischen Schule und Arbeitsleben gemacht. Der Schulalltag ist bekannt, hier hat man selbst Erfahrungen sammeln können. Das „Arbeitsleben" hingegen kennt man noch nicht. Man hört von jungen Menschen immer wieder die Ansicht, daß man sich im Arbeitsleben nicht „frei" äußern könne. Woher kommt dieses „Vorurteil"? Sind daran die Medien „schuld"? Sind es die Väter und Mütter, die zu Hause „aus der Schule plaudern"? Hat man sich bei den nur wenig Älteren, die erst seit kurzem im Berufsleben stehen, erkundigt? Ist es der „unheilvolle Einfluß" der Schule? Sicher beruht das „Vor-Urteil" nicht auf einer Ursache allein. Diesen Ursachen sollte aber nachgegangen werden, denn nur nach einer sorgfältigen Analyse kann man versuchen, ihm zu begegnen.

Flucht aus der Arbeit?

Erste eigene Eindrücke vom Arbeitsleben kann man bei Berufspraktika sammeln, bei Betriebsbesichtigungen, Tagen der offenen Tür, bei Zusammenkünften mit Unternehmern und Führungskräften anläßlich von Informationsveranstaltungen, berufskundlichen Tagungen der Arbeitsämter und ähnlichen Gelegenheiten.

Was man allerdings über diese Aktivitäten von jungen Menschen hört, ist zum Teil erschreckend. Sehr oft wird hier „Routine" praktiziert, werden „Programme" formelhaft „abgespult". Kurze Besuche von Unternehmern und Spitzenführungskräften geschehen unter Zeitdruck. Den jungen Menschen aber entgeht nichts. Da hilft selbst ein „großzügiges" Mittagessen nichts. Ihr in der Schule geschärftes Kritikbewußtsein registriert alles, und schnell kommt man zu dem Schluß: Noch schlimmer als in der Schule!

Dabei war es dort schon schlimm genug, speziell was die „freie Meinungsäußerung" anbelangt. Interessant waren die Ergebnisse unserer Befragung über die von Abiturienten und Realschülern vermuteten Empfindungen ihrer Lehrer bei einer Kritik ihres eigenen Verhaltens durch Schüler. Nur 21,8 Prozent der befragten Schüler vermuteten, daß ihre Lehrer auf eine solche Kritik „einsichtig" reagieren würden, und nur 10,6 Prozent der Schüler vermuteten „Dankbarkeit". Befürchtet wurden dagegen „Widerspruch" (17,9 Prozent), „Betroffenheit" (32,1 Prozent), „Scham" (6,1 Prozent), „Ärger" (28,5 Prozent), „Wut" (9,6 Prozent), „Rachegefühle" (10,3 Prozent) und „Gleichgültigkeit" (13,5 Prozent), wobei Mehrfachnennungen möglich waren.

Interessant war in diesem Zusammenhang eine Stichprobe bei Abiturienten. Hatten 1980 noch 23 Prozent der Befragten bei ihren Lehrern „Einsicht" vermutet, waren es 1986 nur noch 19,6 Prozent. Bei der vermuteten „Dankbarkeit" sank der Prozentsatz von 13,5 Prozent auf 8,9 Prozent, und bei der „Gleichgültigkeit" stieg er von 12,2 Prozent auf 17,9 Prozent. Lehrer und Schüler rücken offensichtlich immer mehr auseinander. Wird sich dieser unheilvolle Prozeß im Arbeitsleben fortsetzen, mit entsprechendem Einfluß auf Leistungsbereitschaft und Leistung?

Die Befragungsergebnisse bei einer Kontrollgruppe von Abiturienten nach etwa zweijähriger Ausbildungszeit lassen hier Schlimmes ahnen. Jetzt waren es nur noch 10,6 Prozent der Befragten, die bei ihren Vorgesetzten „Einsicht" vermuteten, „Dankbarkeit" erwartete keiner mehr. Der Prozentsatz bei „Wut" stieg auf 10,6 Prozent und der bei „Rachegefühlen" auf 19,1 Prozent. „Gleichgültigkeit" vermuteten nur noch 8,5 Prozent. Was müssen diese jungen Menschen mit ihren Vorgesetzten „erlebt" haben, wenn keiner von ihnen mehr glaubt, daß ihre Vorgesetzten für eine Kritik dankbar seien, während der Anteil derjenigen, die „Einsicht" bei Beginn des Berufslebens vermutet hatten, um die Hälfte zurückging und sich bei denjenigen, die „Rache" erwarteten, mehr als verdoppelte. Durch das Verhalten ihrer Vorgesetzten werden junge Menschen geprägt, zwangsläufig in eine Oppositionsrolle gedrängt, von dem unheilvollen Einfluß auf Leistungsbereitschaft und Leistung ganz zu schweigen.

Es entsteht mit der Zeit ein Bild, vielleicht sogar ein „Feindbild", das sicher Einfluß auf die gesamte Einstellung zur Arbeit, zum Arbeitsleben hat. Liegt hierin vielleicht auch eine Erklärung für den immer wieder diskutierten Wertewandel? In diesem Zusammenhang sollten die Ergebnisse der Allensbach-Langzeitstudie über das Problem „Leben als Aufgabe – Leben genießen", die von 1956 bis 1982 durchgeführt wurde (E. Noelle-Neumann/B. Strümpel, Macht Arbeit krank – Macht Arbeit glücklich?, München 1985) zum Nachdenken Anlaß geben.

Zwei Alternativen waren bei dieser Studie einander gegenübergestellt worden. „Ich betrachte mein Leben als eine Aufgabe, für die ich da bin und für die ich alle Kräfte einsetze. Ich möchte in meinem Leben etwas leisten, auch wenn das schwer und mühsam ist." Und: „Ich möchte mein Leben genießen und mich nicht mehr abmühen als nötig. Man lebt schließlich nur einmal, und die Hauptsache ist doch, daß man etwas von seinem Leben hat."

Für die erste Alternative entschieden sich 1956 noch 59 Prozent der Bevölkerung, 1982 waren es nur noch 43 Prozent. Bei den unter 30jährigen sank der Prozentsatz bei dieser Alternative von 52 Prozent im Jahre 1956 auf ganze 33 Prozent im Jahr 1982.

Ich möchte in meinem Leben etwas leisten! Das hängt doch auch davon ab, wie sich der Vorgesetzte, der Unternehmer verhält. Das wird letztendlich auch dadurch beeinflußt, ob man sich „trauen" kann, mit diesen Vorgesetzten „offen" zu reden, gegebenenfalls Kritik zu üben, ohne befürchten zu müssen, daß einem „etwas passiert".

„Glauben Sie, daß eine Kritik des Lehrers durch Sie Ihnen schaden würde?" 45,1 Prozent der von uns befragten Abiturienten und Realschüler beantworteten diese Frage mit „ja".

Eine interessante Parallele zeigte sich bei dieser Frage bei Führungskräften der Wirtschaft. Die künftigen Vorgesetzten hatten ähnliche Befürchtungen. „Schaden" erwarteten 33,5 Prozent der Führungskräfte.

Die Ursachen für den „Wertewandel" sind sicher nicht monokausal zu sehen. Es geht nur darum, einmal eine Ursache herauszustellen, die bisher in der allgemeinen Diskussion stark vernachlässigt wurde. Denn für das „Klima" in der Arbeitswelt sind in erster Linie die Vorgesetzten verantwortlich.

Man muß endlich einmal bei sich selbst anfangen, das eigene Führungsverhalten selbstkritisch in Frage zu stellen und dann auch entsprechend zu handeln. Über derartige Befragungsergebnisse kann man, ohne Schaden für die Zukunft zu riskieren, nicht mehr hinweggehen. Das in diesen Befragungsergebnissen deutlich zum Ausdruck kommende „Angstklima" ist absolut kooperationsfeindlich, hindert Kreativität und Innovationen. Leistung kann nicht gedeihen. Im Gegenteil, die „Flucht aus der Arbeit" wird geradezu gefördert. Hat man denn vergessen, daß die Identifikation mit dem Arbeitgeber, dem Arbeitsplatz und der dort geleisteten Arbeit sehr stark vom Verhalten der Vorgesetzten beeinflußt wird? Von Vorgesetzten, vor denen man sich fürchtet, weil sie sich nicht nur über eine Kritik ärgern, sondern sogar in Wut geraten oder Rachegefühle entwickeln oder, was vielleicht noch schlimmer ist, gleichgültig reagieren?

Eines darf man nicht vergessen: Das Verhalten der künftigen Führungskräfte wird stark von dem ihrer Vorgesetzten beeinflußt. Die entscheidenden Impulse müssen von „oben" ausgehen, und zwar nicht durch „Anordnung", sondern durch eigenes Beispiel.

„Angepaßt?"

Wer Angst davor hat, das Verhalten seines Lehrers oder Vorgesetzten diesem gegenüber zu kritisieren, reagiert wie ein „gebranntes Kind". Man paßt sich an, wird ein bequemer Schüler oder „Untergebener", distanziert sich immer mehr, kommt pünktlich, geht aber auch „mit Glockenschlag" und wartet auf Anweisungen, die dann „weisungsgemäß" ausgeführt werden.

Doch sind junge Menschen nicht desinteressiert. Man spricht seit Beginn der achtziger Jahre sogar von einer „neuen Jugend", einer Jugend, die die Zukunft bejaht. Die Gefahr liegt allerdings darin, daß man eben dieser Jugend den Schwung, den sie mitbringt, langsam aber sicher nimmt und sie vom Arbeitsleben in Bereiche abdrängt, in denen sie sich selbst verwirklichen kann. Die Aufgabe der Führung liegt hier also nicht in der „Anpassung", sondern in der Anerkennung der Jugend als gleichberechtigtem Partner. Dabei darf man es sich jedoch nicht leicht machen und glauben, dies am besten mit Geld erreichen zu können. Geld allein macht nicht glücklich! Diese alte Volksweisheit gilt auch hier. Arbeitnehmer verdienen heute sechs mal mehr als ihre Urgroßväter. Gemessen an der Kaufkraft verdienten Arbeitnehmer 1925 6177 DM brutto im Jahr, 1955 waren es 12 564 DM und 1985 35 286 DM.

Abiturienten und Realschüler stellten bei den Kriterien, die bei der Ausübung des Berufes wichtig sind, folgende Rangfolge auf: Interessante Tätigkeit, angenehme Zusammenarbeit mit den Kollegen, gute berufliche Entwicklungsmöglichkeiten, ein guter Vorgesetzter. Erst dann folgte bei den Abiturienten die leistungsgerechte Bezahlung, bei den Realschülern zuvor noch der gut gestaltete Arbeitsplatz und dann die Bezahlung.

Zwischenmenschliche Beziehungen, Kooperation und „Arbeitsumwelt" sind Trumpf. Darin zeigt sich eine deutliche Parallele zur allgemeinen gesellschaftlichen Entwicklung. Auf diese „Bedürfnisskala" muß man sich einstellen. Wer glaubt, daß die jungen Menschen vorwiegend materiell interessiert sind, begibt sich auf einen gefährlichen Weg, der zwar einfach zu begehen scheint, früher oder später aber in die Irre führt.

Doch hält gerade in diesem Bereich das Vorurteil von der „materiell bestimmten Jugend" unvermindert an. Auch bei unserer letzten Befragung im Jahre 1989 glaubten Führungskräfte, daß die Bezahlung in der Bedürfnisskala der jungen Menschen zusammen mit der „interessanten Tätigkeit" ganz oben rangieren. Diese Einschätzung überrascht um so mehr, als Führungskräfte der Wirtschaft bei ihrer eigenen Rangordnung eine ähnliche Reihenfolge aufstellten wie die befragten Berufsanfänger, nämlich interessante Tätigkeit, angenehme Zusammenarbeit mit den Kollegen, ein guter Vorgesetzter, leistungsgerechte Bezahlung und gute berufliche Entwicklungsmöglichkeiten.

Naturgemäß rangieren bei den Berufsanfängern die guten beruflichen Entwicklungsmöglichkeiten noch unter den drei wichtigsten Kriterien. Bei älteren Führungskräften ist das anders. Bei ihnen gewinnt vielmehr der Vorgesetzte, die Zusammenarbeit mit dem Vorgesetzten, erhöhte Priorität. Denn man hat inzwischen „gelernt", wie wichtig diese Zusammenarbeit ist. Er ist die unmittelbare „Bezugsperson", und letzten Endes ist er es, für den man sich einsetzt, für den man „arbeitet". Arbeitet man aber gerne „für" oder besser gesagt „mit" einem Vorgesetzten zusammen, vor dessen Tür man „zitternd vor Angst" steht oder „unter dessen Teppich man marschiert", wenn man sich ihm nähert? Übertrieben? Leider nein! Grauer Führungsalltag, der selbst von „altgedienten" Führungskräften immer wieder plastisch geschildert wird.

An eines sollten die künftigen Vorgesetzten immer denken: Junge Menschen, die in das Berufsleben eintreten, befinden sich oft noch in einer Phase der Orientierung, der Neuorientierung. Viele junge Menschen suchen nach „Vorbildern". Denn, so die zehnte Jugendstudie der *Deutschen Shell*, „als erklärte Vorbilder haben die Eltern abgedankt, nachdem diese Rolle schon in den fünfziger Jahren ins wanken geraten war". Als „Ersatz" ist an die Stelle des Elternhauses die Gemeinschaft mit Gleichgesinnten, die nicht unbedingt gleichaltrig sein müssen, getreten. Auch unter diesem Aspekt ist die hohe Einstufung der „angenehmen Zusammenarbeit mit den Kollegen" auf Platz zwei der Rangskala oder gar an erster Stelle zu sehen, die Zusammenarbeit mit der „peer group" im Arbeitsleben.

In diesem Zusammenhang muß aber auch die Rolle des Vorgesetzten im Ranggefüge der Kriterien, die im Arbeitsleben wichtig sind, untersucht werden, denn unter neun vorgegebenen Kriterien nimmt er bereits den vierten Rang ein. Ist der Vorgesetzte deswegen so wichtig, weil „so viel von ihm abhängt", oder gar „weil man Angst vor ihm hat"? Oder ist er eine wichtige Bezugsperson, weil man viel, vor allem viel Positives, von ihm erwartet?

Kreativitätskiller

Junge Menschen stört es ganz besonders, wenn ihre Vorschläge und Anregungen nicht genügend beachtet werden. 61 Prozent der Realschüler und Abiturienten gaben vor Eintritt in das Berufsleben an, daß sie ein derartiges Vorgesetztenverhalten besonders stören würde, womit es in der Rangskala der Negativeigenschaften die zweite Position nach der Eigenschaft „wenn er sich um Entscheidungen drückt" einnahm.

Bei den Abiturienten führte diese Eigenschaft sogar die „Negativliste" knapp vor „Drücken vor Entscheidungen" an. Im Laufe der letzten Jahre gewann diese störende Vorgesetzteneigenschaft noch weiter an Priorität. Waren es bei unseren Befragungen 1980 noch 63 Prozent der Befragten, stieg der Anteil 1986 auf 66,7 Prozent bei denjenigen an, die ein „Nichtbeachten von Vorschlägen und Anregungen" besonders stört.

Liegt die Steigerungsrate nun nur darin begründet, daß das Selbstbewußtsein der jungen Menschen gewachsen ist? Oder steckt hinter diesen Zahlen vielleicht auch ein Teil der Reaktion auf Lehrer-/ Vorgesetztenverhalten? Läßt vielleicht ein „Zuwachs an Nichtbeachtung" den Wunsch nach Beachtung stärker hervortreten? Oder kommt hier eines zum anderen?

„Sind Ihre Lehrer auf Ihre Vorschläge zur besseren Unterrichtsgestaltung eingegangen?" 13,4 Prozent der Realschüler und Abiturienten beantworteten diese Frage mit „nur angehört", 48,8 Prozent mit „selten darauf eingegangen" und nur 37,8 Prozent mit „meistens darauf eingegangen".

Interessant war die Entwicklung bei den Abiturienten. Hier stieg der Anteil bei „nur angehört" von 7,7 Prozent im Jahre 1980 auf 16,3 Prozent im Jahre 1986 und bei „selten darauf eingegangen" von 42,3 Prozent auf 53,5 Prozent, so daß von den 50 Prozent, deren Antwort 1980 noch gelautet hatte: „meistens darauf eingegangen", nur noch ganze 30,2 Prozent übrig blieben.

Wohlgemerkt, es sollte die Bereitschaft der Vorgesetzten und Lehrer erforscht werden, das heißt ihre Bereitschaft, sich mit Vorschlägen der Schüler näher zu beschäftigen. Von „verwirklichen", „durchführen" war nicht die Rede. Unter Berücksichtigung gerade dieses Aspekts wiegt die Vergrößerung des „Abschmetterungspotentials" um so schwerer.

Hier wird Initiative vernichtet, die Zahlen sprechen wieder eine eindeutige Sprache. „Haben Sie schon einmal Vorschläge zu einer besseren Unterrichtsgestaltung gemacht?" 72,5 Prozent der befragten Abiturienten und Realschüler antworteten mit „ja", wobei der Anteil der Realschüler um etwa 20 Prozent niedriger lag als bei den Abiturienten. Der Anteil der Abiturienten von 85,1 Prozent im Jahre 1980 sank allerdings 1986 auf 76,5 Prozent ab.

Zu bedenken ist jedoch, daß diejenigen, die schon einmal Vorschläge gemacht haben, die aber nur „angehört" wurden oder auf deren Vorschläge nur selten eingegangen worden ist, es sich überlegen werden, ob sie das nächste Mal überhaupt noch in diesem Sinne etwas unternehmen wollen. Der Zeitpunkt ist abzusehen, wann der Wille dazu erlahmt. Was nicht ausschließt, daß man es in der neuen Umgebung der Arbeitswelt nicht noch einmal versucht. Man ist ja schließlich nicht „betriebsblind", steht hier einer neuen Umgebung mit wachen, aber auch kritischen Augen gegenüber. Vielleicht stößt man auf „Gegenliebe"? Prompt stieg der Anteil bei den „Initiativen" bei der Kontrollgruppe auf 82,3 Prozent an. Wie lange wird aber dieser neue Schwung anhalten? Kann in einem solchen Klima der „Nichtbeachtung", der „Nichtanerkennung" Arbeitsfreude gedeihen. Arbeitsfreude, die wesentliche Voraussetzung dafür ist, daß Initiative und damit Kreativität und Innovationsbereitschaft wachsen?

„Welche Stunden sind Ihnen ganz allgemein am liebsten? Die Stunden während der Arbeit oder die Stunden, während Sie nicht arbeiten, oder mögen Sie beide gern?" „Die Stunden, wenn ich nicht arbeite" bevorzugten 1962 noch 36 Prozent der 16- bis 29jährigen, 1976 waren es schon 55 Prozent. Bei den 30- bis 44jährigen erhöhte sich der Anteil von 26 auf 45 Prozent und bei den 45- bis 64jährigen von 22 auf 38 Prozent (E. Noelle-Neumann/B. Strümpel: Macht Arbeit krank? Macht Arbeit glücklich?, München 1985).

Es ist immer wieder erschreckend, feststellen zu müssen, wie wenig solche Umfragen überhaupt „zur Kenntnis" genommen werden. Und zwar hauptsächlich von denen, die sich an sich intensiv mit den Ergebnissen derartiger Untersuchungen beschäftigen müßten: den Führungskräften in Wirtschaft und öffentlicher Verwaltung.

Man kann sich schließlich nicht nur darin erschöpfen, daß man immer wieder herausstellt, wie „teuer" Arbeitskräfte sind, wie stark die Lohnkosten, und insbesondere die Lohnnebenkosten steigen und intensiv darum kämpfen, wie diese Kosten verringert, zumindest deren Anstieg gebremst werden kann. Wichtig ist doch vor allem, daß diese „teuren Mitarbeiter" etwas leisten, etwas Effizientes leisten, Vorschläge machen und damit vor allem auch zur Konkurrenzfähigkeit auf dem Weltmarkt beitragen.

Es wimmelt geradezu von „fortschrittlichen Äußerungen" über Mitarbeiterführung in allen möglichen Veröffentlichungen, doch Lippenbekenntnisse helfen hier überhaupt nichts. „Ergänzend" hierzu hört man immer wieder, „daß man sich für derartige Fragen selbstverständlich brennend interessiere", aber dann kommt immer wieder dieselbe Einschränkung: „Sie wissen doch, die Zeit ..."

Abschotten der Führung

„Welche Eigenschaften stören Sie bei einem Vorgesetzten oder Lehrer besonders?" Abiturienten und Realschüler fanden es, wie auch ihre künftigen Vorgesetzten, am störendsten, „wenn er sich um Entscheidungen drückt". Ein Vorgesetzter soll entscheiden. Zaudern, ein „Auf-die-lange-Bank-schieben" ist nicht gefragt. Handeln ist gefordert. Also „Anordnen" und „Ausführen"? „Autoritäre Führung"?

Hier lautet die eindeutige Antwort: Nein. Entscheiden soll der Vorgesetzte. Das Problem liegt in der Art und Weise, wie die Entscheidung zustande kommt, im Entscheidungsprozeß. So sehr die Entscheidung des Vorgesetzten auch gefordert wird: bei der Entscheidung will man mitreden, mitbestimmen. Man will sein eigenes Fähigkeitspotential mit einfließen lassen. Man hat ja schließlich etwas gelernt, hat in die eigene Aus- und Fortbildung „investiert". Dieses Kapital soll nicht ruhen, sondern arbeiten.

Wird dieses Bedürfnis, das eigene Fähigkeitspotential in die Entscheidung mit einfließen zu lassen, aber auch anerkannt und beachtet und im Interesse einer guten Gesamtleistung bewußt und systematisch gefördert? Letzten Endes geht es hier um die entscheidende Führungsfrage schlechthin: „autoritäre" oder „kooperative" Führung?

Wohl über kaum einen anderen Begriff gibt es so viel Unklarheiten und vor allem Vorurteile wie über autoritäre oder kooperative Führung. Von „Demokratie im Betrieb" wird da geredet und darunter verstanden, daß „Entscheidungen" durch „Abstimmungen wie im Parlament" herbeigeführt werden. Schnell ist der Begriff „endloses Palaver" auf dem Tisch. Von „Betriebschaos" ist genauso die Rede wie davon, daß „Chefs endlich wieder führen müßten", wobei unter Führung „durchgreifen", das „Heft wieder in die Hand nehmen" verstanden wird. Hier ist es an der Zeit, die Begriffe „autoritäre" und „kooperative" Führung zu entemotionalisieren, sie zu objektivieren. Denn es geht um eine möglichst hohe Effizienz der Gesamtleistung zum Wohle aller, der Arbeitgeber und Arbeitnehmer, der gesamten Volkswirtschaft. Es geht um ökonomischen Sinn oder Unsinn. Es geht darum, das vorhandene, im Zuge des gewaltigen Zuwachses an Bildung gestiegene menschliche Leistungspotential sinnvoll einzusetzen. Und zwar nicht nur das Potential, das zur „Ausführung von Anweisungen" zur Verfügung steht, sondern vor allem das Kreativitäts- und Mitverantwortungspotential, das im Hinblick auf den gestiegenen Innovationsbedarf nicht nur zu aktivieren, sondern zu pflegen und zu steigern ist.

Es kann nicht oft genug betont werden: Dieses Potential steht in reichem Maße zur Verfügung, und zwar nicht nur „oben", sondern auch und vor allem „unten". Und dieses Potential ist nicht nur von den älteren und erfahreneren Führungskräften „gepachtet", keine Domäne, kein „Erbhof, den es eifersüchtig zu verteidigen gilt". So

Abschotten der Führung 169

dramatisch es auch klingen mag: Es geht um das Überleben der gesamten Volkswirtschaft auf dem Konkurrenzfeld des Weltmarktes, aber auch des Binnenmarktes, der heftig umkämpft ist. Die Volkswirtschaft besteht aus vielen einzelnen Organismen, und der Kampf um das Überleben muß in jeder dieser Zellen ausgefochten werden. Ein Kampf um die Aktivierung eben dieses menschlichen Humanvermögens. Darum allein geht es und nicht um das Behaupten von Privilegien oder gar um die verstärkte Etablierung einer Führungsgruppe, die glaubt, dieses Kapital einzig und allein für sich gepachtet zu haben. Es ist wirtschaftlich nicht nur sinnlos, sondern geradezu selbstmörderisch, einen Großteil der Kraft darauf zu verwenden, immer wieder zu beweisen, daß man eben nur allein „fähig" ist, „das Schiff zu steuern" und vor allem über Wasser zu halten, während die „anderen" eben endlich einmal „arbeiten" müßten, wobei offen bleibt, was man unter „Arbeit" zu verstehen hat. Das Ganze gipfelt dann schließlich darin, „daß es ohne mich nicht geht" und „was soll werden, wenn ich einmal nicht mehr da bin". Es ist geradezu bedrückend, immer wieder feststellen zu müssen, wie sich eine bestimmte Führungsgruppe, oder sollte man besser sagen, eine Gruppe, die sich für eine Führungsgruppe hält, von „den anderen" abzuheben und schließlich loszulösen versucht. Vor lauter Abschottung geht die Verbindung zur Basis immer mehr verloren, bis man „oben" überhaupt nicht mehr weiß, was „unten" vorgeht.

Dieses „Abschotten" trifft auf eine Generation, die wie keine andere zuvor als sehr waches Glied einer informierten Gesellschaft eben dieser Gesellschaft sehr kritisch gegenübersteht. Insbesondere steht sie dem Prinzip des unbedingten Gehorsams, dem Prinzip des elitären Denkens der Führungsschicht sehr kritisch gegenüber. Diese Generation will nicht „angewiesen", sie will überzeugt werden. Und sie will, das darf man auf keinen Fall vergessen, bei diesem Überzeugungsprozeß mitwirken. Bei aller Anerkennung, bei aller Forderung der Entscheidung durch die Führung: Man will sich mit einer Entscheidung identifizieren können.

Da hilft kein „Wir waren ja auch so" und „Das wird sich schon geben". Vielleicht wird es sich geben. Aber was wird das „kosten", was wird man an Inaktivität „bezahlen" müssen? Was wird man auf der Passivseite „innere Kündigung" an Summen einsetzen müssen, eben wenn diese innere Kündigung schon in frühen Jahren des Berufslebens erfolgt?

Es ist schon schlimm genug, wenn beispielsweise ein 50jähriger resigniert und dann frustriert innerlich kündigt. Welche Erfahrung geht hier verloren, was hätte man hier noch nutzen können? Geradezu katastrophal wirkt sich die innere Kündigung junger Menschen aus. Jahrzehnte der Zukunft werden hier geradezu „stillgelegt". Denn eines ist immer wieder zu beobachten: Je länger jemand, der innerlich gekündigt hat, sich an diesen letztendlich gar nicht so unbequemen Zustand gewöhnt hat, um so schwerer ist es, wieder zur Aktivität im Arbeitsleben zurückzukehren. Wann wird man das endlich in den Führungsetagen begreifen?

So vielschichtig das Problem des Wertewandels auch ist: Das Führungsproblem darf nicht ausgeklammert werden. Führungskräfte müssen weg von der Klagemauer und handeln.

Entscheidungsprozesse

Von einem Vorgesetzten wird verlangt, daß er „entscheidet". So störend aber auf der einen Seite „Entscheidungsschwäche" empfunden wird, so will man andererseits beim Entscheidungsprozeß beteiligt sein.

„In Wirtschaft und Verwaltung und auch im Schulbereich werden im großen und ganzen die nachstehend beschriebenen Führungsstile praktiziert. Welchen dieser Führungsstile wünschen Sie sich in dem Unternehmen, in dem Sie tätig sein wollen?

Vorgesetzter A: Trifft gewöhnlich sofort Entscheidungen und gibt sie seinen Untergebenen in klarer und bestimmter Art und Weise bekannt. Er erwartet von ihnen, daß diese Entscheidungen loyal und ohne Einwände ausgeführt werden.

Vorgesetzter B: Trifft seine Entscheidungen gewöhnlich sofort, aber vor der Ausführung versucht er, sie seinen Untergebenen ausführlich zu erklären. Er erläutert ihnen seine Gründe für die Entscheidung und beantwortet alle Fragen, die damit im Zusammenhang stehen.

Vorgesetzter C: Bespricht sich gewöhnlich mit seinen Untergebenen, bevor er seine Entscheidungen trifft. Er hört auf ihren Rat, wägt ihn ab und gibt dann seine Entscheidung bekannt. Dann erwartet er eine loyale Ausführung, auch wenn die Entscheidung im Gegensatz zu den Ratschlägen seiner Mitarbeiter steht.

Vorgesetzter D: Ruft gewöhnlich seine Untergebenen zusammen, wenn eine wichtige Entscheidung getroffen werden muß. Er macht die Gruppe mit dem Problem vertraut und versucht, eine einheitliche Stellungnahme zu erzielen. Wenn eine einheitliche Stellungnahme nicht möglich ist, dann trifft er gewöhnlich die Entscheidung."

Diese Fragestellung, in Anlehnung an eine große Mitarbeiter- und Führungskräftebefragung bei *IBM*, war deshalb gewählt worden, um die Reizworte „autoritär" und „kooperativ" zu vermeiden. Im Verhalten der Vorgesetzten A und B ist das autoritäre, der Vorgesetzten C und D das kooperative Führungsverhalten beschrieben. Je stärker die Beteiligung der Mitarbeiter beim Entscheidungsfindungsprozeß, um so ausgeprägter ist das kooperative Führungsverhalten.

70,5 Prozent der von uns vor dem Eintritt in das Berufsleben befragten Realschüler und Abiturienten entschieden sich für ein kooperatives Führungsverhalten (C und D).

Nach knapp zweijähriger Ausbildungszeit war der Wunsch, kooperativ geführt zu werden, bei einer Kontrollgruppe von Abiturienten noch stärker ausgeprägt. Keiner der Befragten entschied sich mehr für das unter A beschriebene Führungsverhalten, für das unter B beschriebene Verhalten votierten nur noch 2,3 Prozent. 97,7 Prozent wollten aktiv in den Entscheidungsprozeß einbezogen werden. Sie hatten „gelernt", was es bedeutet, bei einer qualifizierten Vorbildung immer „nur" ausführen zu müssen. 84,5 Prozent dieser Kontrollgruppe hatten erklärt, autoritär geführt worden zu sein.

Dabei scheint sich der Trend zur autoritären Führung in den letzten Jahren zu verstärken. Insgesamt 60,8 Prozent der von uns befragten Realschüler und Abiturienten hatten erklärt, in der Schule autoritär geführt worden zu sein. Bei den Abiturienten waren es 1980 noch 56,1 Prozent, 1986 bereits 69,8 Prozent. Autoritäre Führung demotiviert.

Motivation! Jeder ist dafür. Immer wieder wird von „oben" nach „unten" gefordert: Mitarbeiter und Führungskräfte müssen motiviert, ja begeistert werden.

„Fühlen Sie sich von der Schule motiviert?" „Eher ja" und „ja" antworteten 79,8 Prozent der von uns befragten Abiturienten und Realschüler. Die Tendenz scheint fallend. Hatte der Anteil der Abiturienten 1980 noch 86,9 Prozent betragen, sank er 1986 auf 79,2 Prozent ab.

Und noch etwas geht mit der verstärkten Tendenz zur autoritären Führung, das heißt der Nicht-Nutzung des zur Verfügung stehenden Leistungspotentials, einher: wachsende Unterforderung bei den „Geführten".

„Fühlen Sie sich von der Schule überfordert, normal belastet oder unterfordert (könnten mehr leisten)?" 4,5 Prozent der von uns befragten Realschüler und Abiturienten fühlten sich überfordert, 89,3 Prozent normal belastet und 6,1 Prozent glaubten, mehr leisten zu können. Auch hier zeigte sich bei der Gruppe der Abiturienten eine steigende Tendenz zum Gefühl der Unterforderung ab. Die Unterforderungsquote stieg von 7,3 Prozent im Jahre 1980 auf 8,8 Prozent im Jahre 1986 an. Bei der Kontollgruppe der Abiturienten nach knapp zweijähriger Ausbildungszeit erreichte sie 17,1 Prozent.

Hier beginnt das, was man in der Bundeswehr als „Gammel" bezeichnet. Hier wird bereits der Grundstein für das spätere Berufsleben gelegt. Hat man denn vergessen, daß man junge Menschen am besten dadurch fördert, indem man sie fordert?

Gleichberechtigung nur auf dem Papier?

Die Frauen sind auf dem Vormarsch. Dies zeigt sich im Bereich der Politik genauso wie in der Wirtschaft und der öffentlichen Verwaltung. Die Bildungsexpansion eröffnet ihnen den Zugang zu höher qualifizierten Tätigkeiten. In Führungspositionen sind Frauen jedoch stark unterrepräsentiert. Der Weg nach oben ist steil und vor allem mit Vorurteilen gepflastert.

„Glauben Sie, daß es Frauen im Berufsleben schwerer haben als Männer?" 93 Prozent der von uns im Jahre 1989 befragten Führungskräfte der Wirtschaft beantworteten diese Frage mit „ja", 1981 waren es noch 84 Prozent. Eine ähnliche Entwicklung konnten wir bei unseren Befragungen von Schulabgängern – Abiturienten und Realschülern – vor Eintritt in das Berufsleben feststellen. 1986 waren 80,7 Prozent der Befragten der Überzeugung, daß es Frauen im Beruf schwerer haben als Männer. Bei einer Kontrollgruppe von Abiturienten nach knapp zweijähriger Ausbildungszeit stieg der Prozentsatz auf fast 96 Prozent an.

Warum wird es den Frauen, von denen immer behauptet wird, daß sie mehr können und leisten müssen als Männer, um akzeptiert zu werden, so schwer gemacht? Ist es der „letzte Widerstand" einer älteren, überwiegend männlichen Führungsgeneration? Einiges scheint für diese Annahme zu sprechen. Denn die Toleranz gegenüber Frauen in Führungspositionen wächst, insbesondere bei den Berufsanfängern und jüngeren Führungskräften.

„Welchen Vorgesetzten würden Sie bevorzugen, wenn Sie die Wahl hätten? Einen männlichen oder weiblichen? Oder ist es Ihnen gleichgültig, ob Sie einen männlichen oder weiblichen Vorgesetzten haben?" 14,7 Prozent der vor dem Eintritt in das Berufsleben befragten Realschüler und Abiturienten entschieden sich für einen männlichen, 8,5 Prozent für einen weiblichen Vorgesetzten, und 76,8 Prozent war das Geschlecht der künftigen Vorgesetzten gleichgültig.

Auch bei den Führungskräften der Wirtschaft stieg die Toleranz gegenüber weiblichen Vorgesetzten. Der Anteil der Führungskräfte, die sich für einen männlichen Vorgesetzten ausgesprochen hatten, sank von 60,1 Prozent im Jahre 1982 auf 46,4 Prozent im Jahre 1989 ab. Für einen weiblichen Vorgesetzten entschieden sich 1982 noch 1,2 Prozent, im Jahre 1989 dagegen 3,6 Prozent. Der Anteil derjenigen, denen es gleichgültig war, ob sie einen Mann oder eine Frau zum Vorgesetzten haben, stieg von 38,7 Prozent auf 50 Prozent an. Auch bei einer anderen Frage zeigte sich Erfreuliches: „Können Sie sich vorstellen, unter einer weiblichen Vorgesetzten zu arbeiten?" Mit „ja"antworteten 1982 noch 80,1 Prozent der Führungskräfte. 1989 stieg dieser Anteil auf 85,1 Prozent an. Bei den Schulabgängern antworteten 97 Prozent mit „ja".

Alles in allem ist festzustellen, daß die Toleranz gegenüber Frauen in Führungspositionen wächst, nicht zuletzt aufgrund der Leistung, die Frauen in der Arbeitswelt erbringen. Sie haben sich auf die erhöhten Anforderungen im Beruf erfolgreich eingestellt. Dem sollte im Arbeitsalltag auch Rechnung getragen werden.

Eines sollte man jedoch bei aller Unterrepräsentation von Frauen in Führungspositionen nicht vergessen: Der Aufstieg in höhere Positionen hat bei ihnen offensichtlich noch nicht die Priorität wie bei ihren männlichen Kollegen. In einer Befragung von 500 schweizerischen und deutschen Wirtschaftsstudenten im Januar/ März 1986 durch die Hochschule in St. Gallen war die Frage gestellt worden: „Möchten Sie später einmal in einer Führungsposition arbeiten?" Zwei Drittel der männlichen Studenten antworteten definitiv mit „ja", nur 3 Prozent wollten von vornherein darauf verzichten. Dagegen wollten nur 26 Prozent der Studentinnen eine Führungsposition erlangen, während 12 Prozent eine spätere Führungsposition gänzlich ablehnten.

Interessant war in diesem Zusammenhang, daß bei den Studentinnen das „gute Arbeitsklima" an der Spitze der wichtigsten Kriterien im späteren Berufsleben stand. Es rangierte noch vor der „vielseitigen, interessanten Tätigkeit", die die männlichen Studenten an die Spitze ihrer Wunschliste setzten.

Dieses Ergebnis findet eine Parallele in unseren Untersuchungen. Die „angenehme Zusammenarbeit mit den Kollegen" rangiert bei den weiblichen Führungskräften, wenn auch knapp, vor der „interessanten Tätigkeit". Auch bei den männlichen Berufsanfängern zeichnet sich immer mehr ein Kopf-an-Kopf-Rennen zwischen beiden Kriterien ab. Ist hierin vielleicht eine gewisse Führungsmüdigkeit zu erkennen? Wo liegen die Ursachen? Ist man durch das schlechte Führungsbeispiel in der Schule abgeschreckt? Hat man von den Eltern, von den älteren Kollegen zu viel gehört, und ist hier, vielleicht unbewußt, die Einstellung gewachsen: So eine Position möchte ich nicht bekleiden?

Ein Kriterium war aber den Studenten und Studentinnen, die eine Führungsposition anstreben, wichtig: moderner Führungsstil. Dieses Kriterium rangierte unter den ersten 7 der 14 vorgegebenen Kriterien, genauso wie hohes Gehalt oder Titelbezeichnungen.

Zu einem modernen Führungsstil gehört auch die Verwirklichung des Gleichberechtigungsgrundsatzes im Arbeitsalltag. Frauen stehen im Berufsleben genauso „ihren Mann" wie ihre männlichen Kollegen. Auf ihren Leistungsbeitrag kann heute einfach nicht mehr verzichtet werden, auch und vor allem nicht in Führungspositionen. Vorurteile dürfen den Weg zur Spitze nicht länger unnötig erschweren. Ein Verzicht auf dieses qualifizierte Leistungspotential kann sich die Wirtschaft nicht mehr leisten.

Bis zur vollen Gleichbehandlung scheint aber noch ein weiter Weg. In manchen Bereichen sind Frauen in der ersten und zweiten Leitungsebene kaum anzutreffen. Und nicht umsonst bezeichnet man die wenigen Frauen, die in die Chefetagen eingezogen sind, als Vorzeigefrauen. Die im Grundgesetz verankerte Gleichberechtigung muß endlich zur praktizierten Gleichbehandlung werden. Oder muß da erst eine Quotenregelung kommen?

Die Führungslücke

Eine nicht unbeträchtliche Anzahl deutscher Wissenschaftler betreibt ihre Forschungen im Ausland; Anlaß für Journalisten, der Frage nachzugehen: „Warum im Ausland und nicht bei uns?" Der

Antwort, im Ausland würde besser bezahlt, wird dabei zu schnell und eindeutig zugestimmt. Denn kommt man auf die Forschungsbedingungen in der Bundesrepublik zu sprechen, wird von „viel Bürokratie", „ungeheurem Formularkram", „Papierkrieg" und „verkrusteten Strukturen" gesprochen. Andererseits wird davon berichtet, daß es im derzeitigen ausländischen Arbeitsbereich „locker und leicht" zugehe, bürokratische Hemmschwellen weitgehend abgebaut seien, ein „gutes Klima" herrsche, in dem Teamwork, das wesentlich für eine gute Forschungsarbeit mit den entsprechenden Ergebnissen sei, gut gedeihen könne.

Die Antwort von Politikern und den zuständigen Ministerien bleibt nicht aus: Mehr Planstellen an den Hochschulen werden geschaffen, der Forschungsetat weiter erhöht. Damit scheint das Thema ausdiskutiert und das „Problem" gelöst. Mehr Planstellen, mehr Geld.

Reicht es aber wirklich, wenn in der Bundesrepublik mehr als 50 Milliarden DM für Forschung und Entwicklung ausgegeben werden?

Ist es so, wie viele zu glauben scheinen, daß man nur mehr Geld in die Forschung zu stecken braucht, um „bessere Ergebnisse" zu erzielen, um „Wachstumslücken" zu schließen?

Kommt es nicht „auch" auf die Menschen an, die Forschung betreiben? Genauer gesagt, bedarf es nicht auch und vor allem in der Forschung „zielorientierter Verhaltensbeeinflussung", einer motivierenden Führung, die ein Klima schafft, in dem „Ergebnisse" geradezu vorprogrammiert sind?

Mit einem, in Abwandlung eines berühmten Ausspruchs von Theodor Heuss, „Nun forscht mal schön", ist es nicht getan. Die auch in anderen Bereichen immer wieder beschworenen „Rahmenbedingungen" müssen stimmen. Rahmenbedingungen, bei denen das Geld nur eine, wenn auch nicht unwesentliche Rolle spielt. Rahmenbedingungen, die ein Arbeiten gestatten, bei dem es „locker" zugeht, ein Arbeiten, das Teamwork im wahrsten Sinne des Wortes ermöglicht, weitgehend frei von Verkrustung, von autoritären Zwängen. Alles in allem eine Führung, die Kreativität begünstigt und nicht hemmt oder gar verhindert, eine Führung, die weitgehend von der Mitbeteiligung an Entscheidungsprozessen lebt und dadurch Innovationen fast zwangsläufig nach sich zieht. Eine Führung der Kooperation, der Partnerschaft vertikal und horizontal in einer Forschungsgruppe und in der Organisation, in die diese Forschungsgruppe eingebunden ist, ganz gleich, ob in einer Hochschule oder einem Unternehmen der Wirtschaft.

Nicht nur in der Forschung und Entwicklung stellt sich dieses Führungsproblem. Es ist ein Problem der gesamten Wirtschaft, und zwar in allen Bereichen, ganz gleich, ob es sich nun um die Produktion, die Verwaltung, den Vertrieb, die Vermarktung, die Umsetzung von Innovationen hin zum Markt handelt. Führung ist gefordert, eine Führung, die sich an der gesellschaftlichen Entwicklung der Gegenwart und vor allem der Zukunft orientiert und nicht hinter dieser Entwicklung manchmal um Jahrzehnte hinterherhinkt. Haben wir nicht nur eine Technologie-, Innovations- und Vermarktungslücke, sondern auch eine Führungslücke? Oder sind gar Technologie- und Vermarktungslücke durch eine Führungslücke beeinflußt oder bedingt?

Führung heißt auch und vor allem in die Zukunft schauen. Bei diesem „Blick in die Zukunft" kommt es entscheidend auf die Menschen an, die diese Zukunft gestalten oder mitgestalten. Wer übt hier entscheidenden Einfluß aus, wer wird ihn 1990 oder im Jahre 2000 ausüben? Diese Frage stellt sich nicht nur im Bereich der Wirtschaft. Sie stellt sich im politischen Bereich genauso wie im militärischen, im kirchlichen Bereich wie in der öffentlichen Verwaltung. Will man diese Frage beantworten, muß man das Potential unter die Lupe nehmen, das heute bereits dabei ist, die ersten Sprossen der „Führungsleiter" zu erklimmen. Denn die Vorstände, Geschäftsführer, Chefs von Familienbetrieben der Zukunft sind bereits unter uns. Der Führungsnachwuchs von heute ist die Führungsspitze von morgen!

Wohl kaum ein Problem wird so auf die lange Bank geschoben wie dieses. Ob in der Wirtschaft oder in der Politik, hier wird in weiten Bereichen nur von der Hand in den Mund gelebt, oft auf ein „Wunder von außen" gewartet oder sich gar auf einen „Nachmir-die-Sintflut"-Standpunkt zurückgezogen. In vielen Bereichen wird dem Führungsnachwuchs nicht die Aufmerksamkeit gewidmet, die ihm zukommen sollte.

Die Entwicklung des Führungsnachwuchses muß planmäßig, gezielt angegangen werden. Nur eine langfristige Planung kann dieses existentielle Problem lösen, eine Planung, die weit in die neunziger Jahre vorausschaut, die jetzt schon das Anforderungsprofil für diesen Zeitabschnitt erstellt und dabei die gesellschaftliche Entwicklung der Zukunft in diese Überlegung einbezieht. Tut man das nicht, muß man sich ernsthaft die Frage stellen: Wird eine „Führungslücke" zur Gefahr für die Wettbewerbsfähigkeit der deutschen Wirtschaft?

Generationskonflikt

Identifikation mit dem Unternehmen. Dieses Problem stellt sich vor allem bei der Führungsnachfolge in einem Familienunternehmen. Wollen Sohn, Tochter oder andere nahe Verwandte die Nachfolge antreten? Wohl bemerkt, hier wird nur die Frage nach dem Wollen, nach der Bereitschaft gestellt, nicht die Frage nach der Qualifikation.

Die Frage nach der „Familiennachfolge" ist in den letzten Jahren immer brennender geworden. Immer mehr Unternehmerinnen und Unternehmer klagen über die mangelnde Bereitschaft der nächsten Generation, ihnen in der Leitung des Familienunternehmens nachfolgen zu wollen. Als Begründung hört man immer wieder: „Die wollen sich nicht abrackern wie wir. Am liebsten hätten die heute schon die 35-Stunden-Woche. Außerdem glauben sie alles besser zu wissen. Nichts ist vor ihren revolutionären Ideen mehr sicher!"

Generationskonflikte hat es schon immer gegeben, die Klage über die kommende Generation ist uralt. Schon auf einer über 5000 Jahre alten babylonischen Tontafel konnte man lesen: „Die heutige Jugend ist von Grund auf verdorben, sie ist böse, gottlos und faul. Sie wird nie wieder so sein wie die Jugend vorher, und es wird ihr niemals gelingen, unsere Kultur zu erhalten." Wer heute vorschnell den Stab über „den jungen Leuten" bricht – der Begriff junge Leute ist altersmäßig weit zu fassen – sollte sich mit diesem Zitat aus vorchristlicher Zeit ernsthaft auseinandersetzen. Dabei wäre auch zu bedenken, daß gerade die jüngste Vergangenheit gesellschaftliche Veränderungen in einer Schnelligkeit hervorgebracht hat, die den uralten Generationskonflikt verschärft zutage treten läßt. Hatte man früher noch viel mehr Zeit, das Generationsproblem zu bewältigen, wird heute die „Entscheidung" innerhalb kürzester Zeit gesucht. Auch in dieser Beziehung ist unsere Zeit schnellebiger geworden.

Nirgendwo wird das Unternehmen mit dem Unternehmer stärker identifiziert als beim Familienbetrieb, und nirgendwo wird der Führungskonflikt persönlicher ausgetragen als zwischen dem „Chef" und dem potentiellen Nachfolger. Wenn es überhaupt zum Führungskonflikt kommt. Denn viele der potentiellen Nachfolger „lösen" das Problem auf ihre Weise. Sie „steigen vorher aus", sie wählen einen anderen Beruf. Sie haben schon „zu Hause gelernt, daß es nicht gehen wird", und entziehen sich so dem Einfluß der Familie. Kommt es zur Mitarbeit im Unternehmen, ist die Gefahr, daß Konflikte auftreten, heute viel größer als früher, denn auch die potentiellen Nachfolger wollen zuvor erst einmal kooperativ geführt werden und stoßen hier in der Mehrzahl auf überlieferte autoritäre Führungsstrukturen. Die Folge: Abwendung oder Anpassung.

Der Weg zur Abwendung ist oft hart und kostet nicht nur Kraft, die besser für das Unternehmen aufgewendet werden sollte. Sie zehrt an der Gesundheit beider und auch derjenigen, die „zwischen den Fronten" stehen und in die Gefahr geraten, „zerrieben" zu werden. So mancher der vor der Entscheidung stehenden „Nachfolger" wird mit Schillers Don Carlos fühlen: „Warum von tausend Vätern just eben diesen Vater mir? Und ihm just diesen Sohn von tausend besseren Söhnen? Zwei unverträglichere Gegenteile fand die Natur in ihrem Umkreis nicht!" Der Konflikt geht letzten Endes meist zu Lasten des Unternehmers, der „sich unter Fremdlingen einen Sohn" suchen muß, den es dann sehr oft auch nicht im Unternehmen hält. Damit ist meistens das Ende des Familienunternehmens vorprogrammiert. Am Schluß steht dann oft nur noch die Frage: Für was (oder wen?) habe ich ein Leben lang gearbeitet?

Dies alles kann vermieden werden. Dazu gehört, daß man miteinander spricht, vor allem zuhört, eine Fähigkeit, die viele Unternehmer verlernt zu haben scheinen, vor allem den eigenen Töchtern und Söhnen gegenüber. Das „Gespräch zwischen den Generationen" verkümmert immer mehr. Wie müssen sich Söhne oder Töchter fühlen, wenn „für andere" mehr Zeit da ist als für sie?

Miteinander sprechen, einander zuhören, Verständnis für einander gewinnen. Nicht Anpassung durch Zwang, sondern Vorbereitung auf die künftigen Aufgaben durch Zusammenarbeit, durch Hilfe, durch Weitergabe von Erfahrung, durch eine sorgfältige Karriereplanung.

Anpassung durch Druck: „Die angepaßten Nachkommen sind nicht die geeigneten Nachfolger in der Unternehmensführung, weil es ihnen zwar nicht an Fleiß und Engagement, wohl aber an Führungskraft und innerer Selbständigkeit fehlt." Diesen Ausführungen von Jörg Mittelsten-Scheid, dem persönlich haftenden Gesellschafter der *Vorwerk und Co.*, Wuppertal (Wird es morgen noch Familienunternehmen geben?, *Blick durch die Wirtschaft* 16. April 1984), kann nur zugestimmt werden.

Führungskraft und innere Selbständigkeit. Dazu gehören auch und vor allem Offenheit, der Mut, auch Unangenehmes, eben die Wahrheit zu sagen, die in autoritär geführten Unternehmen gern unter den Teppich gekehrt, „verschüttet" wird.

Gerade auf den Mittelstand, in dem die meisten Familienunternehmen angesiedelt sind, wird es in den nächsten Jahren entscheidend ankommen. Die Tatsache, daß in den Vereinigten Staaten in den vergangenen Jahren die meisten neuen Arbeitsplätze von kleinen und mittleren Unternehmen geschaffen wurden, sollte zu denken geben. „Generationskämpfe" in großem Umfang kann sich der Mittelstand nicht leisten. Wertvolle Kräfte dürfen nicht auf dem „Kriegsschauplatz der Nachfolge" verschlissen werden.

Delegation und Unterforderung

"Nur wer erfolgreich delegiert, wird auch in den restlichen Jahren dieses 20. Jahrhunderts erfolgreich sein", so Rolf H. Ruhleder, der bekannte Publizist in Führungsfragen. „Delegation von Verantwortung und ein kooperativer Führungsstil sollen im gesamten Unternehmen das Prinzip der Eigenständigkeit und der Eigenverantwortung verwirklichen helfen", so der *BP*-Aufsichtsratsvorsitzende Buddenberg in einem Mitarbeiterbrief. „Regieren muß das Team – auch bei Banken, auch bei uns", so der ehemalige Personal- und Organisationschef Rolf Heffner bei der *Bayerischen Hypothekenbank*.

Wohl auf keinem Gebiet der Führung ist die Diskrepanz zwischen Theorie und Praxis so groß wie bei der Delegation. Fast jedes Führungsmodell hat die „Delegation von Aufgaben, Befugnissen und Verantwortung" auf seine Fahnen geschrieben. Es gibt kaum „Leitlinien der Führung", die nicht das Prinzip der Delegation festschreiben. In unzähligen Führungsseminaren wird sie geradezu gepredigt. Unternehmer und Spitzenführungskräfte verkünden stolz, daß in ihren Unternehmen Delegation als wichtigstes Mittel der Führung praktiziert wird. Die Praxis sieht jedoch – leider – oft ganz anders aus. Es wird nach wie vor „hineinregiert", je härter die Wettbewerbsbedingungen, je enger der Markt, um so mehr wird „durchgegriffen". Unternehmensführungen sind hier auf dem besten Weg, unglaubwürdig zu werden. Die immer wieder beschworene Ausnahme, mit der Eingriffe in den Delegationsbereich gerechtfertigt werden, wird langsam zur Regel. Die Folge auch hier: keine offene Rebellion, Achselzucken, Gewöhnung und Abwarten – Warten auf „Anweisungen von oben". Die eigene Initiative wird langsam „zurückgefahren". Ein Teil der Führungskräfte gewöhnt sich schließlich daran, „Erfolge mit dem geringstmöglichen Einsatz zu erzielen", wobei unter „Erfolg" in vielen Fällen zunächst einmal die eigene Karriere verstanden wird. Die Folge: Ineffizienz durch Unterforderung.

Rund ein Drittel der von uns befragten jüngeren Führungskräfte fühlen sich in ihrem derzeitigen Arbeitsbereich unterfordert, beim weiblichen Führungsnachwuchs überstieg der Prozentsatz deutlich die 50-Prozent-Marke, während die Unterforderungsquote bei den älteren Führungskräften „nur" bei 18 Prozent lag.

Abgesehen von dem ungeheuren Ausfall an Leistungspotential, der sich hinter diesen Zahlen verbirgt – ebenso schlimm sind die Auswirkungen auf die Arbeitsmoral, die Einstellung zum Unternehmen oder zur Arbeit überhaupt. Der Arbeitsryhtmus ändert sich, ein Rhytmus, der nur sehr schwer wieder umzukehren ist, wenn er sich erst einmal „eingependelt" hat.

Das „Hineinregieren" hat neben vielem anderen eine Ursache, die von jüngeren Führungskräften schnell erkannt und entsprechend „belächelt" wird: übertriebene Geschäftigkeit, in Bayern „G'schaftelhuberei" genannt, ihrer Vorgesetzten. Sie verzetteln sich in Kleinigkeiten, fangen vieles an und bringen kaum etwas zu Ende, sind überall „dabei", zeichnen sich durch eine große Produktion von Schriftgut aus, verlangen von den Führungskräften ihres Bereichs Vermerke, Berichte, Statistiken. „Der hat eben nichts zu tun, deswegen arbeitet er so viel." Diese Feststellung hört man immer häufiger, und „da man ja nichts machen kann", wird „es" eben hingenommen, achselzuckend natürlich. „Das Schlimmste dabei ist, daß man sich von solchen Leuten auch noch beurteilen lassen muß, daß die eigene Karriere davon abhängt." Gerade diese Bemerkung läßt deutlich den Autoritätsverlust von Vorgesetzten erkennen, die glauben, mangelndes Führungsvermögen und zunehmende Inkompetenz in Sachfragen durch Betriebsamkeit und stramme Haltung ersetzen zu können. Autoritätsverlust schafft Distanz, die jüngeren Führungskräfte gehen erst einmal auf „Tauchstation" nach dem Motto „Gehe nicht zu deinem Fürst, wenn du nicht gerufen wirst". Die Vorgesetzten merken diese „Zurückhaltung", und da man die Ursache nicht bei sich selbst vermutet, ist man dann auch mit einem negativen Urteil schnell bei der Hand. Die Folge: noch mehr „Nebeneinander" statt „Miteinander", noch mehr „Anweisungen" statt Delegation.

Wen wundert es dann noch, daß die Fluktuationsneigung unter den jungen Führungskräften viel größer ist als bei ihren älteren Kollegen. Fast 55 Prozent der von uns befragten jungen Führungskräfte beantworteten die Frage „Tragen Sie sich mit dem Gedanken, Ihren Arbeitgeber zu wechseln?" mit „ja" oder „manchmal". Bei ihren älteren Kollegen waren es nur 37 Prozent.

Daß die Fluktuationsneigung bei jüngeren Führungskräften größer ist als bei ihren älteren Kollegen, ist verständlich. Sie stehen am Anfang ihres Berufslebens. Berücksichtigt man aber ihre abnehmende Mobilität, dann erscheint der Prozentsatz zu hoch. Wie steht es um die Leistungsbereitschaft, wenn man sich mit Fluktuationsgedanken trägt?

Hier wird man immer mehr mit einer Erscheinung konfrontiert, die Reinhard Höhn, einer der „Väter der Delegation", mit seinem Harzburger Modell als „innere Kündigung" beschreibt. Diese beschränkt sich nicht, wie viele meinen, vorwiegend auf ältere Mitarbeiter, die „resigniert" haben, sondern ist in zunehmendem Maße auch bei jüngeren Führungskräften zu finden, die mehr und mehr „abschalten".

Chefs zum Anfassen

Viele Mitarbeiter und Führungskräfte sind mit der Höhe ihrer Bezahlung nicht zufrieden. Nach dem Ergebnis der Untersuchung „Die Arbeitsmotivation von Arbeitern und Angestellten der deutschen Wirtschaft" (Gütersloh 1987) zeigte sich bei der Einstufung der Wichtigkeit des Einkommens und der Zufriedenheit mit der Bezahlung eine deutliche Diskrepanz. Die Zufriedenheit erreichte bei den Aspekten „hohes Einkommen" und „Aufstiegs- und Karrierechancen" die niedrigsten Werte.

Nach den Ergebnissen unserer Befragungen von Führungskräften ist die Zufriedenheit mit der Bezahlung ständig gesunken. „Glauben Sie, daß Sie Ihrer Leistung entsprechend bezahlt werden?" Waren es 1983 noch 64 Prozent der von uns befragten Führungskräfte, die diese Frage mit „ja" beantworteten, sank dieser Anteil 1989 auf ganze 47 Prozent ab.

Parallel hierzu war die Entwicklung bei der Zufriedenheit mit dem Führungsverhalten der Vorgesetzten. Die Frage „Wie zufrieden sind Sie mit dem Führungsverhalten Ihres Vorgesetzten?" beantworteten 1983 noch 49,4 Prozent mit „zufrieden", 1989 waren es nur noch ganze 41 Prozent. Am niedrigsten war die Zufriedenheit mit der Bezahlung bei den jüngeren Führungskräften. 44 Prozent glaubten leistungsgerecht bezahlt zu werden, und 39 Prozent waren mit dem Führungsverhalten ihrer Vorgesetzten zufrieden.

Diese Unzufriedenheit nur damit abzutun, daß man selbst in den ersten Jahren des Berufslebens mit viel weniger habe auskommen müssen, und daß die jungen Leute einerseits möglichst viel Geld verdienen, aber andererseits dafür weniger leisten wollen, wäre zu einfach. Das „Problem" liegt tiefer und ist vor allem nicht dadurch zu lösen, daß man nur die Bezahlung kräftig erhöht. Man sollte endlich damit anfangen, über den engen Zusammenhang zwischen dem Führungsverhalten der Vorgesetzten, dem Führungsklima und der Zufriedenheit mit der Bezahlung nachzudenken. Bei einem Analysevergleich einzelner Unternehmen konnten wir immer wieder deutliche Unterschiede feststellen. Je höher die Zufriedenheit mit dem Führungsklima, desto höher war die Zufriedenheit mit der Bezahlung und umgekehrt. „Wenn schon das Führungsklima schlecht ist, dann sollen wenigstens die Kohlen stimmen."

Auf den „Wagen der Entlohnung" wird noch immer manches dazugepackt, was nicht dorthin gehört. Es ist einfacher, über das niedrige Gehalt zu schimpfen, als sich über das Vorgesetztenverhalten zu beschweren.

Das bedeutet nun aber keineswegs, daß man sich über das Verhalten des Vorgesetzten keine Gedanken macht, über die man sich, wenn auch nur im Kollegenkreis, unterhält. Im Mittelpunkt der kritischen Betrachtungen, im Zusammenhang mit der Gehaltsfrage, stehen die Privilegien, die „geldwerten Vorteile", die den Führungskräften der oberen Leitungsebenen gewährt oder von diesen einfach in Anspruch genommen werden. Das beginnt bei der Ausstattung der Büroräume, erstreckt sich auf die Vorteile beim Kasinoessen, die private Inanspruchnahme von Geschäftswagen und vieles andere mehr.

Die Einstellung gerade beim Führungsnachwuchs wird immer kritischer. Es bleibt auch nichts verborgen. Jede Geschäftsreise wird genau verfolgt, wobei es natürlich nicht ausbleiben kann, daß durch Gerüchte manches verzerrt und aufgebauscht wird. Die Chefs hören natürlich von derartigen „Unzufriedenheiten" nichts, eine offene Kommunikation von unten nach oben findet nicht statt. Auch hier wieder Achselzucken, Autoritätsverlust, man denkt sich seinen Teil. Die Auswirkungen auf die Leistungsbereitschaft kann man nur ahnen.

Die Unzufriedenheit mit dem Gehalt weist eine interessante Parallele zu den Arbeitsbedingungen auf. Viel stärker als bei den älteren Führungskräften wird über unzureichende Belüftung und Beleuchtung geklagt, die Raumgröße wird als zu klein empfunden. Beanstandet wird ein zu hoher Geräuschpegel, das Fehlen von Sozialräumen und ein zu geringer Gesundheitsschutz. Auch die Arbeitssicherheit wird eher als mangelhaft empfunden, ebenso die sanitären Einrichtungen. Die Hoffnung vieler Vorgesetzter, daß man sich „daran" im Laufe der Zeit schon gewöhnen werde, ist sicherlich trügerisch. Was hier zum Ausdruck kommt, ist letzten Endes das erhöhte Umweltbewußtsein der jüngeren Generation, das sich ja auch im politischen Raum immer stärker entwickelt.

Höhere Führungskräfte, mit diesem Problem konfrontiert, reagieren hier häufig mit Unglauben, mit Kopfschütteln. Vielen sind diese Klagen überhaupt nicht bekannt, denn auch in diesem Bereich wird der Unmut nicht laut geäußert, oder entsprechende Informationen gelangen erst gar nicht zur Führungsspitze. Sie werden auf dem Weg nach oben „abgeblockt".

Das beste Mittel dagegen ist hier sicherlich ein Management by walking around. Höhere Führungskräfte müssen sich über die Arbeitsbedingungen in ihrem Bereich persönlich ein Bild machen, nicht umsonst wird der „Chef zum Anfassen" gefordert.

„Es gibt keine Chefs zum Anfassen mehr, keinen Chef, der nach der Familie, nach den Kindern oder nach der Gesundheit fragt. Ist es da ein Wunder, wenn zunehmend außerbetriebliche Ideologen, die eine emotionale Sprache sprechen, Zulauf erhalten? Die verhärteten Fronten bei den Metallarbeiter- und Druckerstreiks waren auch Folge der Entfremdung zwischen „Chefs und Belegschaft", so Hermann Bahlsen, Inhaber der bekannten Keksfabrik (9000 Beschäftigte, 1,4 Milliarden DM Jahresumsatz), Arbeitgeberpräsident in Niedersachen, in einem Interview mit der auflagenstärksten Fernsehzeitschrift der Bundesrepublik Deutschland.

Sicher ist es der obersten Führungsspitze in größeren Unternehmen nicht möglich, schnell persönlichen Kontakt zu mehreren Tausend Mitarbeitern zu bekommen. So sollte der „Chef zum Anfassen" auch nicht verstanden werden. Wichtig ist jedoch, mit der unmittelbaren Kommunikation im eigenen Bereich zu beginnen, und zwar mit allen Mitarbeitern und nicht mit nur einigen wenigen Auserwählten. Wenn jeder einzelne Vorgesetzte diese unmittelbaren Kontakte pflegt, dann „fließt die Arbeit munter fort", und auch das Mißtrauen schwindet mehr und mehr. Im engeren Bereich sollte man freilich dann nicht stehenbleiben, sondern Schritt für Schritt weiter „nach unten" vordringen. „Sie müssen jeden einzelnen spüren lassen, daß seine Arbeit für das Unternehmen wichtig ist. Wie soll man sonst den vollen Einsatz für das Unternehmen erwarten können", so Hermann Bahlsen.

Vertrauen

Mitarbeiter und Führungskräfte müssen das Gefühl haben, daß man sich in ihrem Unternehmen um sie kümmert, man sich für sie als Mensch interessiert und nicht nur für den Leistungsbeitrag, den sie für das Unternehmen erbringen. Es geht um die Grundeinstellung der Führung, die im Mitarbeiter nicht nur die „Arbeitskraft", sondern den Menschen sehen sollte, mit dem in der Leistungsgemeinschaft aller die Leistung erbracht wird.

„Haben Sie den Eindruck, daß man sich an Ihrem Arbeitsplatz wirklich um Sie kümmert, oder haben Sie den Eindruck, daß man sich für Sie als Person nicht sehr interessiert?" Diese Frage im Rahmen der internationalen Umfrage „Jobs in the 80's" gestellt (E. Noelle-Neumann/B. Strümpel, Macht Arbeit krank? Macht Arbeit glücklich?, München 1985), wurde wie folgt beantwortet: Man kümmert sich um mich: 47,5 Prozent. Man interessiert sich nicht für mich: 23,2 Prozent. Unmöglich zu sagen: 29,3 Prozent.

Wie kann man bei einem solchen Ergebnis, bei dem noch nicht einmal die Hälfte der Befragten den Eindruck hatte, daß man sich an ihrem Arbeitsplatz um sie kümmert, Identifikation mit der Arbeitsaufgabe und dem Arbeitgeber erwarten? Wie kann man Vertrauen erwarten, wenn der Mitarbeiter nicht den Eindruck hat, daß man sich um ihn kümmert?

„Haben Sie zu Ihrem Vorgesetzten soviel Vertrauen, daß Sie sich mit privaten Problemen an ihn wenden würden?" Mit einem klaren „ja" antworteten 1983 noch 40,4 Prozent, 1989 nur noch 35,1 Prozent der von uns befragten Führungskräfte der Wirtschaft. Den niedrigsten Anteil hatten die jüngeren Führungskräfte mit ganzen 25,4 Prozent.

Vertrauen hat immer auch eine ganze Menge mit der moralisch einwandfreien Haltung der Führung zu tun. Sie ist eine wesentliche Voraussetzung für das Vertrauen der Geführten in die Führung überhaupt. Hier ist in der letzten Zeit sehr viel geschehen, was dieses Vertrauen in Frage stellen kann, wobei Arbeitgeber, Spitzenführungskräfte und die politische Führung, „der Staat", gerne in einen Topf geworfen werden. Es sind „die da oben", ganz gleich aus welchem Bereich, die kritisch betrachtet werden.

Der moralische Einfluß von Spendenaffären mit Vorwürfen der Bestechlichkeit, der Steuerhinterziehung und anderem mehr ist gerade auf die Einstellung der jüngeren Generation (und nicht nur da) noch gar nicht abzusehen. „Wenn die so mit den Politikern umspringen, wie werden die erst mit uns verfahren?" – gewiß keine positive Zukunftsperspektive für junge Menschen, deren Selbstwertgefühl stark ausgeprägt ist. Von der „Arroganz des Geldes", von der „Nichtachtung der Persönlichkeit" ist die Rede, vom „Gewinnstreben ohne Rücksicht auf den Menschen, von den Unternehmern, die glauben, „mit Geld alles machen zu können".

Die Gefahr von Verallgemeinerungen ist groß, die Gefahr von Vorurteilen, vor denen sich die junge Generation genauso hüten sollte wie die ältere. Hier muß gegengesteuert werden, hier muß harte Vertrauensarbeit „von oben" geleistet werden, die sich nicht in Presseerklärungen oder „Fensterreden" erschöpfen darf. Es reicht da auch nicht aus, sich einmal „ein paar Stunden mit dem Führungsnachwuchs zusammenzusetzen", um „miteinander zu reden". Die Gefahr ist groß, daß am Anfang von den – skeptischen – jungen Nachwuchsführungskräften „wenig oder nichts kommt" und damit der geplante Dialog mehr oder minder zum Monolog des oder der Chefs wird. Der Schluß, der dann gezogen wird, daß „die jungen Leute doch nichts sagen", liegt dann nahe, mit der Folge, daß das Ganze mehr oder minder einschläft. Das Einzelgespräch oder das Gespräch in ganz kleinen Gruppen ist durch nichts zu ersetzen. Die Menschen müssen spüren, daß man es mit dem Dialog ernst meint und nicht ein Alibi gefunden werden soll. Das Ringen um Vertrauen ist die Führungsaufgabe Nummer eins, die nicht über dem Tagesgeschäft vergessen werden darf.

Das Ringen um Vertauen ist auch und vor allem eine zentrale Führungsaufgabe im Bereich der Bundeswehr, der „Klammer" zwischen Schule und Berufsleben. Wie kaum in einem anderen Lebensstadium wird dort der junge Mensch geprägt, wie kaum in einem anderen Lebensabschnitt muß man sich hier um den Menschen selbst kümmern. Schon 1979 wurde in dem „Bericht der Kommission des Bundesministers der Verteidigung zur Stärkung der Führungsfähigkeit und Entscheidungsverantwortung" festgestellt: „Die Bestandsaufnahme hat den Eindruck vermittelt, daß die Bundeswehr zwar funktional und technisch effizient arbeitet, daß aber das menschliche Klima in den Streitkräften kühler, zuweilen aber kalt geworden ist. Die Kriegserfahrung aber lehrt, daß der Mensch für den Kampfwert einer Gruppe wichtiger ist als technische Vollkommenheit."

Goldene Worte in diesem Bericht der De Maiziere-Kommission, der vom Bundesminister für Verteidigung an die Kommandeure und Einheitsführer herausging mit der Erwartung, „daß sie den Bericht lesen und jeder von ihnen in seinem Bereich die angesprochenen Mängel im Sinne der Auftragstaktik abbaut, um die uns gestellten Aufgaben gemeinsam zu lösen."

Auch hier muß man die Frage stellen: Was ist tatsächlich geschehen? Jedes Jahr kann man im Bericht des Wehrbeauftragten des Bundestages die Mängelliste verfolgen, angefangen von der zu geringen Motivation bis zu der Forderung, man müsse sich wieder mehr um einander kümmern, von den Einzelverstößen gegen die vom Grundgesetz geschützte Würde des Menschen ganz zu schweigen.

Parallelen in der Bundeswehr und in der Wirtschaft. Das „Achselzucken" der jungen Generation hier wie dort. Der Mensch – wichtiger für den Kampfwert einer Truppe als technische Vollkommenheit! Diese Feststellung gilt in jedem Bereich. Man braucht nur den Begriff „Kampfwert der Truppe" durch „Effizienz des Unternehmens" zu ersetzen.

Die deutsche Wirtschaftsgeschichte ist reich an großen Namen, die, vereint mit ihren Mitarbeiterinnen und Mitarbeitern, dem „Made in Germany" Weltgeltung verschafft haben. Der außerordentlich hohe Exportanteil unserer Wirtschaft macht diese aber auch sehr empfindlich. Sich auf den Lorbeeren auszuruhen, den „Standard" zu halten, reicht nicht aus. In der Bundesrepublik gibt es genauso wie anderswo viele junge Talente. Diese gilt es zu nutzen, zu motivieren, und zwar nicht durch Zwang und Anpassung, sondern durch Kooperation.

Die deutsche Wirtschaft ist in der Zukunft gerade wegen ihres hohen Exportanteils aufs Höchste gefordert. Risikofaktoren, die bei einer zu starken und einseitigen Konzentration auf das Tagesgeschäft oft übersehen werden, sind unter anderem die hohe internationale Verschuldung und die im Welthandel sich immer wieder zeigende Tendenz zum Protektionismus. Außerdem stellen die Stärke oder Schwäche der amerikanischen Währung einen Unsicherheitsfaktor dar. Der „offene europäische Markt" steht vor der Tür, aber bis 1993 scheint für manche noch viel Zeit. Diese bis dahin noch wenigen Jahre werden aber schnell vergehen. Die Probleme der Zukunft sind jedoch nur mit einer hochqualifizierten Führungsmannschaft zu bewältigen.

5. Kapitel

Innovationsprozesse – gemeinsam geht's leichter

Um Innovationsprozesse in Gang zu setzen, ist es für ein führendes Exportland wie die Bundesrepublik Deutschland überlebenswichtig, das Kreativitätspotential zu erhöhen. Doch läßt sich Kreativität nicht einfach anordnen. Sie muß vielmehr durch ein Führungsverhalten geweckt werden, das durch Mitarbeiterorientierung geprägt ist. Autoritäres Führungsverhalten jedoch ist kreativitätsfeindlich. Wer Veränderungen, wer Neues will, muß sich deshalb von überkommenen Führungsstrukturen lösen, denn sie sind das zentrale Problem eines jeden Innovationsprozesses. Und nur das Innovationsmanagement wird in Zukunft erfolgreich sein, das dem Führungsaspekt die Priorität zuweist, die ihm im Rahmen der gesellschaftlichen Entwicklung zukommt.

Ich muß – ich will

Im Arbeitsleben zeichnet sich ein Veränderungsprozeß ohnegleichen ab. „Die Bundesanstalt für Arbeit kommt in einer Studie aus dem Jahre 1982 zu dem Ergebnis, daß – auch bei verhaltener Ausbreitungsgeschwindigkeit – im kommenden Jahrzehnt rund ein Drittel aller jetzigen Beschäftigten auf neugeschaffenen Arbeitsplätzen tätig sein, rund ein Fünftel den Arbeitsplatz innerhalb des Betriebes wechseln und rund ein Zehntel seinen Arbeitsplatz im bisherigen Betrieb verloren haben wird." (B. Schmidt-Prestin, Neue Technik in Büro und Verwaltung: Rationell einsetzen – sozial gestalten! Bayerisches Staatsministerium für Arbeit und Sozialordnung, München 1987).

Nach Schätzung des Instituts für Arbeitsmarkt- und Berufsforschung in Nürnberg aus dem Jahre 1985 brauchen im Jahre 1990 etwa 50 Prozent aller Beschäftigten ein Datenverarbeitungsgrundwissen, 15 Prozent sehr gute Datenverarbeitungskenntnisse, und etwa 5 Prozent der Beschäftigten werden Datenverarbeitungsspezialisten sein. „Bis zum Ende dieses Jahrhunderts werden wohl fast alle Beschäftigten mit neuer Informations- und Kommunikationstechnologie arbeiten." (B. Schmidt-Prestin).

Produkte werden kurzlebiger, Dienstleistungsangebote verändern sich, und zwar weltweit. Innovationen im Bereich des Verkehrs, des Nachrichtenwesens haben die Kontinente enger zusammenrücken lassen. Die Ausrichtung des unternehmerischen Denkens ist immer stärker weltmarktbezogen.

Die Wirtschaft ist Teil der Gesellschaft. Gerade im Rahmen der Gesellschaft haben sich, betrachtet man einmal die Geschichte, die Entwicklungszyklen in einem Tempo beschleunigt, das von manchem als atemberaubend empfunden wird. Kein Gebiet bleibt davon ausgenommen. Wechselwirkungen setzen zudem weitere Prozesse in Gang. In diesem Zusammenhang soll nur ein Beispiel erwähnt werden: der Wertewandel. Die gesellschaftliche Entwicklung hat auch starke Auswirkungen auf das Arbeits-, das Wirtschaftsleben gehabt. Auf diesen Wandel in der Gesellschaft muß sich die Wirtschaft einstellen.

Neuentwicklungen, auf welchem Gebiet auch immer, können überraschen. Man muß irgendwie reagieren. Wobei dieses „Muß" nicht immer positiv gesehen wird. Der Zugzwang wird als Fremdbestimmung empfunden, als Druck, und Druck erzeugt in vielen Fällen Gegendruck. Freilich, Zwang kann auch als Herausforderung angesehen werden. Das „ich muß" wandelt sich zum „ich will". Wobei sich in diesem Zusammenhang immer wieder die Frage stellt: Warum nicht gleich „ich will"?

„Ich will" bedeutet für den Menschen, der von einer Neuentwicklung im weitesten Sinne berührt wird, die Möglichkeit, Einfluß zu nehmen. Dabei hat sich der Wunsch, „beteiligt" zu sein, wenn möglich, mitzubestimmen, in den letzten Jahren außerordentlich verstärkt. Das zeigt sich im politisch-gesellschaftlichen, aber auch kirchlichen Bereich genauso wie auf den Gebieten der Kultur, der Bildung, der äußeren und inneren Sicherheit, um nur einige wenige Beispiele zu nennen. Die Menschen sind aktiver geworden, sie nehmen nicht mehr hin, sie wollen zumindest gefragt werden. Wenn irgend möglich, wollen sie an Entscheidungsprozessen beteiligt sein.

Dieselben Menschen – und das scheint man im Arbeitsleben weitgehend nicht zur Kenntnis zu nehmen –, die sich bei der Gestaltung ihrer Umwelt aktiv betätigen, sind aber, von wenigen Ausnahmen abgesehen, auch Arbeitnehmer. Und dieselben Menschen, die erst nach Arbeitsschluß aktiv werden, wenn es um ihre Interessen geht, wollen dies auch gerne in der Arbeitswelt. Verweigert man hingegen die Einflußnahme auf diesem Gebiet, die man im „Freizeitbereich" zugesteht, ja sogar fördert, wird dies Folgen haben. Der Mensch, dem man „draußen" Selbstverwirklichung zugesteht, läßt sich „drinnen", das heißt im Arbeitsbereich, nicht mehr zum reinen „Erfüllungsgehilfen" degradieren. Der „mündige Staatsbürger" wird zunehmend auch zum „mündigen Arbeitnehmer".

Der Gesetzgeber hat dem Gedanken der „Mitbeteiligung an Entscheidungsprozessen" durch entsprechende gesetzliche Regelungen bereits Rechnung getragen, so zum Beispiel im Betriebsverfassungsgesetz, den Personalvertretungsgesetzen des Bundes und der Länder sowie im Mitbestimmungsgesetz. Auch hier wird die Entwicklung sicher nicht stehen bleiben.

Mitbeteiligung an Entscheidungsprozessen, losgelöst vom Begriff der Mitbestimmung und Mitwirkung der Betriebs- und Personalräte in den oben bezeichneten Gesetzen, wird von Mitarbeitern und Führungskräften in immer stärkerem Maße gewünscht. Führungskräfte wünschen sich einen Vorgesetzten, der ihr Fähigkeitspotential in seine Entscheidungen einbezieht und sie nicht nur als reine „Ausführende" ansieht. Führungskräfte – bei Mitarbeiterinnen und Mitarbeitern zeigt sich die gleiche Tendenz – wollen in zunehmendem Maße kooperativ geführt werden.

Die Führungsrealität entspricht bei weitem nicht den Erwartungen der Führungskräfte. Zu diesem Ergebnis kam eine im Herbst 1986 durchgeführte EMNID-Untersuchung, bei der rund 2000 Arbeiter und Angestellte der deutschen Wirtschaft repräsentativ befragt wurden. 52 Prozent aller Befragten bezeichneten ihren direkten Vorgesetzten als „aufgabenorientiert", 33 Prozent als „mitarbeiterorientiert", 15 Prozent konnten sich für keine klare Zuordnung entscheiden.

Auf die weitere Frage „Einmal angenommen, für Ihre Firma würde ein neuer Chef gesucht, wer hätte dann wohl die größeren Chancen, die Stelle zu bekommen?" äußerten 61 Prozent, daß der „aufgabenorientierte" die größere Chance hätte. „Insgesamt ist davon auszugehen, daß sich hinsichtlich des Führungsstils von Vorgesetzten kaum etwas ändern wird", so die Auswertung des Befragungsergebnisses. (Die Arbeitsmotivation von Arbeitern und Angestellten der deutschen Wirtschaft, Gütersloh 1987).

Veränderungsprozesse sind Führungsprozesse

Was hat Führung, Mitarbeiterführung, mit Neuentwicklung, Veränderungsprozessen zu tun? Welchen Einfluß hat das Führungsverhalten, der „Stil" von Vorgesetzten? Wie wirken sich „Corporate Identity", der „Stil des Hauses" auf Innovationen, auf die Kreativität von Führungskräften und Mitarbeitern, die schließlich die wesentliche Voraussetzung für Innovationen bildet, aus? Und in diesem Zusammenhang nicht nur auf die Schaffung von Innovationen, sondern auch auf deren Akzeptanz, denn Neues muß nicht nur „erfunden", sondern auch „angenommen" werden.

Veränderungsprozesse sind Führungsprozesse, ganz gleich, ob Neues geschaffen oder akzeptiert werden soll. Menschen müssen zielorientiert beeinflußt werden, in Richtung Kreativität oder Akzeptanz. Beides beinhaltet Führung im Sinne von „zielorientierter Verhaltensbeeinflussung". Wer von Veränderungsprozessen tangiert wird, hat es mit Führung zu tun.

Das Führungsproblem ist das zentrale Problem eines jeden Innovationsprozesses. Nur das „Innovations-Management" wird erfolgreich sein, das dem Führungsaspekt die Priorität einräumt, die ihm im Rahmen der gesellschaftlichen Entwicklung zukommt, und zwar im Rahmen einer Wirtschaft, die in hohem Maße auf Innovationen angewiesen ist, um ihre Stellung auf dem Weltmarkt nicht nur behaupten, sondern weiter ausbauen zu können.

Will man jedoch etwas verändern, Menschen beeinflussen, sind Gesetzmäßigkeiten zu beachten, die bei jedem Veränderungsprozeß in mehr oder minder starker Form zu beobachten sind. Im Grunde handelt es sich immer wieder um ähnliche Mechanismen, ganz gleich, ob eine neue Ware an den Mann (oder die Frau) gebracht, eine neue Dienstleistung auf dem Markt angeboten, oder innerbetrieblich, wie eine neue Parkplatzordnung, etwas verändert werden soll.

Letztlich dreht es sich um das „Wie". Gerade bei der Vorgehensweise gibt es immer wieder Probleme, die manchmal so unüberwindlich scheinen, daß selbst gute Ideen am „Verfahren" zerbrechen. Das „Wie sag' ich's meinem Kinde" ist nach wie vor für das Gelingen einer Innovation entscheidend. Und gerade dieser Aspekt wird in vielen Fällen nicht erkannt, und selbst wenn, wird der „Verfahrensteil" in sträflicher Weise vernachlässigt! Innerhalb eines Unternehmens, einer öffentlichen Verwaltung oder jeder anderen Organisation werden Veränderungsprozesse normalerweise von „oben nach unten" in Gang gesetzt, sie können aber auch von „unten nach oben" ausgelöst werden. Die „Initialzündung" kann jedoch auch von „außen" kommen.

Veränderungen von „oben nach unten" einzuführen, wird von vielen Vorgesetzten als fast problemlos angesehen. Geprägt vom Prinzip des „Anordnens und Ausführens" erwarten sie von den ihnen nachgeordneten Führungskräften, Mitarbeiterinnen und Mitarbeitern „Gehorsam" – also das zu tun, was angeordnet wird, und zwar kritiklos. Und das bei allen Beteuerungen, jederzeit gegenüber Kritik „offen" zu sein, Vorschlägen und Anregungen aufgeschlossen gegenüber zu stehen.

Diese Vorgesetzten können es auch nicht verstehen, wenn nach der repräsentativen EMNID-Untersuchung im Herbst 1986 (Die Arbeitsmotivation von Arbeitern und Angestellten der deutschen Wirtschaft) nur 13 Prozent der befragten Angestellten und Arbeiter die Frage „Beachtet Ihr Vorgesetzter bei wichtigen Entscheidungen die Meinung seiner Mitarbeiter?" mit „ja, immer" beantworteten. Da ist es auch wenig tröstlich, wenn sich weitere 51 Prozent für ein „ja, meistens" entschieden. Denn es war ja gefragt worden: „beachtet" der Vorgesetzte die Meinung seiner Mitarbeiter und nicht etwa: „folgt" er deren Meinung. Wenn insgesamt 36 Prozent diese Frage mit „nein, häufig nicht" und „nein, nie" beantworteten, bedeutet das für den Mitarbeiter doch letztlich eine Degradierung zum reinen Befehlsempfänger, der nicht einmal gefragt wird.

Glaubt man „oben" denn im Ernst, daß eine derartig hohe Zahl von Mitarbeitern und Führungskräften Entscheidungen einfach „schlucken", daß dieselben Menschen, die sich für „Kooperation" im Sinne von Mitbeteiligung an Entscheidungsprozessen ausgesprochen hatten, nun plötzlich zu reinen „Ausführern" werden? Da nützen doch alle „Bekenntnisse" und Propagandareden vom Schaffen eines „innovationsfreundlichen Klimas" nichts, wenn in der Führung „vor Ort" in einer Art und Weise verfahren wird, die ein innovationsfreundliches Klima gar nicht erst entstehen läßt oder vorhande günstige Bedingungen verschlechtert.

Das „Beachten der Meinung", das „Gefragt werden wollen" ist ein außerordentlich wichtiger „Aktivposten" sowohl bei der Schaffung als auch bei der Akzeptanz von Innovationen. Denn hier geht es zum einen um die Aktivierung von Kreativität, die man im übrigen auch bei der „Realisierungsphase" benötigt, zum anderen um die Identifikation mit der getroffenen „Entscheidung", damit die Veränderung auch bewirkt, die Neuentwicklung auch wirklich eingeführt wird. Es müßte doch einleuchten, daß sich Führungskräfte und Mitarbeiter, die „gefragt" wurden, die sich aktiv am Entscheidungsprozeß beteiligen konnten, deren Fähigkeitspotential in den Entscheidungsprozeß eingeflossen ist, bei der Realisierung „ihrer" Entscheidung ganz anders verhalten als solche, denen diese Entscheidung einfach „vorgesetzt" wurde.

Die Gefahr, daß die Ergebnisse zu Fragen wie „Beachtet Ihr Vorgesetzter bei wichtigen Entscheidungen die Meinung seiner Mitarbeiter?" als „Unterfragen" bei der Gesamtauswertung „übersehen" werden, ist groß. Viel wichtiger sind für manchen dann schon solche Befragungsergebnisse zum im Unternehmen praktizierten „modernen, zeitgemäßen" Führungsstil. Sind hier die „Positivantworten", wozu auch gerne die „teilweise positiven" Antworten gezählt werden, in der 50-Prozentzone angesiedelt oder liegen sie gar darüber, ist die Welt wieder in Ordnung. Und wenn man auch sonst nicht viel von Meinungsumfragen hält, dieses Ergebnis wird gerne zur Kenntnis genommen und als „Argumentationshilfe" eingesetzt.

Motivieren und Begeistern

Es ist außerordentlich gefährlich, vor den betrieblichen Realitäten die Augen zu verschließen, sich etwas vorzumachen und sich vielleicht dabei noch durch Befragungsergebnisse in Sicherheit zu wiegen, die auf den ersten Blick darauf hindeuten, „daß den Vorgesetzten durch ihre Untergebenen hier ein recht gutes Zeugnis ausgestellt wird" (EMNID-Untersuchung 1986).

„Sind Sie der Meinung, daß in Ihrem Unternehmen ein moderner, zeitgemäßer Führungsstil praktiziert wird?" Diese Frage wurde von 40 Prozent der in der EMNID-Untersuchung Befragten mit „ja", von 48 Prozent mit „teils, teils" und von 12 Prozent mit „nein" beantwortet.

Bei der Auswertung dieses Ergebnisses sollte man bedenken, daß in den „Positivantworten" auch die Zahl derer enthalten ist, die unter modernem, zeitgemäßem Führungsstil eine Führung verstehen, deren wesentlichstes Merkmal in der reinen Autoritätskette von oben nach unten besteht. Es gibt nicht wenige Führungskräfte und Mitarbeiter, die unter „modern und zeitgemäß" verstehen, daß – Gott sei Dank – endlich wieder „durchgegriffen", „Härte gezeigt", „den jungen Leuten die Flausen ausgetrieben" und „nicht mehr so viel palavert" wird. „Moderner, zeitgemäßer Führungsstil" läßt viele Interpretationsmöglichkeiten offen – die Meinung darüber, was man als modern und zeitgemäß zu verstehen hat, ist geteilt.

Vorsicht ist zumindest auch dann angebracht, wenn es um die Feststellung geht, „guter Vorgesetzter, guter Chef, komme gut mit ihm aus". Wenn sich in der Allensbach-Untersuchung (E. Noelle-Neumann/B. Strümpel, Macht Arbeit krank? Macht Arbeit glücklich?, München 1985) 57 Prozent der Befragten für diese Feststellung entschieden, dann ist für viele Betrachter mit diesem Ergebnis „das Rennen gelaufen", denn 57 Prozent sind ja schließlich die Mehrheit, bei Wahlen ein Traumergebnis.

Abgesehen davon, daß sich 43 Prozent nicht für diese Feststellung entscheiden konnten: Was bedeutet denn dieses „komme gut mit ihm aus" in bezug auf effizientes Führungsverhalten? In den 57

Prozent Positivantworten sind doch auch diejenigen enthalten, die autoritär geführt werden wollen, also mit einem Führungsstil, der von manchem als sehr bequem empfunden wird, „weil man doch nur das tun muß, was einem gesagt wird und nicht mehr". „Führer" und „Geführte" kommen dann gut miteinander aus.

Ähnliches gilt für die Fragestellung in der im November/ Dezember 1982 durchgeführten Repräsentativumfrage bei Mitarbeitern der Metallindustrie (G. Schmidtchen, Neue Technik, Neue Arbeitsmoral, Köln 1984). Wenn hier 65 Prozent der Befragten auf die Frage „Wie zufrieden sind Sie mit Ihrem persönlichen Vorgesetzten?" mit „sehr zufrieden" oder „zufrieden" antworteten, so sind auch diejenigen zufrieden oder sehr zufrieden, die autoritär geführt werden und dies auch wollen.

Aus diesen positiven Antworten auf die Effizienz der Führung zu schließen, ist gefährlich. Welche Gefahr hinter einer solchen Interpretation steht, zeigt das Ergebnis einer von uns durchgeführten Teiluntersuchung im Rahmen einer Gesamtanalyse: Mehr als 90 Prozent der Befragten eines Bereichs hielten den von ihrem direkten Vorgesetzten praktizierten Führungsstil für „wirksam". Dieses Ergebnis, für sich allein betrachtet, könnte dazu verführen, anzunehmen, daß in diesem Bereich in bezug auf Führung alles in Ordnung ist. Mehr als 90 Prozent der Befragten hatten sich aber für den autoritären Führungsstil entschieden, sie wollten klare Anweisungen, eine Begründung von Anordnungen erschien ihnen überflüssig. Die Leistungsergebnisse waren dementsprechend schlecht, von Kreativität war nichts zu spüren. Man bewegte sich auf eingefahrenen Gleisen; einer der „Führungsgrundsätze" lautete: „Das haben wir immer schon so gemacht." Nach „außen" übrigens waren diese Befragten eine verschworene Gemeinschaft, die viel Mühe darauf verwendete, ihre „Erbhöfe" zu sichern, und sich dabei beträchtlich mit Alkohol „motivierte".

Befragungsergebnisse werden, wenn sie überhaupt zur Kenntnis genommen werden, gerne „diagonal" gelesen. Das verführt unter anderem dazu, Einzelergebnisse zu überschlagen und sich auf die Interpretation in der Auswertung, auf die „Zusammenfassung" zu verlassen.

Wenn es in der EMNID-Untersuchung heißt: „Insgesamt wird den direkten Vorgesetzten durch ihre Untergebenen hier ein recht gutes Zeugnis ausgestellt, die Zahl derjenigen, die ihre Vorgesetzten absolut negativ sehen, ist nahezu verschwindend gering", ist dies für viele sehr beruhigend. Wir haben bei Diskussionen mit Führungskräften in unseren Führungsseminaren immer wieder feststellen müssen, daß hier die „Projektion des eigenen Ich" eine große Rolle spielt. Als Führungskraft fühlt man sich in diesen Kreis einbezogen und projiziert das positive Ergebnis auch auf die eigene Person – diejenigen, die negativ beurteilt werden, können höchstens die eigenen Vorgesetzten sein. Bei diesem Vorgang, das zeigen Gruppendiskussionen immer wieder, wird dann auch das Wort „recht" ebenso „übersehen" wie das Wort „absolut". Sofort kommt dann die Interpretation „gutes Zeugnis" anstatt „recht gutes Zeugnis" und „negativ sehen" anstatt „absolut negativ sehen".

Wie gefährlich eine solche Sicht von Globalfeststellungen ist, zeigt letztlich ein Blick auf die Einzelergebnisse. Eine der wichtigsten Eigenschaften im Anforderungsprofil eines Vorgesetzten ist die Fähigkeit zu motivieren. Nach den Ergebnissen von Umfragen sind sich Personal- und Weiterbildungschefs sowie Unternehmensberater einig: Die „Motivationsfähigkeit" und – eng damit zusammenhängend – die „Kommunikationsbereitschaft" stehen an der Spitze im Anforderungsprofil der Führungskraft der Zukunft. Daß die Kommunikationsbereitschaft und die Fähigkeit, andere zu motivieren und zu begeistern, bei Innovationsprozessen geradezu unverzichtbar sind, braucht nicht näher erläutert zu werden. Ohne Motivation, ohne Kommunikation keine Veränderungen – oder nur unter Überwindung von erheblichen Schwierigkeiten.

Motivationsfähigkeit und Kommunikationsbereitschaft von Führungskräften wirken sich jedoch nicht nur unmittelbar im „Innenverhältnis" vom Vorgesetzten zum Mitarbeiter aus. Sie schaffen auch die besten Voraussetzungen dafür, daß diese Mitarbeiter wiederum andere motivieren, nämlich Kunden und Geschäftspartner, vor allem potentielle Kunden. Gerade bei der Einführung von Innovationen kommt es hier entscheidend auf jeden Mitarbeiter an. Sie müssen motiviert sein, um andere motivieren zu können.

Werbung allein genügt nicht

„Wie der Herr, so's Gescherr!" Diese Volksweisheit gilt nach wie vor. Die Mitarbeiter und Führungskräfte geben das an Motivation weiter, was sie von ihren Vorgesetzten „bekommen" haben. „Würden Sie sagen, daß Ihr direkter Vorgesetzter seine Mitarbeiter motiviert und für die Arbeit begeistern kann?" Für ein „ja, immer" konnten sich in der EMNID-Untersuchung 17 Prozent, und hier muß man anmerken „nur" 17 Prozent, entscheiden. Weitere 48 Prozent der Befragten votierten für ein „ja, meistens", machten also gewisse Einschränkungen. Wenn sich bei der Beantwortung dieser Frage nur 4 Prozent für ein „nein, nie" entschieden, dann ist dieser Prozentsatz sicher verschwindend gering. Wie aber soll man das Befragungsergebnis werten, wenn 30 Prozent der Befragten meinten, mit einem „Nein, häufig nicht" antworten zu müssen? Sind da vor allem die Vorgesetzten gemeint, die glauben, nur bei besonderen Anlässen „motivieren" zu müssen, nämlich dann, wenn es darum geht, die Mitarbeiter zu manipulieren? Oder bedeutet dieses „nein, häufig nicht", daß diese Vorgesetzten gar nicht in der Lage sind zu motivieren, zu begeistern? Oder hatte man Vorgesetzte im Auge, die zwar motivieren können, dies aber eben häufig nicht tun? Oder wird vielleicht nur dann versucht zu motivieren, wenn es zum Beispiel gerade um Innovationsprozesse geht?

Vorgesetzte, die nur bei „Bedarf" von diesem Führungsmittel Gebrauch machen, während sie es sonst eben häufig nicht tun, sind unglaubwürdig. Zusammen mit den 4 Prozent derjenigen Vorgesetzten, die nach Ansicht der Mitarbeiterinnen und Mitarbeiter nie motivieren, stellt somit ein gutes Drittel der Führungskräfte ein Innovationshindernis ersten Ranges dar. Aufgabe einer zielorientierten Führung muß es sein, dieses Drittel entscheidend zu vermindern, sowie ferner darauf hinzuwirken, daß sich die Anzahl von 17 Prozent der Führungskräfte, die ihre Mitarbeiter immer motivieren, deutlich erhöht.

In vielen Firmen herrscht die Meinung, diesen Führungsaspekt vernachlässigen zu können. Sie sind der Ansicht, daß es einer besonderen Auslegung auf dem Gebiet der Führung gar nicht bedürfe, da für ihr Leistungsangebot die Werbung entscheidend sei. Warum Motivation mit den entsprechenden Konsequenzen für das Führungsverhalten, wenn es auch mit der Werbung geht? Neue Produkte, neue Dienstleistungsangebote werden mit einer verstärkten Werbung „gepuscht". Anzeigenkampagnen, Hörfunk- und Fernsehwerbung, Plakate, Sonderhefte, Handzettel und vieles andere mehr werden eingesetzt. Auch stellen „Einführungspreise" ein beliebtes Mittel der Anlaufwerbung dar.

Damit kein Mißverständnis entsteht: Werbung ist wichtig, und die Bedeutung der Werbung bei Neueinführung von Produkten und Dienstleistungen soll nicht verkannt werden. Werbung ist aber nur ein Bein, auf dem das Stehen auf die Dauer sicher schwer fällt. Das zweite Bein, die Motivation der Mitarbeiterinnen und Mitarbeiter, darf nicht vergessen werden. Boris Becker steht nun einmal nicht am Bankschalter und Steffi Graf nicht in der Verkaufshalle eines Automobilhändlers! Entscheidend sind letztlich die Mitarbeiter, die dann, wenn die Werbung das ihre getan, den Boden entsprechend aufbereitet hat, aktiv werden müssen. Selbst in einer werbegläubigen Zeit – auch hier beginnt die Gläubigkeit immer mehr zu schwinden – sind motivierte Mitarbeiterinnen und Mitarbeiter nicht durch Werbung zu ersetzen!

Die Diskrepanz zwischen Werbeaufwand und Mitarbeitermotivation bekommt man immer wieder besonders deutlich bei Messen zu spüren. Gerade hier werden Neuheiten, Neuentwicklungen vorgestellt. Was hier an Erfindungsreichtum aufgewendet wird, ist oft bemerkenswert. Auf Automobilausstellungen, die für die Vorstellung von Neuheiten geradezu prädestiniert sind, wird das „gläserne Auto" ebenso präsentiert wie raffinierte Computerdiagramme. Raffinierte Lichteffekte bringen zudem Lack und Chrom wirksam zur Geltung. An den Informationsschaltern liegt reichhaltiges Werbe- und Informationsmaterial bereit, Anstecknadeln locken Sammler jeden Alters, die Standschwelle zu überschreiten. Wie steht es aber um das Standpersonal? Hier kann man sich leider oft nicht des Eindrucks erwehren, daß sich die „Betreuer" oft mehr mit sich selbst beschäftigen als mit den potentiellen Kunden, was besonders dann augenfällig wird, wenn sie an der einheitlichen Kleidung zu erkennen sind. Hier sollten die „Verantwortlichen" endlich einmal darüber nachdenken, daß die Werbung nicht das Alleinseligmachende ist. Der Mensch, der Mitarbeiter muß das halten, was die Werbung verspricht! Auch auf einem Messestand.

Will man Innovationsprozesse, auf welchem Gebiet auch immer, fördern, muß der Führungsaspekt wesentlich stärker berücksichtigt werden als bisher. Die „Fachseite" sieht bei den deutschen Führungskräften außerordentlich positiv aus.

88 Prozent der in der EMNID-Untersuchung Befragten beantworteten die Frage „Würden Sie sagen, daß Ihr direkter Vorgesetzter fachlich überzeugend ist, daß er sein Handwerk versteht?" mit „ja, immer" und „ja, meistens". Mit 11 Prozent der Befragten, die sich mit „nein, häufig nicht" und 1 Prozent, die sich mit „nein, nie" äußerten, war die Negativquote bei den Einzelfragen, die die Einstellung zum direkten Vorgesetzten betrafen, am niedrigsten.

Auch bei unseren Befragungen von Führungskräften zeichnete sich eine hohe Zufriedenheit mit den fachlichen Fähigkeiten des direkten Vorgesetzten ab. 75 Prozent der von uns befragten Führungskräfte äußerten sich hier zufrieden, wobei der Unterschied zum Ergebnis der EMNID-Befragung wohl im höheren Anspruchsniveau der Führungskräfte begründet sein mag.

Auch der Arbeitseinsatz der Vorgesetzten wird von den Mitarbeitern positiv beurteilt. „Würden Sie sagen, daß Ihr direkter Vorgesetzter im allgemeinen hart arbeitet und sein Bestes gibt?" 26 Prozent der Befragten in der EMNID-Untersuchung entschieden sich für „ja, immer" und 54 Prozent für „ja, meistens". Auf der Negativseite votierten 17 Prozent der Arbeiter und Angestellten für „nein, häufig nicht" und 3 Prozent für „nein, nie".

Faul sind Deutschlands Führungskräfte bestimmt nicht, was sich auch immer wieder in den hohen Überstundenzahlen ausdrückt. Die 40-Stundenwoche – an noch kürzere Arbeitszeiten denkt ohnehin kaum eine Führungskraft – ist für die meisten Führungskräfte nicht realisierbar. 50 und mehr Stunden in der Woche sind fast die Regel. Arbeitseinsatz und hohes Fachkönnen zeichnen die deutschen Führungskräfte nach wie vor aus. Doch besteht die Gefahr, daß sie zu einseitig nur fachlich gepolt sind.

Information und Informationsbedarf

Grundvoraussetzung für das Gelingen eines Innovationsprozesses ist die rechtzeitige, umfassende und vor allem nachvollziehbare Information derjenigen, die am Veränderungsprozeß in irgendeiner Form beteiligt sind. Daß hier die von der Innovation oft im wahrsten Sinne des Wortes „Betroffenen" nicht „vergessen" werden dürfen, wie dies leider immer wieder geschieht, sei nur der Vollständigkeit halber erwähnt.

Information, im Idealfall Kommunikation, ist gefordert. Die kommunikationsfähige und kommunikationsbereite Führungskraft ist der Motor eines jeden Innovationsprozesses. Die Führungskraft der Zukunft wird immer mehr zum Innovationsmanager. Dabei prägen zwei Hauptanforderungen das Anforderungsprofil: Kommunikation und Motivation.

Wie aber steht es um die Information und Kommunikation im Arbeitsleben, insbesondere im Rahmen von Innovationsprozessen? „Auf die allgemeine Frage nach der Informiertheit über wesentliche Dinge in ihrem Unternehmen bestätigten dies 64 Prozent aller Befragten mit ‚immer' oder ‚meistens'. 30 Prozent fühlten sich ‚häufig nicht' und 5 Prozent sogar ‚nie informiert'." (EMNID-Untersuchung, Herbst 1986).

Bei der Untersuchung in der Metallindustrie im Dezember 1982 (Schmidtchen, Neue Technik, Neue Arbeitsmoral) war die Frage gestellt worden: „Wie klappt es mit der Information in Ihrem Arbeitsbereich? Bekommen Sie alle Informationen, die Sie für Ihre tägliche Arbeit brauchen, oder läßt die Information zu wünschen übrig?"

Insgesamt beantworteten 68 Prozent diese Frage mit „bekomme alle Informationen" und 32 Prozent mit „Information läßt zu wünschen übrig". Besonders niedrig war der Informationsgrad bei den Meistern mit 57 Prozent Positivantworten und 43 Prozent auf der Negativseite.

Besonders stark zeichnete sich ein Informationsbedarf in den Bereichen ab, in denen mit Veränderungen gerechnet werden muß. In der EMNID-Untersuchung wurden Informiertheit und Informationsbedarf anhand von 16 vorgegebenen Themenbereichen hinterfragt. Die Befragten sollten erklären, über welche dieser Bereiche sie sich gut informiert fühlten. Sodann sollten sie Themen nennen, über die sie gerne noch mehr Informationen hätten.

Den geringsten Grad an Informiertheit gab es über die Absichten der Geschäftsleitung. Nur 28 Prozent der Befragten fühlten sich darüber gut informiert, „was die Geschäftsleitung vor hat". 54 Prozent hätten darüber gerne mehr Informationen, 18 Prozent äußerten sich nicht zu dieser Detailfrage.

Den zweitgrößten Informationsbedarf innerhalb von 16 vorgegebenen Detailbereichen gab es bei der Frage nach den organisatorischen Veränderungen im Betrieb. Hier fühlten sich nur 48 Prozent der Befragten gut informiert. 37 Prozent hätten gerne mehr Informationen. Nur 15 Prozent äußerten sich nicht.

Weiterer Informationsbedarf wurde bei den Teilbereichen „wie sich meine Aufgaben oder die Aufgaben meiner Abteilung verändern" angemeldet. Hier zeigten sich 69 Prozent informiert, 20 Prozent wünschten sich mehr Informationen.

Über die Frage, wie Bauten, Anlagen und Maschinen im Betrieb und am Nachbararbeitsplatz verändert werden sollen, wünschten sich 28 Prozent der Befragten mehr Informationen, 40 Prozent fühlten sich hier gut informiert.

Zur Frage, ob hier etwas geändert werden kann, wird im Untersuchungsbericht Skepsis angemeldet. „Ob die große Diskrepanz zwischen Informiertheit und Informationsbedarf durch Änderungen des betrieblichen Führungsstils ohne Gefährdung von wichtigen Unternehmensinteressenten deutlich verringert werden kann, muß allerdings bezweifelt werden."

Die „Geheimhaltung" ist sehr oft ein wesentliches Hemmnis bei Innovationsprozessen. Dabei soll nicht bezweifelt werden, daß es sicher in Einzelfällen einer solchen bedarf, um eben wichtige Unternehmensinteressen nicht zu gefährden. Diese Fälle der bewußten Informationszurückhaltung müssen aber die absolute Ausnahme bleiben. Die Regel muß lauten: Information so früh, so umfassend und nachvollziehbar wie möglich! Information ist der Sauerstoff für jeden Innovationsprozeß.

Untersucht man einmal die Fälle der „Informationszurückhaltung" im nachhinein, dann muß man immer wieder feststellen, daß die Weitergabe von Informationen nicht nur ohne Gefährdung der Betriebsinteressen nicht nur möglich, sondern sogar auch geboten gewesen wären. Und nicht nur die „reine" Information hätte gegeben werden müssen. Die Einbeziehung der „Betroffenen" hätte den Innovationsvorgang nicht nur beschleunigt, sondern sogar vom sachlichen Gehalt her effizienter gestaltet.

Es ist der in der EMNID-Untersuchung genannte „betriebliche Führungsstil", um den es hier geht. Letzten Endes handelt es sich hier um die Frage: Kooperation, ja oder nein. Es handelt sich darum, ob man Mitarbeiterinnen und Mitarbeiter als solche im wahrsten Sinne des Wortes betrachtet, eben als „Mitarbeiter", mit denen man gemeinsam, auch und vor allem bei Innovationen, ein Ziel erreichen will.

Übrigens, wie sieht es denn in der Praxis aus? Da gibt es „das Personal", „Arbeitskräfte", „Leute", „Beschäftigte" oder „Bedienstete" oder schlicht und einfach Angestellte und Arbeiter. Je mehr man sich in den einzelnen Betrieben mit diesen Begriffen identifiziert, umso schlechter ist die Innovationsbilanz, um so problematischer laufen Innovationsprozesse ab.

Ende gut, alles gut?

Wie werden Mitarbeiter über geplante Veränderungen, über die Einführung neuer Techniken informiert? Nach einer Analyse der Datenbank PRODIS des Instituts der Deutschen Wirtschaft im Juli 1986 waren in 90 Prozent der Fälle sowohl die betroffenen Mitarbeiter als auch der Betriebsrat über vorgesehene Planungen unterrichtet. Als „sehr umfassend" bezeichneten 38 Prozent der Belegschaft die entsprechenden Informationen, 37 Prozent als „ziemlich umfassend". Der Rest fühlte sich nur in bezug auf bestimmte Bereiche oder eher in geringem Ausmaß informiert.

Über die Beteiligung der Mitarbeiter bei der Durchführung von Veränderungsprozessen in einzelnen Unternehmen informieren die Fallstudien in dem Bericht des Bayerischen Arbeitsministeriums über „Rationalisierung und Humanisierung von Büroarbeiten", in dem in fünf Fallstudien das Vorgehen bei Umstellungsprozessen untersucht worden war.

Die Gesamtauswertung dieser fünf Fallstudien zeigte im Bereich der Mitarbeiterinformation folgendes Ergebnis: „Wie erfuhren Sie zuerst von der geplanten Umstellung?" 54,4 Prozent der Befragten bekamen ihre Informationen vom Vorgesetzten, 8,7 Prozent von der Unternehmensleitung, 0,8 Prozent vom Betriebsrat und 11,5 Prozent erfuhren von der geplanten Umstellung durch Gerüchte. 24,6 Prozent beantworteten diese Frage nicht.

Knapp zwei Drittel erfuhren also von der Umstellung „von oben", wobei die Bandbreite in den einzelnen Fallstudien außerordentlich groß war. Sie lag zwischen 81 und 40 Prozent. Bei der „Information durch Gerüchte" lag die Spanne zwischen 3,4 Prozent und 15,6 Prozent.

Berücksichtigt man bei diesen Ergebnissen, daß es sich hier um Mitarbeiter handelte, die von der Veränderung in ihrem Arbeitsbereich unmittelbar betroffen waren, erscheint die Anzahl derjenigen, die von ihren direkten Vorgesetzten oder der Geschäftsleitung von der beabsichtigten Veränderung erfuhren, niedrig. Der Anteil von 24,6 Prozent der Befragten, die diese Frage nicht beantworteten, erscheint dagegen hoch. Konnten sich die Befragten etwa nicht mehr erinnern? Auch die Qualität der Informationen ließ offensichtlich zu wünschen übrig, denn 26,5 Prozent konnten sich nach erfolgter Information „kein Bild machen". Wie wichtig gerade die Informationsqualität und damit die Nachvollziehbarkeit der Information ist, zeigt, daß in einem der Fälle, Datenerfassung in einer Großbank, zwar 81,4 Prozent der von der Veränderung Betroffenen vom unmittelbaren Vorgesetzten informiert worden waren, sich 40,7 Prozent aber nach dieser Information über die geplante Veränderung kein Bild machen konnten.

Hier zeigt sich besonders deutlich, daß es mit der Information alleine noch lange nicht getan ist. Da es sich bei der Information durch den unmittelbaren Vorgesetzten um „Information durch Kommunikation" handelt, wird der hohe Stellenwert der „Kommunikationsfähigkeit und Kommunikationsbereitschaft" im Anforderungsprofil eines Vorgesetzten deutlich. Vorgesetzte sind nicht Obersachbearbeiter, sondern Führungskräfte und haben als solche die Aufgabe, ihre Mitarbeiter zielorientiert zu beeinflussen. Gerade im Rahmen von Innovationsprozessen zeigt sich immer wieder, daß die Führungsaufgabe oft nicht erkannt oder zumindest stark vernachlässigt wird. Der Führungsaspekt – Eignung für Führungsaufgaben und Aus- und Fortbildung auf dem Gebiet der Führung – muß viel stärker als bisher berücksichtigt werden.

Wenn derartige Untersuchungsergebnisse mit Führungskräften erörtert werden, kommt immer wieder das „Argument": „Wenn die das nicht begreifen, dann können wir doch nichts dafür!" Sicher wird es immer einige geben, die bei der Erstinformation nicht „mitkommen". Wenn dies aber im Durchschnitt aller fünf untersuchten Fälle 26,5 Prozent waren, also mehr als ein Viertel, und wenn dieser Prozentsatz in einem Fall die 40-Prozentmarke erreichte, dann wird man doch Zweifel an der Fähigkeit der informierenden Vorgesetzten anmelden können.

„Eine Eiche fällt nicht auf den ersten Streich!" Auch mit dieser alten Volksweisheit wird gerne argumentiert, wenn es um „Überzeugungsarbeit", auf welchem Gebiet auch immer, geht. Auf Umstellungsvorgänge übertragen würde dies bedeuten, daß dann eben ein zweites oder drittes Mal informiert werden müßte, nach dem Motto „steter Tropfen höhlt den Stein".

Gewiß, was beim ersten Mal nicht „rübergekommen ist", kommt dann – vielleicht – beim zweiten oder dritten Mal an. Was passiert aber in der Zwischenzeit bei den Betroffenen? Bei ihnen kommt doch zunächst einmal Unsicherheit, wenn nicht sogar Angst auf. Und aus Unsicherheit oder Angst entwickelt sich Widerstand. Die Streß-Regel „Kampf oder Flucht" gilt gerade bei Innovationsprozessen. Kampf bedeutet Widerstand, der meistens „verdeckt" geleistet wird. Flucht bedeutet Fluktuation.

Eine der Fallstudien bringt hierzu interessante Aufschlüsse. In einem Industrieunternehmen der Chemiebranche sollte eine zentrale Textverarbeitung eingerichtet, die Arbeitsorganisation umgestaltet werden. Rund 41 Prozent erfuhren von der geplanten Umstellung durch den Vorgesetzten oder die Betriebsleitung. Weitere 41 Prozent beantworteten die entsprechende Frage nach der Erstinformation bei der Befragungsaktion nicht. Bei der darauffolgenden Frage, ob sich die Informierten bei der Erstinformation ein Bild von der geplanten Umstellung machen konnten, antworteten zwar nur 17,2 Prozent mit „nein", 41 Prozent machten jedoch wiederum keine Angaben. Verdeckter Widerstand? Gleichgültigkeit? Wenn sich hier 41 Prozent bei der Befragung „zurückhielten", wie mag es dann beim Umstellungsvorgang zugegangen sein?

Hierzu der Bericht: „Der Protest der Mitarbeiter äußerte sich nach Angaben der Unternehmensleitung vor allem darin, daß ca. 60 Prozent der Mitarbeiter in der Phase der Umstellung ihre Kündigung einreichten." 60 Prozent Kündigungen! Und wie reagieren Mitarbeiter, die aufgrund der Arbeitsmarktsituation nicht kündigen können oder wollen? Innere Kündigung?

Da nützt es wenig, wenn es in dem Untersuchungsbericht zum oben geschilderten Fall weiter heißt: „Heute hingegen hat sich das Bild gewandelt; die Fluktuation ist gegen Null gesunken. Die kurz nach der Umstellung aufgetretene ‚Antihaltung' hat sich durch den

zeitlichen Abstand und das Vertrautwerden mit der neuen Arbeitsgestaltung zum Positiven hin entwickelt, was auch daran abzulesen ist, daß heute sachliche Kritik von Mitarbeitern geäußert wird."
„Ende gut, alles gut?" Aber welcher Preis mußte dafür bezahlt werden?

Der Weg zur Klagemauer löst keine Probleme

Frühzeitige, umfassende und nachvollziehbare Information soll unterrichten, damit jeder von der Neuentwicklung Betroffene sich ein Bild davon machen kann, was beabsichtigt ist. Sie soll ferner dazu dienen, daß die Umstellung akzeptiert wird. Und, das wird von vielen Führungskräften oft nur mit Kopfschütteln zur Kenntnis genommen, sie soll ermöglichen, Kritik zu üben und eigene Vorstellungen und Wünsche bei der Planung und Einführung der Umstellung einzubringen.

Hier zeigt sich der Einfluß des Führungsverhaltens insgesamt, bei dem Information und Kommunikation letzten Endes nur Bausteine, wenn auch sehr wichtige, darstellen, auf das Gelingen von Innovationsprozessen. Autoritärer Führungsstil und kooperatives Führungsverhalten unterscheiden sich doch gerade durch Nichtbeteiligung oder Beteiligung an Entscheidungsprozessen. Kooperatives Führungsverhalten ist deshalb so effizient, weil das Fähigkeitspotential aller an dem gesamten Prozeß Beteiligten in die Entscheidungen mit einfließen kann.

Unzählige Versuche haben immer wieder bewiesen: Vier Augen sehen mehr als zwei. In Seminaren wird dies immer wieder erprobt. Das Ergebnis der Teamarbeit ist besser als die Resultate, die von Einzelkämpfern erzielt werden. Nur in der Praxis scheint man das alles vergessen zu haben und verfährt immer wieder nach dem alten Grundsatz, daß das Planen und Denken nur den wenigen an der Spitze vorbehalten sei und „die anderen" eben nur das auszuführen hätten, was von der „Führung" konzipiert wurde.

Wie die Praxis immer wieder zeigt: Hier wird die Rechnung ohne den Wirt gemacht. Es ist eine alte Führungsweisheit: Kritik, sachlich, offen und unter vier Augen ausgesprochen, ist die beste Lebensversicherung für jeden Vorgesetzten. Diese Erfahrung gilt für Innovationsprozesse in besonderem Maße.

Als Beispiel für viele: Bei rechnergestützten Systemen führt eine nutzerunfreundliche Software bei den Sachbearbeitern, die damit arbeiten müssen, dazu, den Computer als Arbeitsgerät abzulehnen. Organisationspsychologen empfehlen nach einer Befragung von Führungskräften. in 17 Unternehmen, Computer-Software nicht ohne eine längere Erprobungszeit einzuführen. In dieser Zeit müßten dann die Programme immer wieder von den Benutzern geprüft und nach deren Verbesserungswünschen umgestaltet werden. Diese als „rapid prototyping" bezeichnete Vorgehensweise sei erheblich effizienter als der „Sprung ins kalte Wasser" (Lieber keinen Sprung ins kalte Wasser, *Blick durch die Wirtschaft* 3. September 1987).

In der Praxis wird immer wieder versucht, Neuentwicklungen besonders schnell und wirksam einzuführen, oder sollte man besser sagen, durchzusetzen, indem man die Betroffenen vor vollendete Tatsachen stellt. Diese Vorgehensweise entspricht konsequent dem autoritären Führungsverhalten.

Mit einer Änderung des Informationsverhaltens allein wäre es allerdings nicht getan, wenn eine solche isolierte Änderung auf nur einem Sektor des Gesamtkomplexes „Führung" überhaupt möglich wäre. Das Führungsverhalten insgesamt muß überprüft und geändert werden, will man die Effizienz von Innovationsprozessen erhöhen. Alle diejenigen Spitzenführungskräfte, die lautstark „Technikfeindlichkeit" beklagen, die mangelnde Akzeptanz von Neuentwicklungen bedauern, sollten erst einmal „zu Hause" prüfen, ob es nicht das eigene Führungsverhalten ist, das Innovationen hindernd im Wege steht. Der Weg zur Klagemauer allein löst bekanntlich keine Probleme.

Die Ergebnisse der Untersuchung „Rationalisierung und Humanisierung von Büroarbeiten" zeigen auf, daß hier noch ein weites

Feld zu bestellen ist. „Wurden Ihre Vorstellungen und Wünsche bei der Planung und Einführung berücksichtigt?" „Teilweise" berücksichtigt wurden Vorstellungen und Wünsche nach den Angaben der Betroffenen jeweils zwischen 20 und 36 Prozent, für ein eindeutiges „ja" entschieden sich zwischen 6 und 18 Prozent.

In einer der zuvor genannten Fallstudien äußerten sich nur 16,5 Prozent der Befragten dahingehend, daß ihre Wünsche und Vorstellungen „teilweise" bei der Planung und Einführung der Umstellung berücksichtigt wurden. Für ein uneingeschränktes „ja" konnte sich keiner der Befragten entscheiden.

Wenn der Anteil der Antworten bei „teilweise" und „ja" in keinem Fall der geschilderten Umstellungsvorgänge die 50-Prozentmarke erreichte, ist dies ein starkes Indiz für den in den jeweiligen Bereichen praktizierten autoritären Führungsstil. Ein derartiges Führungsverhalten ist in hohem Maße ineffizient.

Gerade bei Umstellungsprozessen zeigt es sich immer wieder: Autoritäres Führungsverhalten kostet Geld. Die meisten „Flops" haben ihre Ursache nicht im fachlichen, sondern im zwischenmenschlichen Bereich. Bei der Ursachenermittlung, wenn eine solche überhaupt stattfindet, ist dann aber gerade der Bereich des Führungsverhaltens tabu. Wann werden hier endlich einmal Konsequenzen gezogen? Wann wird Führungskräften, die durch ihr Führungsverhalten Leistung verhindern oder mindern, endlich einmal klar gemacht, daß sie ihr Verhalten ändern müssen?

Hier kommt der obersten Führungsspitze eine besondere Verantwortung zu. Daß der oder die „Chefs" auf ihr eigenes Führungsverhalten von ihren „Untergebenen" kritisch angesprochen werden, ist nur in seltenen Ausnahmefällen zu erwarten. Auch von Aufsichts- oder Beiräten ist in dieser Hinsicht kaum etwas zu erhoffen. Hier muß dringend an die eigene Kritikfähigkeit appelliert werden. Selbsterkenntnis ist gefordert und nicht nur die Einsicht, daß man am eigenen Verhalten etwas korrigieren müßte. Man muß dann auch etwas tun.

Führungskräfte von morgen?

„Innovations-Management" und damit zusammenhängend „Informations- und Kommunikations-Management" sind seit Jahren Thema in Publikationen, Seminaren, Kolloquien und Tagungen. Man müßte also davon ausgehen, daß – ähnlich wie beim Delegationsproblem – in der Praxis kaum noch „Fehler" unterlaufen. Genau das Gegenteil ist aber der Fall. Ähnlich wie bei der Delegation von Aufgaben, Befugnissen und Verantwortung ist man von einer Umsetzung in die Praxis noch weit, manchmal sehr weit entfernt.

Warum klaffen Theorie und Praxis so weit auseinander? Wie kommt es, daß gerade bei Innovationsprozessen immer mehr Sand im Getriebe zu sein scheint? Hier gibt es Parallelen zum Führungsbereich der Delegation. Auf diesem Gebiet glauben viele Führungskräfte mit Führungstechnik alles regeln zu können. Alle Kraft wird darauf verwendet, Kompetenzbereiche zu schaffen und genau abzugrenzen. Organigramme werden konstruiert und auf entsprechenden Schautafeln, die sich durch hervorragende Drucktechnik und farbige Gestaltung auszeichnen, wirksam dargestellt. Stellenbeschreibungen werden mit viel Mühe und vor allem Zeitaufwand erstellt und bis ins einzelne ausgefeilt. Wenn dann die „Technik" erstellt ist, scheint für viele das Rennen gelaufen. Die Delegation „steht".

Und wie sieht es dann in der Praxis aus? Trotz eines hervorragenden Gerüsts funktioniert das System nicht. Vor lauter „Führungstechnik" hat man die Führung und damit die Menschen vergessen.

Ähnliches gilt bei Umstellungsprozessen, bei der Einführung von Neuentwicklungen. Innovations-, Informations- und Kommunikations-Management werden in überwiegendem Maße „technisch" verstanden. Für alle Probleme gibt es eine „Technik", ja vielleicht sogar eine Software. Problematisch wird das Ganze dann, wenn eine solche „Technik" eingeführt werden soll. Da hilft dann auch ein Personal-Computer im Zimmer des Chefs nicht weiter.

Führungskräfte beschäftigen sich viel zu wenig mit Führungsfragen. Nach dem Ergebnis einer Studie der Düsseldorfer Unternehmensberatung *Heidrick and Struggles* (R. Poll-Wolbeck/S. Wetzlar-Dill, Geschäftsführer in Deutschland, *Blick durch die Wirtschaft* 2. Oktober 1987) werden 60 Prozent der Arbeitszeit der Geschäftsführung durch das Alltagsgeschäft in Anspruch genommen, wobei fast die Hälfte der Befragten sich durch die tägliche Routine stark beansprucht fühlt. Und das bei einer Arbeitszeit von wöchentlich 40 bis 50 Stunden (35,8 Prozent), von über 50 bis 55 Stunden (17,5 Prozent), über 55 bis 60 Stunden (31 Prozent) und über 60 Stunden (11,9 Prozent). Die Mehrzahl der Interviewten erklärte, „in erster Linie sach- und aufgabenorientiert zu führen, dabei die Mitarbeiter jedoch nicht nur als Befehlsempfänger zu betrachten", so der Bericht, bei dem man das Wörtchen „nur" nicht überlesen sollte.

Am Schluß stellen die Verfasserinnen des Berichts fest: „Einig waren sich die Befragten jedoch darüber, daß der Geschäftsführer von morgen auf jeden Fall die Instrumente einer modernen Unternehmensführung kennen und beherrschen müsse und einen kooperativen (was immer man auch darunter versteht ...), den Mitarbeitern gegenüber offenen Führungsstil praktizieren sollte."

Geschäftsführer von „morgen"? Führungskräfte und Mitarbeiter von „morgen"? Dieses „von morgen" hört und liest man schon seit geraumer Zeit. Bedeutet dieses „von morgen", daß man nur die „Nachfolger" darunter versteht und diejenigen, die heute noch „das Sagen" haben, nicht von diesen Anforderungen betroffen sind? Wer sucht denn die „Chefs von morgen" aus? Werden nicht die Führungskräfte von morgen durch die Führungskräfte von heute geprägt und nur diejenigen auf die Karrierelaufbahn geschickt, die mit den heutigen Chefs auf einer Linie liegen? Man sollte über dem Erstellen von „Anforderungsprofilen für die Zukunft" nicht das Heute vergessen. Die Führungsgeneration der Gegenwart ist gefordert. Sie handelt jetzt und stellt die Weichen für die Zukunft.

Wie sag' ich's meinem Kinde?

Auf Verkaufsseminaren wird es gepredigt, in jedem Verkäuferhandbuch ist es zu lesen: Kundenorientierung ist beim Verkauf oberstes Gebot. Es gilt die Wünsche, die Bedürfnisse des Kunden zu erforschen und zu befriedigen. Kundenorientierung als ein Grundgesetz des Verkaufs, der „äußeren Führung".

Und noch eine Forderung wird im Verkaufsbereich gestellt: Kundennähe. Der Kontakt zum Kunden wird immer stärker gesucht, Kooperation angestrebt, um den Kunden in Innovationsprozesse mit einzubeziehen, Produkte und Dienstleistungen zu verbessern oder neue Angebote auf den Markt zu bringen, die man dann auch absetzen kann.

Diese Gesetze scheinen im Bereich der „inneren Führung", der Mitarbeiterführung bei Innovationsprozessen geradezu auf den Kopf gestellt. Hier wird weitgehend noch versucht, Veränderungen durch Anordnung von oben durchzusetzen.

In vielen Fällen geschieht dies ohne Hintergedanken. Man kann sich „oben" gar nicht vorstellen, daß es Schwierigkeiten geben könnte, da nach Ansicht der Führung die beabsichtigte Veränderung nur Vorteile für die von der Umstellung Betroffenen bringen würde. Auch wird von denjenigen, die die Veränderung kurzerhand anordnen, das Ganze als nicht so bedeutsam angesehen, „als daß man noch darüber groß sprechen müßte".

Da wird eine elektronische Schreibmaschine gekauft – das Angebot war günstig – und der überraschten Mitarbeiterin angeliefert. Daß von „mechanisch" auf „elektronisch" einmal umgestellt werden sollte, war ja allgemein bekannt. Schließlich kann man sich ja dem technischen Fortschritt nicht verschließen. Nun war es soweit – bedingt durch ein Sonderangebot früher als vorgesehen.

Technisch bringt die neue Maschine allerhand Vorteile. Gegenüber den „alten Maschinen" ist sie erheblich geräuschärmer, der Anschlag viel leichter, es gibt Speichermöglichkeiten, Korrekturen sind einfacher auszuführen. Jede Mitarbeiterin, die mit einer solchen neuen Maschine „ausgestattet" wird, sollte über die Arbeitserleichterung, die mit der neuen Technik verbunden ist, froh sein. Daß es dann bei der Einführung der „neuen Technik" doch Probleme gibt, überrascht keinen außer der Geschäftsleitung. Trotz der vielen Vorteile, die für die Mitarbeiterin mit der neuen Maschine verbunden sind: Die Aufregung ist groß. Man fühlt sich übergangen. Der „innere Widerstand" gegen die Führung wandelt sich um in einen Widerstand gegen die Maschine. Und wer sucht, der findet. Andere Modelle, so glaubt man herausfinden zu können, sind besser, haben noch größeren technischen Komfort und liegen in der gleichen Preisklasse wie die angeschaffte Maschine. Ob das nun alles so hieb- und stichfest ist, mag dahinstehen. Die neue Maschine ist da, die vergleichbaren Modelle stehen nur auf dem Papier, und Papier ist bekanntlich geduldig. Aber es wird geredet, argumentiert. Dann fällt auch das eine oder andere Mal die neue Maschine aus. Alles in allem, die Produktivität sinkt. Daß die Fronten im Laufe der Zeit immer härter werden, ist eine schon fast zwangsläufige Entwicklung. Nach einer Weile wird fast nur noch auf „Nebenkriegsschauplätzen" gestritten. Der Streit verlagert sich. Zum Schluß geht es dann „nur" noch um Gehaltsprobleme.

Jeder, der mit Veränderungsprozessen zu tun hat, sollte an eines immer denken: „Was" geändert werden soll, ist zwar sehr wichtig, doch oft kommt es entscheidend darauf an, „wie" die Umstellung vonstatten gehen soll. „Wie sag' ich's meinem Kinde?" Das ist in vielen Fällen die Kardinalfrage, um die es bei Umstellungsprozessen geht. Und gerade dieser Frage wird von Führungskräften nicht die Bedeutung zugemessen, die ihr zukommt.

Bei Innovationen ist es sowohl in der Planungs- als auch in der Durchführungsphase dem Verfahren außerordentlich förderlich, wenn man versucht, sich immer wieder in die Lage der von der Veränderung Betroffenen zu versetzen. Dies gilt für Veränderungsprozesse im großen wie im kleinen. Hier sollte es auch keine Unterschiede im Vorgehen geben. Es gibt nur eine Grundeinstellung in Führungsfragen, und so, wie man bei der Änderung von Türschildern vorgeht, sollte man auch bei großen organisatorischen Veränderungen verfahren.

Versetzt man sich einmal in die Lage des von einer geplanten Veränderung Betroffenen, erkennt man oft, daß es sich bei der Unterscheidung, ob es sich um eine bedeutende oder nicht so bedeutende Veränderung handelt, sehr darauf ankommt, aus welchem Blickwinkel man den Vorgang betrachtet. Was für den „Planer" unbedeutend erscheint, hat für die Betroffenen oft hohe Priorität.

Ob neue Büromöbel angeschafft, neue Büromaschinen zugeteilt oder Türschilder geändert werden: Für denjenigen, der anordnet, bedeutet das oft nur eine Unterschrift. Die von der Veränderung Betroffenen müssen aber damit im wahrsten Sinne des Wortes leben. Ihnen ist es sicher nicht gleichgültig, welche Farbe die Zimmerwände haben oder welche Bilder das Zimmer, in denen sie die besten Stunden des Tages zubringen, „schmücken" sollen.

Um nicht mißverstanden zu werden: Hier soll keinem schrankenlosen Individualismus das Wort geredet werden. Entscheidend ist auch nicht, ob Ansprüche, die erhoben werden, erfüllt werden können. Wichtig ist alleine, daß man vorher miteinander spricht, Argumente austauscht. Die von der Veränderung Betroffenen müssen wissen, daß man ihre Meinung in den Entscheidungsprozeß mit einbezieht, daß man sie ernst nimmt.

„Viele Köche verderben den Brei" und „Schlafende Hunde soll man nicht wecken"! Bei Innovationsprozessen sind diese „Grundsätze" mit großen Fragezeichen zu versehen. Wer einmal den Wirbel um die Veränderung einer Bereichsbezeichnung im Organigramm miterlebt hat, weiß ein Lied davon zu singen. Wenn zum Beispiel ein Bereich, der bisher unter der „Ordnungsnummer" eins lief, sich nun an anderer Stelle, vielleicht unter Nummer drei, wiederfindet, kann dies zu großer Unruhe führen. Wird eine solche Änderung von „oben" verfügt, ohne mit den Betroffenen vorher gesprochen zu haben, „weil das ja keine Folgen hat", braucht man sich über die eintretenden Folgen nicht zu wundern.

Sicher, irgendwann tritt auch wieder Ruhe ein. Aber ein kleiner Stachel bleibt doch zurück. Der erste Keim zur Vergiftung des Klimas ist gelegt, der sich dann bei der nächsten Gelegenheit prächtig weiterentwickelt.

Skepsis – Angst – Widerstand

Wer von einer geplanten Veränderung betroffen ist, muß vor allem darüber informiert werden, was ihn persönlich interessiert. Daß dazu auch die Informationen gehören, die die Führung aus ihrer Interessenlage heraus glaubt, an den Mann oder die Frau bringen zu müssen, ist selbstverständlich. Entscheidend ist aber, daß diese Informationen nicht die einzigen sind, die gegeben werden. Über den Unternehmenszielen werden oft die Ziele, die Interessen der Mitarbeiter „vergessen". Je mehr bei der Information die Interessenlage der Mitarbeiter berücksichtigt wird, um so leichter gelingt es, Zielkonflikte zu erkennen, zu verringern oder gar nicht erst entstehen zu lassen und damit den Innovationsprozeß so reibungslos wie möglich zu gestalten.

Unerläßlich bei jeder Information ist die Bekanntgabe des Ziels, das mit der beabsichtigten Umstellung erreicht werden soll. Offenheit und Klarheit sind hier oberstes Gebot. Will man durch den Umstellungsprozeß Kosten sparen, muß das herausgestellt werden. Sollen Mitarbeiter „freigesetzt" werden, muß man das sagen. Verschleierungstaktik, die hier gerne angewandt wird, hat oft nur ein kurzes Leben. Und wenn „es" dann im Laufe der Zeit doch herauskommt, ist der Schaden kaum noch gut zu machen. Einmal verlorenes Vertrauen wieder herzustellen, ist sehr schwierig. Ganz abgesehen davon, daß die Gerüchteküche das ihrige zur allgemeinen Verunsicherung, zur Aversion und letztlich zur Aggression beiträgt. „Was ist Wahrheit, was ist Gerücht? Was stimmt, was stimmt nicht?" Die Grenzen sind hier sehr fließend, und was übrig bleibt, ist oft ein Streit um die Information, über dem die Innovation fast vergessen wird.

Beispiele von Zielen, die durch Umstellungsprozesse erreicht werden sollen – entnommen aus der Studie „Rationalisierung und Humanisierung von Büroarbeiten" –, können sein: Durch technische Lösung das steigende Geschäftsvolumen aufzufangen. Senken der Personalkosten, da die modernen Techniken es erlauben, angelerntes Personal einzusetzen, und somit qualifiziertes Personal für andere Aufgaben zur Verfügung steht. Kundengerechteres (schnelleres, zuverlässigeres) Arbeiten. Abbau von Spitzenbelastungen. Erhalten der Konkurrenzfähigkeit.

Mit der Darstellung der von der Leitung verfolgten Ziele ist auch gleichzeitig das Band zu den Zielen der von der Umstellung Betroffenen geknüpft. „Er" oder „Sie" stellen sich sofort die Frage: „Was bedeutet das alles für mich persönlich, für meine Arbeitsleistung?" Daß dabei die Soge um die Erhaltung des eigenen Arbeitsplatzes mitschwingt und viele sich außerdem die Frage stellen, „schaffe ich das?", sollte jeder, der Innovationen plant und einführen will, bedenken.

„Der Mensch ist ein Gewohnheitstier!" Liebgewordene Gewohnheiten werden ungern aufgegeben. Lieber nützt man die vorhandenen eingefahrenen Gleise, auch wenn sie schon etwas lädiert sind. Änderungsvorschläge werden oft nicht mit Begeisterung aufgenommen. Vielfach stößt man auf Skepsis, Zurückhaltung und Distanz, ja sogar auf Ablehnung. „Was soll denn das schon wieder? Es läuft doch alles gut! Das haben wir schon immer so gemacht." Widerstand, den man sehr ernst nehmen sollte, wird geleistet.

Dahinter steckt nicht immer, wie viele Führungskräfte glauben, nur Interesselosigkeit oder gar Faulheit, sondern schlicht und einfach Angst. Aber wovor haben die von Veränderungsprozessen betroffenen Mitarbeiter Angst? Und wie kann diese Angst beseitigt oderwenigstens vermindert werden?

Diesen beiden Fragen muß bei Umstellungsprozessen allererste Priorität beigemessen werden, um Reibungsverluste zu vermeiden. Das beste Mittel ist dabei frühzeitige, vollständige und nachvollziehbare Information über diese den Mitarbeiter brennend interessierenden Fragen.

Um einiges vorweg zu nehmen: Technische Neuerungen am Arbeitsplatz werden im nachhinein viel positiver bewertet, als allgemein angenommen. Interessantes Material liefern hierzu die beiden Untersuchungen aus der Metallindustie aus den Jahren 1982 (G. Schmidtchen, Neue Technik, Neue Arbeitsmoral, Köln 1984) und 1985 (G. Schmidtchen, Menschen im Wandel der Technik, Köln 1986).

„Wenn Sie die Neuerungen der letzten Jahre alles in allem betrachten: Würden Sie lieber zum alten Zustand zurückkehren, wenn das ginge, oder lieber nicht?" Mehr als 70 Prozent der Mitarbeiter der Metallindustrie mit technischen Neuerungen am Arbeitsplatz, immerhin rund 60 Prozent aller Mitarbeiter, entschieden sich für „lieber nicht", etwas mehr als 10 Prozent wollten lieber zum alten Zustand zurückkehren, keine Angaben machten etwas mehr als 15 Prozent. „Moderne Maschinen und Werkzeuge sind bei 36 Prozent aller Mitarbeiter der Metallindustrie installiert worden, Bildschirmarbeitsplätze kamen für 20 Prozent, 17 Prozent notieren Erleichterung durch bessere Arbeitsgestaltung, 17 Prozent die Einführung von Mikroelektronik in der Produktion und 15 Prozent schließlich bessere Arbeitsorganisation. Gegenüber dem Vergleichsjahr 1982 fällt die höhere Rate der Installation von Bildschirmarbeitsplätzen auf (Anstieg von 14 auf 20 Prozent). 1985 haben insgesamt 29 Prozent den Übergang zu elektronisch charakterisierten Arbeitsplätzen erlebt." Soweit der Bericht.

„Lieber nicht zurück zum alten Zustand!" Diese positive Entscheidung von 70 Prozent der Metallmitarbeiter mit technischen Neuerungen am Arbeitsplatz findet ihr Gegenstück in der Auswertung von 108 Beispielen über Einführung von neuen Techniken durch das Institut der Deutschen Wirtschaft im Juli 1986, nach der sich im nachhinein 85 Prozent der Mitarbeiter „sehr zufrieden" oder „zufrieden" mit der eingeführten neuen Technik zeigten.

Auch in der Studie des Bayerischen Arbeitsministeriums „Rationalisierung und Humanisierung von Büroarbeiten" waren nach der Umstellung mehr als 70 Prozent Positivstimmen zu verzeichnen, gegenüber 40 Prozent bei der Erstinformation.

Als Gründe für die Entwicklung zum Positiven hin vermutet der Bericht: Informationsquelle, Informationsinhalt über die Umstellung selbst, über Zwecke und verfolgte Ziele und das Einbeziehen der Betroffenen in den Umstellungsvorgang, das heißt das Berücksichtigen von Wünschen und Vorstellungen der Betroffenen. Das „Wie" ist also entscheidend!

Information – so konkret wie möglich

Den Mitarbeitern die Angst vor der beabsichtigten Umstellung nehmen! Je konkreter die Detailinformation, um so reibungsloser und damit kostengünstiger ist der Umstellungsvorgang.

Über die Sicherheit des Arbeitsplatzes muß genauso informiert werden wie über Befürchtungen, durch die „neue Technik" einen Prestigeverlust zu erleiden. Oft wird angenommen, daß durch die Einführung von neuen Techniken die Selbständigkeit am eigenen Arbeitsplatz beeinträchtigt wird. Man hat Angst, zum reinen Maschinenbediener degradiert zu werden.

Neben der Information darüber, wie sich die geplante Umstellung auf die einzelnen Arbeitsplätze auswirken wird, kann es nützlich sein, auf Erfahrungen, die woanders gemacht wurden, hinzuweisen. Auch die Ergebnisse von Studien können hier hilfreich sein.

„Kann selbständig an meiner Aufgabe arbeiten." Für diese Feststellung entschieden sich zum Beispiel in der Mitarbeiterbefragung der Metallindustrie 1985 (Menschen im Wandel der Technik) 63 Prozent aller Mitarbeiter. Bei den Mitarbeitern mit technischen Neuerungen am Arbeitsplatz waren es 68 Prozent, bei den Mitarbeitern, die den Übergang zur Mikroelektronik mitgemacht hatten, 78 Prozent.

Daß man derartige Gesamtergebnisse sehr differenziert betrachten muß, zeigt die Studie des Bayerischen Arbeitsministeriums aus dem Jahre 1979. „Wenn Sie Ihren jetzigen Arbeitsplatz mit Ihrer früheren Tätigkeit vergleichen, haben Sie dann Möglichkeiten, die Arbeit eigenverantwortlich zu planen und Entscheidungen zu treffen?" Für „mehr Möglichkeiten" entschieden sich im Gesamtergebnis aller fünf untersuchten Fallstudien 15,9 Prozent der Befragten, für „weniger" jedoch 17,9 Prozent.

Betrachtet man dagegen die Ergebnisse der fünf Fallstudien im einzelnen, ergibt sich in drei Fällen ein deutliches „Mehr", während die beiden Fallstudien, die die Textverarbeitung betrafen, einen stärkeren Stimmanteil bei „weniger Planungs- und Entscheidungsmöglichkeiten" aufweisen.

„Dieses Ergebnis erstaunt wenig, wenn man bedenkt, daß die Arbeit im organisierten Schreibbüro weitgehend darauf beschränkt ist, fertige Manuskripte und ähnliches von einem Informationsträger abzuschreiben, während früher noch in erheblich größerem Maß die Aufgabe einer Sekretärin darin bestand, zum Beispiel aus einem Rohentwurf eines Schriftstückes eine endgültige Fassung zu erstellen, beziehungsweise auch sachbearbeitend tätig zu sein. Insofern sind in der zentralen Textverarbeitung die Möglichkeiten, die Arbeit eigenverantwortlich zu planen und Entscheidungen zu treffen, gegenüber früher eingeschränkt." So der Bericht.

Zum Handlungsspielraum gehört auch die Möglichkeit der Selbstkontrolle des Arbeitsergebnisses. „Wenn Sie Ihren jetzigen Arbeitsplatz mit Ihrer früheren Tätigkeit vergleichen, haben Sie dann die Möglichkeit, das Arbeitsergebnis selbst zu kontrollieren?"

Hier waren in der Studie das Durchschnittsergebnis, aber auch die Einzelergebnisse eindeutig: 24,2 Prozent der Befragten glaubten, mehr Möglichkeiten zu haben, das Arbeitsergebnis selbst kontrollieren zu können, gegenüber 11,9 Prozent, die sich für „weniger" entschieden.

Dies sind nur zwei Beispiele von Detailinformationen, die die vom Umstellungsvorgang betroffenen Mitarbeiter interessieren. Weiterer Informationsbedarf, die Aufzählung ist nicht abschließend, könnte sich bei folgenden Fragen ergeben: Wird der Arbeitsrhythmus verändert; wie steht es um etwaige Pausenregelungen; ändert sich die Arbeitsmenge; ist eine höhere Konzentration erforderlich; wird die Arbeit vielseitiger oder eintöniger; ist der Arbeitsablauf durchschaubar?

Und wie steht es am veränderten Arbeitsplatz um die Kontaktmöglichkeiten zu Kunden oder Kollegen? Hier spielen auch die Kontakte zum Vorgesetzten eine erhebliche Rolle. Leidet die Zusammenarbeit unter der neuen Technik? Bestehen Möglichkeiten gegenseitiger Hilfe? Ist der Gruppenzusammenhalt etwa gefährdet?

Wichtig für den Mitarbeiter ist das Ansehen, welches seine Arbeitsleistung und damit eng verbunden auch er selbst genießt. Wie steht es um das „Image" nach der Umstellung?

„Wie schätzen Sie das Ansehen Ihrer jetzigen Tätigkeit verglichen mit Ihrer früheren Tätigkeit ein?" 24,6 Prozent der in der Studie des Bayerischen Arbeitsministeriums Befragten entschieden sich für „höher", 52,4 Prozent für „gleich" und nur 9,1 Prozent für „niedriger", bei einem Anteil von 13,9 Prozent, die die Frage nicht beantworteten. Eine „Degradierung" durch die Technik, wie sie immer wieder befürchtet wird, scheint also weitgehend nicht eingetreten zu sein.

Ein wichtiger Problemkreis, der unbedingt in der Information angesprochen werden muß, ist der Einsatz von neuen Geräten, Maschinen und so weiter. Wenn möglich, ist hier die mündliche Information durch visuelle zu ergänzen, zum Beispiel durch Prospektmaterial. Es sollte auch konkret auf Ausbildungsangebote hingewiesen werden, also zum Beispiel: Wie lange dauert die Einweisung, und wo findet sie statt? Hierüber muß dann ebenso informiert werden, wie darüber, was passiert, wenn jemand mit einer neuen Technik überhaupt nicht arbeiten kann.

Durch Information soll den von der Veränderung Betroffenen nicht nur die Angst vor der Umstellung genommen werden. Herauszustellen sind ebenso die Vorteile, die für jeden einzelnen mit der Umstellung verbunden sind, wie etwa eine geringere körperliche Belastung oder eine Entlastung von sich ständig wiederholenden Tätigkeiten, eine bessere Ausgestaltung von Arbeitsplätzen, Verminderung von Lärmbelastungen oder auch, daß die Arbeit durch den Einsatz von neuen technischen Hilfsmitteln geistig interessanter, anregender und vielseitiger wird.

Eines aber darf bei der Information auf keinen Fall vernachlässigt oder gar „vergessen" werden: das Gehalt. Wird es gleich bleiben, werden sich die Arbeitsbedingungen vielleicht sogar soweit ändern, daß Einbußen zu befürchten sind? Wird die Möglichkeit zur Höherqualifizierung, einer günstigeren Einstufung oder Beförderung geboten? Wie also sind meine Zukunftsaussichten? Diese Frage muß im Rahmen der Information vollständig beantwortet werden. Die leistungsgerechte Bezahlung ist nach wie vor ein Eckpfeiler der Arbeitszufriedenheit.

Mobilisierung von Ressourcen

Die Einführung von neuen Techniken am Arbeitsplatz, Änderungen der Arbeitsorganisation oder im Arbeitsablauf stellen oft erhöhte Anforderungen an die Mitarbeiter. Diese Anforderungen sollten allerdings nicht, wie dies oft geschieht, von vornherein mit „Belastungen" gleichgesetzt werden. Denn erhöhte Anforderungen können zum positiven Arbeitserlebnis werden. Genauso wie man beim Streß zwischen dem Distreß, dem belastenden, und dem Eustreß, dem lebenserhaltenden Streß, unterscheidet, können erhöhte Anforderungen die Arbeitsfreude erhöhen oder mindern.

„Die Arbeit macht Spaß, der Arbeitsvorgang, das Ergebnis macht Spaß." Für diese Aussage entschieden sich in der Mitarbeiterbefragung der Metallindustrie 1985 (Menschen im Wandel der Technik) insgesamt 60 Prozent aller Mitarbeiter, bei den Mitarbeitern mit Neuerungen am Arbeitsplatz waren es 61 Prozent und bei denjenigen, die den Übergang zur Mikroelektronik erlebt hatten, 66 Prozent. Die positiven Aussagen bei den Mitarbeitern mit technischen Neuerungen überwiegen.

„Der Anforderungsdruck ist hoch, es gibt Streß." Diese Feststellung bejahten 1985 39 Prozent der befragten Mitarbeiter insgesamt. Bei den Mitarbeitern mit technischen Neuerungen waren es 42 Prozent und bei denen, die den Übergang zur Mikroelektronik mitgemacht hatten, 46 Prozent. Wenn auch die Anzahl derer, die über Streßbelastungen am Arbeitsplatz klagten, im Vergleich zu der Untersuchung im Jahre 1982 gesunken ist, scheint die Streßbelastung an Arbeitsplätzen mit technischen Neuerungen eindeutig höher zu sein als an Arbeitsplätzen, die von Umstellungsprozessen nicht berührt worden waren. 25 Prozent der Mitarbeiter mit technischen Neuerungen am Arbeitsplatz (Mikroelektronik: 34 Prozent) glaubten, daß sich die Streßbelastung gegenüber der Belastung an ihren „alten" Arbeitsplätzen erhöht habe.

„Würden Sie sagen, daß Sie am Arbeitsplatz Streß haben?" Für „ja, häufig" entschieden sich 32 Prozent der Mitarbeiter mit technischen Neuerungen am Arbeitsplatz gegenüber 21 Prozent derjenigen, die keine Neuerungen am Arbeitsplatz hatten. Für „ja, manchmal" votierten 49 Prozent der Mitarbeiter mit Neuerungen und 44 Prozent der Mitarbeiter ohne Neuerungen am Arbeitsplatz.

An Streßbelastungen wurden im einzelnen registriert: Überlastung, Termindruck, schlechte Organisation, widersprüchliche Anweisungen, Materialnachschub klappt nicht, zu wenig Platz, Arbeitsplatz ist zu eng, Schwierigkeiten bei der Verständigung mit ausländischen Mitarbeitern, Zusammenarbeit mit Kollegen klappt nicht, Zusammenarbeit mit Vorgesetzten klappt nicht. Bei der Zusammenarbeit mit dem Vorgesetzten war die Streßbelastung bei den Mitarbeitern mit technischen Neuerungen am Arbeitsplatz geringer (1 Prozent) gegenüber der bei den Mitarbeitern ohne technische Neuerungen; bei „zu wenig Platz" war sie ausgeglichen. Bei allen anderen Streßquellen war die Belastung bei den Arbeitsplätzen mit technischen Neuerungen höher, zum Teil mit deutlichen Unterschieden.

Den Streßbelastungen am Arbeitsplatz, insbesondere bei Umstellungsprozessen, muß unbedingt mehr Aufmerksamkeit geschenkt werden. Überlastung, Termindruck, schlechte Organisation: Hier kann, hier muß etwas unternommen werden, um diese Belastungen abzubauen. Was sich in den Zahlen widerspiegelt, ist eine ausgesprochene Vernachlässigung des Führungsbereichs „Organisation". Organisation wird von vielen rein technisch gesehen und auch so betrieben. Manche identifizieren Organisation mit elektronischer Datenverarbeitung. Organisation ist aber in erster Linie Führung. Daß sie sich hierbei auch technischer Hilfsmittel bedienen kann, ist selbstverständlich. Diese Hilfsmittel dürfen jedoch nicht derart beherrschend werden, daß sich alles an ihnen orientieren muß.

Aufgabe einer zielorientierten Führung und daher auch der Organisation muß es sein, Streßbelastungen abzubauen und nicht zu erhöhen. Dies gilt in besonderem Maße bei Umstellungsvorgängen, die manchmal sogar eine doppelte Streßbelastung sein können. Denn zum einen belastet der Umstellungsvorgang selbst, zum anderen kommt dann die erhöhte ständige Streßbelastung im Vergleich zur Belastung vor der Umstellung dazu. Dabei sollte man bedenken, daß Streß nicht nur die Arbeitszufriedenheit beeinflußt, sondern zusätzlich meßbar die Leistung mindert. Schließlich kann Streß zum Leistungsausfall durch Krankheit oder frühzeitiges Ausscheiden aus dem Arbeitsleben führen.

Leider ist „Streß" immer mehr zu einem abgegriffenen Schlagwort, zum „Modebegriff" geworden, der kaum noch ernst genommen wird. Streß ist sogar für viele bereits ein Statussymbol. Es gehört geradezu zum Ansehen, zum persönlichen Image, unter Streß zu stehen. „Gestreßt" sein heißt wichtig sein. Wer von Termin zu Termin hetzt, wer abends länger bleiben muß, gilt etwas. In manchen Bereichen traut man sich schon gar nicht mehr, mit der normalen Arbeitszeit auszukommen und „überzieht" künstlich. Das Ergebnis: neuer Streß. Daß in einem solchen Streß-Klima Innovationen kaum gedeihen, Innovationsprozesse nicht reibungslos ablaufen können, liegt auf der Hand. Daß im übrigen Streßbelastungen zu Alkohol-, Medikamenten- und Drogenmißbrauch führen, ist durch viele Untersuchungen erwiesen.

Belastungen abbauen allein reicht nicht aus: „Im Vordergrund der Überlegungen muß immer eine Doppelstrategie stehen: Steigerung der Ressourcen und gleichzeitig Abbau vermeidbarer, durch technische oder organisatorische Entwicklung aufhebbarer Belastungen." (G. Schmitdchen, Menschen im Wandel der Technik, Köln 1986)

Die Steigerung von Ressourcen ist eine der großen Aufgaben der Personalführung! Drei Ressourcen kommen hier in Frage: die Berufskompetenz, die Unterstützung durch die Organisation und der finanzielle Aspekt. Innerhalb dieser Ressourcen spielt der Vorgesetzte, der Chef, eine wichtige Rolle, besonders dann, wenn er sich mit den anderen Ressourcen in Verbindung bringen läßt. „Nicht nur Vorgesetztenschulung, sondern auch Organisation des Verhältnisses von Vorgesetzten und Mitarbeitern, die Organisation der Kommunikation zwischen ihnen, die Schulung der kommunikativen Kompetenz auf beiden Seiten, gemeinsame Problemlösungsgespräche gehören zu den Maßnahmen, mit denen die vorhandenen organisatorischen Ressourcen für die Mitarbeiter fruchtbar gemacht werden können" (Schmidtchen).

Ideenmanagement

„Steigerung der Ressourcen im Rahmen einer Doppelstrategie", lautet einer der Leitsätze und Schlußfolgerungen aus den Ergebnissen der Metall-Mitarbeiteruntersuchung. Auch der Forschungsbericht „Rationalisierung und Humanisierung von Büroarbeiten", der im Auftrag des Bayerischen Staatsministeriums für Arbeit und Sozialordnung erstellt wurde, kommt zu ähnlichen Ergebnissen: „Die stärkere Benutzung technischer Hilfsmittel und die erhöhte Abhängigkeit von angewandten Techniken am Arbeitsplatz erfordern eine mitarbeiterorientierte Führung. Führungsorganisation und -stil müssen in diesem Sinne ausgelegt werden."

Zum mitarbeiterorientierten Führungsstil wird ausgeführt: „Ein mitarbeiterorientierter Führungsstil besitzt eine besondere Bedeutung bei Tätigkeiten mit einer hohen Abhängigkeit von technischen Hilfsmitteln. Hier müssen Führungskräfte in gewisser Weise ausgleichende Funktionen wahrnehmen; über seinen Vorgesetzten erfährt der einzelne in den Arbeitsprozeß eingebundene Mitarbeiter etwas über seine Leistung und nimmt soziale Kontakte wahr; ferner sollte ihm die Durchschaubarkeit der Abteilung und die Einordnung der Aufgaben der Gruppe und Abteilung in die Gesamtorganisation durch die Führungskräfte vermittelt werden."

Goldene Worte aus einem Forschungsbericht, der im Oktober 1979 veröffentlicht wurde. Drei Jahre zuvor hatte das Bayerische Arbeitsministerium das Ergebnis einer Untersuchung, in deren Rahmen etwa 4000 Mitarbeiter unter anderem auch über das Führungsverhalten der Vorgesetzten befragt worden waren, unter dem Titel „Wo drückt der Schuh?" veröffentlicht. Zahlreiche Führungsdefizite, insbesonders auf den Gebieten der Information, Kommunikation und Motivation waren in dieser repräsentativen Untersuchung aufgezeigt worden.

In diesem Zusammenhang stellt sich die Frage: Liest überhaupt irgendjemand diese Berichte? Und was geschieht zur „Nutzanwendung" in der Praxis? Die „Führungsbilanz" gerade auf den Gebieten, die für Innovationsprozesse eine Schlüsselfunktion besitzen, hat sich nicht verbessert. Im Gegenteil, nach den Ergebnissen der von uns durchgeführten Befragungen und auch denen anderer Untersuchungen hat sich der Trend zu einem autoritären Führungsverhalten insgesamt deutlich verstärkt: Die Möglichkeit, an Entscheidungsprozessen mitzuwirken, ist geringer geworden. Einem „Weniger" bei der Anerkennung der Leistung steht ein „Mehr" bei der Kritik des Verhaltens gegenüber. Die Informations- und Kommunikationsdefizite haben sich deutlich erhöht.

Führungs- und Organisationstheorie und Führungspraxis klaffen immer stärker auseinander. Dies kann nicht ohne Auswirkungen auf die „Innovationsbilanz" bleiben, insbesondere in dem Bereich, der von der Innovation von „unten nach oben" lebt. Im Rahmen des Innovationsmanagements wird das „Ideenmanagement" gefordert. Für den Bereich des betrieblichen Vorschlagswesens wird folgende These aufgestellt (Heidack/Brinkmann, Betriebliches Vorschlagswesen, Band 2, Fortentwicklung zum Ideenmanagement durch Motivation und Gruppen, Freiburg 1984): „Das Management hat die Verpflichtung, alle Möglichkeiten zu nutzen, das Geisteskapital in jeder Hinsicht auszuschöpfen, die Ziele hierfür klarzustellen und ständig zu vertreten. Nur durch ein umfassendes Ideenmanagement mit besonderer Unterstützung und Anerkennung von Sonderleistungen bei Verbesserungen und Innovationen kann der Erfolg gewährleistet sein (...) Schlüsselfigur für ein fortschrittliches Denken ist der Vorgesetzte."

Ideenmanagement und kooperative Führung bedingen einander. Je ausgeprägter in einem Bereich kooperativ geführt wird, um so höher ist die Kreativität der Mitarbeiter und um so höher ist die „Quote" an Verbesserungsvorschlägen aus dem Kreise der Führungskräfte und Mitarbeiter. Die Anzahl der Anregungen, die von den Mitarbeitern kommen, ist geradezu ein Gradmesser für den in einem Bereich praktizierten Führungsstil. Wenn wenig oder keine Vorschläge „von unten" kommen, liegt dies in den wenigsten Fällen daran, daß etwa die für derartige Vorschläge zu erwartenden Prämien zu niedrig sind, wie immer wieder behauptet wird. Die „erhoffte Prämie" spielt bei der Motivation, sich am Betrieblichen Vorschlagswesen zu beteiligen, keine ausschlaggebende Rolle.

Das „Betriebliche Vorschlagswesen" führt auch heute noch in vielen Bereichen ein Mauerblümchendasein. Und das trotz wiederholter „offizieller" Empfehlungen von Institutionen und Verbänden. So heißt es zum Beispiel in den Arbeitsberichten des Ausschusses für soziale Betriebsgestaltung bei der Bundesvereinigung der deutschen Arbeitgeberverbände: „Wenn heute von Arbeitnehmerseite vielfach die Beziehungslosigkeit zur Arbeit und von Unternehmerseite die Gleichgültigkeit der Mitarbeiter gegenüber dem betrieblichen Geschehen beklagt wird, so erweist sich gerade das Betriebliche Vorschlagswesen als ein Führungsinstrument, das teilnahmslose Betriebsangehörige zu interessierten Mitarbeitern verwandeln kann."

Wie stark die Vorbehalte gegen die Einführung eines Betrieblichen Vorschlagswesens noch sind, zeigt die Einstellung vieler Chefs, die ein solches „offiziell" deshalb nicht einführen wollen, weil ja schließlich der Betriebsrat bei der Entwicklung der Grundsätze des Betrieblichen Vorschlagswesens ein Mitbestimmungsrecht hat. Und nur um den Betriebsrat nicht „mitbestimmen" zu lassen, wird auf dieses wichtige Führungs- und Motivationsmittel verzichtet! Der autoritäre Führungsstil in seiner reinsten Form!

Ganz gleich, ob es in einer Organisation ein institutionalisiertes Vorschlags- und Verbesserungswesen gibt oder nicht: Die Führung muß alles tun, um ein Klima zu schaffen, in dem Mitarbeiter und Führungskräfte zu Vorschlägen ermuntert werden. Dabei sind es nicht nur die spektakulären „großen Verbesserungen", die das Vorschlagswesen prägen. „Gerade die vielen kleinen Vorschläge, die sonst als Wissen ungenutzt bleiben, sind in ihrer Summe von Bedeutung" (Das Betriebliche Vorschlagswesen, Blätter für Vorgesetzte, Bundesarbeitgeberverband Chemie, 5/1987).

Und auch hier wird der Schluß gezogen: „Mit Hilfe des Betrieblichen Vorschlagswesens kann man ganz einfach herauslesen, wo es in den Betrieben stimmt und wo nicht." Und: „Sehr leicht kann man dann die Chance wahrnehmen, das Vorschlagswesen als Möglichkeit zur Beurteilung von Führungskräften zu erkennen."

„Urheberbilanz"

Bei Veränderungsprozessen, die von „unten nach oben" initiiert werden, kommt dem mittleren Management eine Schlüsselfunktion zu. Durch sein Führungsverhalten kann er zum Motor des Vorschlagwesens werden. Jedoch kommt es auch vor, daß Führungskräfte sich als regelrechte „Denkverhinderer" betätigen.

Wenn Führungskräfte des mittleren Managements „mauern", Vorschläge, die von ihren Mitarbeitern gemacht werden oder gemacht werden könnten, „abblocken", so kann dies daran liegen, daß die oberste Leitungsebene dem Vorschlagswesen nicht die Bedeutung beimißt, die ihm zukommt. Und um dann nicht unangenehm „aufzufallen", wird auf diesem Gebiet keine Aktivität entfaltet. Man orientiert sich am „Beispiel von oben".

Führungskräfte des mittleren Managements werden aber auch dann nicht aktiv, wenn sie von ihrer Funktion her lediglich als „Vollstrecker" von Anordnungen der obersten Leitungsebene und nicht als selbständig denkende Führungskräfte, als „Unternehmer im Unternehmen" betrachtet werden. Wie kann man Aktivität dahingehend erwarten, daß die Mitarbeiter aktiviert werden, Vorschläge zu machen – von eigenen Vorschlägen ganz zu schweigen –, wenn „Ausführungsmentalität" das Führungsklima bestimmt?

Diese Haltung des mittleren Managements kommt nicht von ungefähr. Die Ursache liegt weitgehend in der Einstellung der obersten Leitungsebene gegenüber dieser Gruppe von Führungskräften begründet. Ein solches „Problem" dadurch lösen zu wollen, indem man daran denkt, ganze Ebenen des mittleren Managements einfach zu eliminieren, ist sicher der falsche Weg. Auch führt es keinen Schritt weiter, diese Führungskräfte als „Minderleister" oder „Schleusenwärter" zu deklassieren. Was not tut, ist eine Veränderung des eigenen Führungsverhaltens gegenüber dieser Gruppe von Führungskräften. Hier muß Hilfe angeboten werden, die zum einen darin besteht, diesen Führungskräften ihre Führungsaufgabe zu verdeutlichen, und zum anderen, durch entsprechende Schulung in Führungsfragen dafür zu sorgen, daß diese Führungsaufgaben auch effizient wahrgenommen werden können.

Denn wer als „Minderleister" oder „Schleusenwärter" abgestempelt wird, ist ängstlich darauf bedacht, daß das eigene Ansehen nicht noch dadurch geschmälert wird, daß von Mitarbeitern des eigenen Bereichs Vorschläge gemacht werden, „die ja eigentlich schon längst von ihnen selbst hätten kommen müssen".

„Achtet Ihr Vorgesetzter darauf, daß Ihre Ideen auch als Ihre Vorschläge bekannt werden?" Mit „immer" antworteten 17,4 Prozent der von uns befragten Führungskräfte der Wirtschaft, für „meistens" konnten sich 49,7 Prozent entscheiden. Für „manchmal" votierten 26,9 Prozent, für „selten" 3,6 Prozent und für „nie" 2,4 Prozent.

Das von den Vorgesetzten praktizierte Verhalten setzte sich denn auch konsequent nach „unten" fort. Von den ebenfalls befragten Mitarbeitern entschieden sich 19,2 Prozent für „immer", 26,2 Prozent für „meistens", 34,6 Prozent für „manchmal", 11,5 Prozent für „selten" und 7,7 Prozent für „nie".

Diese „Urheberbilanz" ist erschreckend. Wenn bei den Führungskräften und Mitarbeitern sich nicht einmal ein Fünftel zu der Aussage entscheiden konnten, daß ihr Vorgesetzter „immer" die Ideen seiner Mitarbeiter eben auch als deren Ideen „weitergibt", dann ist man doch von dem immer wieder beschworenen „Ideenmanagement" sehr weit entfernt. Da ist es dann auch wenig tröstlich, wenn bei den Führungskräften rund 50 Prozent und bei den Mitarbeitern ein gutes Viertel diese Frage mit „meistens" beantworteten. Wenn jemand eine Idee hat, einen Vorschlag macht, dann ist es doch schließlich das mindeste, daß der „Urheber" genannt wird, und zwar immer. Das gebietet schon der Anstand und ist auch rechtliche Verpflichtung, von der Motivationswirkung einmal ganz zu schweigen. Führungskräfte, die sich hier anders verhalten, begehen kaum wieder gut zu machende Führungsfehler und verspielen ihr Ansehen. Außerdem sind sie jederzeit erpreßbar. Das Ganze mit „Nachlässigkeit" entschuldigen zu wollen, löst das Führungsproblem nicht, abgesehen davon, daß es in vielen Fällen eben keine Nachlässigkeit war, die Urheberschaft zu „verschweigen" oder sich gar mit fremden Federn zu schmücken.

Von einer völligen Verkennung der Führungsaufgabe, ja von Anti-Führungsverhalten muß man sprechen, wenn man die Ergebnisse bei „manchmal", „selten" oder „nie" betrachtet. Wenn sich hier ein Drittel der Führungskräfte und mehr als die Hälfte der Mitarbeiter zu diesen Feststellungen veranlaßt sah, kann man hieraus sicher Schlüsse auf den in einem Bereich praktizierten Führungsstil schließen. Wie kann sich hier Kreativität entwickeln? Wie kann man Identifikation mit der Organisation, „für" die man tätig sein soll, erwarten? Was bleibt, ist ein „anwesend sein", ein Arbeiten „in" der Organisation, anstatt sich „für" diese einzusetzen.

In vielen Fällen werden Ideen und Vorschläge jedoch bereits im „Vorfeld" abgeblockt. „Wenn Sie von sich aus Vorschläge machen, geht Ihr Vorgesetzter auf diese Vorschläge ein?" Mit „hört sie nur an" antworteten 6 Prozent der von uns befragten Führungskräfte der Wirtschaft. Für „geht selten auf sie ein" entschieden sich 25,7 Prozent, der Rest für „geht meistens auf sie ein".

Bei den Mitarbeitern waren es 7,7 Prozent, die sich für „hört sie nur an" und 34,6 Prozent, die sich für „geht selten auf sie ein" entschieden. Besonders hoch war die Negativquote bei den Berufsanfängern. Sie betrug 26,7 Prozent bei „hört sie nur an" und 46 Prozent bei „geht selten auf sie ein".

Sicher ist nicht jeder Vorschlag auch in die Praxis umsetzbar. Manchem Vorschlag eines Berufsanfängers mag die „Praxisreife" fehlen. Vorschläge aber nur anzuhören, ohne auf sie einzugehen, kann dazu führen, daß überhaupt keine mehr gemacht werden. Denn vom Motivationsaspekt her sind gerade solche Vorschläge, die sich nicht in die Praxis umsetzen lassen, wichtig. Hier muß nachvollziehbar begründet werden, warum der Vorschlag nicht umgesetzt werden kann. Und man muß demjenigen, der den Vorschlag gemacht hat, deutlich wissen lassen, daß man seine Initiative schätzt, daß man auch in Zukunft mit seiner Kreativität rechnet. Eine „schriftliche Mitteilung", daß der Vorschlag nicht „angenommen" werden konnte, reicht nicht aus. Hier gilt das Shakespeare-Wort: „Füttere uns mit Lob wie junge Vögel. Die gute Tat, die ungepriesen bleibt, würgt tausend andere, die sie zeugen könnte."

Innovations-Kleinklima

Verbesserungsvorschläge sollten anerkannt werden, nicht zuletzt durch Prämien, die dafür gezahlt werden. Bei der Motivation, Verbesserungsvorschläge zu machen, spielt auch die „Prämie" eine wichtige, aber nicht entscheidende Rolle.

Mit der Aussicht auf eine einmalige Prämie für einen konkreten Verbesserungsvorschlag steht in engem Zusammenhang die Aussicht auf bessere Bezahlung allgemein, auf Förderung und Beförderung. Man sollte daher Verbesserungsvorschläge nie isoliert betrachten. Aus einem Vorschlag gilt es viele Vorschläge für die Zukunft zu machen, das Kreativitätspotential zielbewußt zu fördern. Alles das muß bei der „Bearbeitung" von Vorschlägen beachtet werden. Insofern hat jeder Vorschlag eine Bedeutung, die über den „Einzelfall" weit hinaus geht.

Der weitaus größere Teil der Mitarbeiter und Führungskräfte ist aufstiegsorientiert, so zum Beispiel auch rund zwei Drittel der Mitarbeiter in der Metallindustrie (Neue Technik, Neue Arbeitsmoral). „40 Prozent davon erklären schlicht, sie möchten weiterkommen, sie haben noch nicht erreicht, was für sie möglich ist. Weitere 26 Prozent melden Schwierigkeiten: Sie möchten weiterkommen, glauben aber, daß es wahrscjeinlich nicht geht. Und schließlich sagen 33 Prozent, sie hätten erreicht, was möglich ist."

Daß sich Aufstiegsmöglichkeiten insbesondere für solche Mitarbeiter bieten, die sich immer wieder etwas Neues einfallen lassen, liegt auf der Hand. Wie die Untersuchung in der Metallindustrie zeigt, halten eine große Zahl von Mitarbeitern Ausschau nach solchen Verbesserungsmöglichkeiten. Die Bandbreite erstreckt sich von 10 Prozent bei den um- und angelernten Mitarbeitern bis zu 54 Prozent bei den außertariflich Angestellten.

Bei der Frage „Was müßte getan werden, um die Arbeit produktiver zu gestalten?" rangierten „Verbesserungen im Arbeitsablauf", „Technische Verbesserungen" und „Verbesserung der Information" an der Spitze. Im Mittelfeld befanden sich zum Beispiel „Mehr Anreize für Verbesserungen", „Bessere Bezahlung", „Verbesserung der Zusammenarbeit unter den Mitarbeitern" und „Wenn die Vorgesetzten sich mehr kümmern würden".

Nun, Aufstiegsstreben ist nur die eine Seite der Medaille. Das Streben nach Aufstieg muß sein Gegenstück in der Förderung durch die Vorgesetzten haben. Sie müssen an dem beruflichen Weiterkommen ihrer Mitarbeiter auch interessiert sein.

„Haben Sie das Gefühl, daß Ihr Vorgesetzter an Ihrem beruflichen Weiterkommen interessiert ist?" Mitarbeiter der Metallindustrie beantworteten diese Frage wie folgt: „sehr interessiert" 11 Prozent, „etwas interessiert" 28 Prozent, „nicht besonders" 19 Prozent, „überhaupt nicht" 9 Prozent, „ist ihm egal" 19 Prozent. Kein Urteil vermochten 14 Prozent der Befragten abzugeben.

Hier fällt es schon schwer, die Anteile bei den Antworten „sehr interessiert" und „etwas interessiert", so wie es in der Auswertung der Befragung geschehen ist, zu einer „Positivbilanz" von 39 Prozent zusammenzufassen. Vielleicht hätte man anstatt der Antwortmöglichkeit „etwas interessiert" die Alternative „interessiert" wählen sollen. Selbst wenn man aber hier 39 Prozent, nur 39 Prozent, auf der Positivseite zählt, ist dann nicht noch eine gewaltige Führungsarbeit zu leisten, um die Vorgesetzten zu überzeugen, daß die Förderungsaufgabe intensiver oder überhaupt erfüllt werden muß? Wenn sich 47 Prozent dahingehend äußern, daß ihr Vorgesetzter nicht besonders oder überhaupt nicht an ihrem beruflichen Weiterkommen interessiert ist, oder daß dies ihm egal sei, so liegt hierin ein Demotivationsfaktor ersten Ranges. Besonders nachdenklich müssen auch die 14 Prozent der Befragten machen, die glaubten, kein Urteil abgeben zu können. Sind diese Mitarbeiter von ihren direkten Vorgesetzten so weit „entfernt", daß sie sich über die Einstellung ihrer Vorgesetzten in dieser für sie existentiellen Frage kein Bild machen können?

Das Ergebnis dieser Untersuchung im Metallbereich findet ein interessantes Gegenstück in der 1982 durchgeführten Untersuchung „Jobs in the 80's". Arbeitnehmern mit der Einstellung „ich möchte immer mein Bestes geben" war die Frage gestellt worden: „Haben Sie den Eindruck, daß man sich an Ihrem Arbeitsplatz wirklich um

Sie kümmert, oder haben Sie den Eindruck, daß man sich für sie als Person nicht sehr interessiert?"

Nur 61 Prozent der Befragten mit dieser positiven Einstellung zur Arbeit antworteten mit „kümmert sich um mich", 19 Prozent hatten den Eindruck, daß man sich nicht für sie interessiert, und 20 Prozent antworteten mit „unmöglich zu sagen".

Wohlbemerkt, dies war das Ergebnis bei der Gruppe mit der positivsten Einstellung zur Arbeit. Bei der Gruppe mit der Einstellung „sehe meine Arbeit wie ein Geschäft" hatten nur 38 Prozent den Eindruck, daß man sich um sie kümmert, und von denjenigen, die die Arbeit als unangenehme Lebensnotwendigkeit betrachteten, hatten nur 28 Prozent diesen Eindruck. Bei der Gruppe der letzteren konnte ein Drittel kein Urteil abgeben.

Freilich, solche Untersuchungsergebnisse machen keine Schlagzeilen. Das darf aber nicht darüber hinwegtäuschen, daß sie die Realität des Arbeitsalltags widerspiegeln. Jede Führungskraft sollte sich immer wieder die Frage stellen: Wie steht es um mein Führungsverhalten? Wie ist es um das Innovationsklima in meinem Bereich bestellt? Und zwar jede Führungskraft! Das schließt die oberste Leitungebene mit ein. Leider muß man jedoch immer wieder beobachten, daß eher nach dem Motto gehandelt wird: „Fakten sind wie Schuhe, wem sie nicht passen, zieht sie nicht an."

Wenn das mittlere Management also unentbehrlich ist, dann hier. Die Vorgesetzten müssen ihren Mitarbeitern nicht nur die Angst nehmen, daß sie mit ihren Vorschlägen bei ihnen „anecken" könnten. Die Vorgesetzten müssen auch darauf hinwirken, daß Vorschläge überhaupt gemacht werden.

Doch gehört dazu auch die nötige Hilfestellung. Wieviele Ideen werden nicht zu Papier gebracht, weil es Formulierungsschwierigkeiten gibt? Welcher Mitarbeiter, der der deutschen Sprache nicht vollkommen mächtig ist, traut sich, einen Vorschlag schriftlich zu formulieren? Hier müssen die Vorgesetzten helfen, die Barrieren zu überwinden.

Vor allem aber müssen die Vorgesetzten dafür sorgen, daß das Gruppenklima „stimmt". Vorschläge werden oft auch deswegen nicht gemacht, weil man Angst vor den Kollegen hat, die glauben, man wolle sich auf Kosten der anderen hervortun. Auch Neid spielt eine Rolle. Vielleicht ist es sogar möglich, in der Gruppe ein „Innovations-Kleinklima" zu schaffen, das die Erarbeitung von Gruppenvorschlägen begünstigt. Quality circles in der Praxis!

Änderung der Arbeitsmoral

Wollen die Mitarbeiter überhaupt in Umstellungs- und Veränderungsprozesse einbezogen werden? Sind sie an einer aktiven Beteiligung, die über eine mehr oder minder passive Akzeptanz hinausgeht, interessiert? Oder wollen sie nur in Ruhe gelassen werden, sind mehr an Freizeit als an der Arbeit interessiert und froh, wenn sie nach Arbeitsschluß ihren Feierabend haben? In unseren Führungsseminaren werden wir insbesondere von Führungskräften der oberen Leitungsebenen immer wieder mit dem Bild des „freizeitorientierten Arbeitnehmers" konfrontiert, der die 35-Stundenwoche mit vollem Ausgleich fordert und nur noch das tut, was von ihm verlangt wird.

Doch wird diese Ansicht durch die Ergebnisse unserer Untersuchungen widerlegt. Mitarbeiter wollen mitdenken, Anregungen geben, Vorschläge unterbreiten. Alles in allem: Sie wollen die Bedingungen am Arbeitsplatz aktiv mitgestalten, an dem sie letzten Endes die besten Stunden ihres wachen Lebens verbringen.

Vorgesetzte sollten dieser positiven Einstellung zum Arbeitsleben Rechnung tragen. Die Vorgesetzteneigenschaft, „Vorschläge und Anregungen (werden) nicht beachtet", nimmt nach wie vor unter den Eigenschaften, die bei einem Vorgesetzten besonders stören, einen Spitzenplatz ein. Ein Vorgesetztenverhalten, das die Vorschlagsfreudigkeit bei den Mitarbeitern blockiert, beeinträchtigt die Freude, das Erfolgserlebnis an der Arbeit und macht das Arbeitsleben unattraktiv.

Die Arbeit ist nicht mehr des Deutschen liebstes Kind! Dies zeigen insbesondere die Ergebnisse der Untersuchung „Jobs in the

80's" und die EMNID-Untersuchung vom Herbst 1986 (Die Arbeitsmotivation von Arbeitern und Angestellten der deutschen Wirtschaft). Den Befragten waren folgende Aussagen über den Stellenwert der eigenen Arbeit vorgelegt worden:

1. „Ich setze mich in meinem Beruf ganz ein und tue oft mehr, als von mir verlangt wird. Der Beruf ist mir so wichtig, daß ich ihm vieles opfere."
2. „Ich tue bei meiner Arbeit das, was von mir verlangt wird, da kann mir niemand etwas vorwerfen. Aber, daß ich mich darüber hinaus noch besonders anstrengen soll, sehe ich nicht ein. So wichtig ist mir der Beruf nun auch wieder nicht."

Für die erste Meinung entschieden sich in der 1982 durchgeführten Untersuchung 42 Prozent, 1986 44 Prozent, wobei zu bemerken ist, daß sich 1982 16 Prozent nicht für die eine oder andere Aussage entscheiden konnten, während 1986 nur 2 Prozent „offen" blieben.

Für die zweite Meinung entschieden sich 1982 ebenfalls 42 Prozent, bei der EMNID-Untersuchung 1986 54 Prozent. Interessant war die Veränderung innerhalb der einzelnen untersuchten Gruppen bei der zweiten geäußerten Ansicht (die Zahlen von 1982 stehen in Klammern):

- Un- und angelernte Arbeiter: 73 Prozent (61),
- Facharbeiter: 57 Prozent (49),
- Nichtleitende Angestellte, Beamte: 53 Prozent (47),
- Leitende Angestellte, Beamte: 26 Prozent (19).

Nur bei den Selbständigen blieb die Prozentzahl derjenigen, die sich für die zweite beschriebene Möglichkeit entschieden hatten, gleich, nämlich 8 Prozent.

Auch hier zeigt sich, wie wichtig eine detaillierte Betrachtungsweise ist. Nimmt man zum Beispiel nur das Gesamtergebnis bei der ersten Meinung zur Kenntnis, zeigt sich sogar eine positive Entwicklung, nämlich eine Steigerung von 2 Prozent! Eine solche Betrachtungsweise würde jedoch der Realität nicht gerecht, das Ergebnis geradezu verfälscht.

Die Steigerung in den einzelnen Gruppen innerhalb des doch sehr kurzen Zeitraums zwischen 1982 und 1986 sind beträchtlich und liegen zwischen 6 und 12 Prozent. Diese Entwicklung einfach nur zur Kenntnis zu nehmen, käme einer Resignation gleich.

Erstaunlich ist allerdings, daß bis in die Gruppe der nicht leitenden Angestellten mittlerweile eine Mehrheit der zweiten Meinung zuzustimmen scheint, was auch der Bericht zur EMNID-Untersuchung 1986 aufzeigt. Nun, beim Erstaunen darf es nicht bleiben. Das Arbeitsleben muß wieder attraktiver gestaltet werden, und zwar für alle, angefangen vom ungelernten Arbeiter bis zur Führungskraft der oberen Leitungsebene – hier betrug der Unterschied immerhin volle 7 Prozent.

Es muß endlich etwas im Führungsbereich unternommen werden. Der Führungsstil entspricht nicht mehr den Anforderungen der gesellschaftlichen Entwicklung. Wenn Innovationen, dann im Führungsverhalten. Wenn hier nichts Entscheidendes geschieht, werden sich immer mehr Menschen von ihrer Arbeitswelt abwenden und nur noch den einen Wunsch haben: in Ruhe gelassen zu werden.

„Was erscheint Ihnen bei Ihrer täglichen Arbeit besonders wichtig?" 1985 entschieden sich 7,7 Prozent der von uns befragten Führungskräfte (Angestellte, Arbeiter: 10,5 Prozent) für „in Ruhe gelassen werden". 1981 waren es noch 4,6 Prozent der Führungskräfte, die sich so geäußert hatten.

Mag dieser Prozentsatz für manchen gering erscheinen, bedenklich ist der Trend, der sich hier abzeichnet. Denn wer in Ruhe gelassen werden will, ist letzten Endes kaum noch kreativ. Und wer nicht einsieht, warum er sich noch besonders anstrengen soll, wird bezüglich Innovationen keine besonderen Aktivitäten mehr entwickeln. Wenn hier 53 Prozent der „Nicht-Leitenden", aus denen sich schließlich die mittleren und unteren Führungskräfte entwickeln, sich nicht mehr besonders anstrengen, ist es um die lebenswichtigen künftigen Innovationen schlecht bestellt. Dazu kommt noch die „Vorbildwirkung" auf die Mitarbeiter dieser Vorgesetzten.

Hat vielleicht das mittlere Management von seinen Vorgesetzten „gelernt"? Immerhin ist der Anteil bei dieser Gruppe von Führungskräften, die nur noch das tun, was von ihnen verlangt wird, von knapp einem Fünftel auf ein gutes Viertel angestiegen. Diese Einstellung kommt doch nicht von ungefähr. Was hat man denn getan, um die Führungskräfte bei der Erfüllung ihrer Führungsaufgabe zu unterstützen? Führungskräfte fühlen sich schließlich auf ihrem Führungsgebiet weitgehend allein gelassen. Und nicht nur das. Sie müssen sich noch als „überflüssig", als „Minderleister" abqualifizieren lassen.

Doch ist die Veränderung in der Arbeitsmoral wirklich so erstaunlich? Oder ist das Ganze nicht eher eine logische Entwicklung? Eine Führung, die nicht den Erwartungen entspricht, bedeutet Streß. Wie reagiert aber der Mensch auf Streß? Mit Kampf oder Flucht!

Nur noch das tun, was erwartet wird. Kommt das nicht einem „Zurückziehen" von der Arbeit schon sehr nahe? Der Schritt zur „Flucht aus der Arbeit" scheint vorprogrammiert.

Ertragsbilanz der Arbeit

„Wie sehen Sie das gefühlsmäßig – verbraucht sich der Mensch in der Arbeit eher, oder gewinnt er auch etwas durch die Arbeit?" Mitarbeiter der Metallindustrie beantworteten diese Frage zur „persönlichen Ertragsbilanz der Arbeit" in den Jahren 1982 und 1985 wie folgt (in Klammern stehen zum Vergleich die Mitarbeiter mit technischen Neuerungen am Arbeitsplatz):

- „Gewinnt auch etwas": 1982 59 Prozent (60), 1985 51 Prozent (51).
- „Verbraucht sich eher": 1982 30 Prozent (29), 1985 34 Prozent (36).
- „Kein Urteil" vermochten 1982 11 Prozent (10) und 1985 14 Prozent (11) abzugeben.

Bei diesen Ergebnissen fällt der deutliche Rückgang um 8 Prozent (9) bei denjenigen auf, die glauben, durch Arbeit etwas zu gewinnen. Diesem Rückgang steht ein Zuwachs um 4 Prozent (7) bei denjenigen gegenüber, die glauben, daß sich der Mensch eher durch die Arbeit verbraucht.

Auch hier heißt es im Untersuchungsbericht „Ist es erstaunlich, daß die Bilanzierungsfrage, ob man durch die Arbeit gewinne, oder ob sich der Mensch in der Arbeit verbrauche, im Sommer 1985 nicht mehr ganz so positiv beantwortet wurde wie 1982".

Ist es wirklich erstaunlich, daß die persönliche Ertragsbilanz der Arbeit negativer geworden ist? Und das, obwohl die äußeren Bedingungen der Arbeit sich in wichtigen Bereichen augenscheinlich verbessert haben.

Bestehen zwischen der Verschlechterung der persönlichen Ertragsbilanz und der Veränderung bei der Arbeitsmotivation Zusammenhänge? Tut man bei der Arbeit etwa nur deshalb ausschließlich das, was verlangt wird, und strengt sich darüber hinaus nicht besonders an, weil man befürchtet, daß man sich durch die Arbeit eher verbraucht als gewinnt? Liegt es etwa daran, daß ein Führungsverhalten, das vor wenigen Jahren noch hingenommen wurde, heute nicht mehr akzeptiert, ja als belastend empfunden wird, weil die Ansprüche an die Führung im Rahmen der gesellschaftlichen Entwicklung gestiegen sind? Stillstand ist Rückschritt! Die Führung muß nicht schlechter geworden sein. Sie ist nur mit den sich ständig erhöhenden – berechtigten – Ansprüchen nicht mitgewachsen.

Entscheidend ist hier das Kerngebiet des Führungsverhaltens: die Beteiligung an Entscheidungsprozessen. Hier zeigen die Ergebnisse der Allensbach-Untersuchungen aus den Jahren 1973 bis 1982 einen eindeutigen Rückgang im Entscheidungsspielraum bei Angestellten und Arbeitern auf, und zwar entgegen dem internationalen Trend.

„An meinem Arbeitsplatz habe ich ganz wenig Entscheidungsfreiheit." Angestellte (Arbeiter in Klammern) entschieden sich 1973 mit 17 Prozent (31) für diese Feststellung, 1982 waren es schon 30 Prozent (48). Für „mittel" entschieden sich 1973 33 Prozent (34), 1982 waren es 36 Prozent (31). Für „viel Entscheidungsfreiheit" entschieden sich 1973 50 Prozent (35), 1982 nur noch 34 Prozent (21).

Bei „ganz wenig Entscheidungsfreiheit" hat sich also die Situation bei 13 Prozent (17) der Angestellten (und Arbeiter) verschlechtert, ebenfalls bei „viel Entscheidungsfreiheit" um 16 Prozent (14). Bei „mittel" ergab sich eine leichte Verbesserung um 3 Prozent bei den Angestellten und eine Verschlechterung von 3 Prozent bei den Arbeitern.

Bei der Untersuchung im Metallbereich zeigte sich eine ähnliche Entwicklung. Während jedoch bei der Allensbach-Untersuchung eine „Leiter" von 11 Stufen gebildet worden war und bei den Ergebnissen die Stufen 0 bis 3, 4 bis 6 und 7 bis 10 zusammengefaßt wurden, waren bei der Metall-Untersuchung nur 5 Stufen vorgegeben worden. Bei der Auswertung wurden dann die Stufen 1 und 2 sowie die Stufen 3 bis 5 zusammengefaßt. Bei dieser Betrachtungsweise ergab sich eine Abnahme an Entscheidungsspielraum bei nur 2 Prozent der Mitarbeiter insgesamt gegenüber einem Zuwachs von 2 Prozent bei Mitarbeitern mit technischen Neuerungen am Arbeitsplatz.

Bildet man aber, wie bei der Allensbach-Untersuchung, auch eine Mittelgruppe, dann sieht das Ergebnis in den beiden oberen Gruppen schon anders aus: Ein Rückgang an Entscheidungsspielraum in den beiden oberen Gruppen bei den Mitarbeitern insgesamt um 7 Prozent gegenüber einem Gleichstand bei den Mitarbeitern mit technischen Neuerungen.

Die Feststellung von Frau Noelle-Neumann „In jedem Falle verschlechterte sich damit bei uns die Qualität des Arbeitslebens" (Macht Arbeit krank? Macht Arbeit glücklich?, München 1985), gilt uneingeschränkt auch in diesem Bereich.

Mit Recht hatte sie schon 1982 beklagt: „Dabei gab es Jahr für Jahr das Forschungsprogramm ‚Humanisierung des Arbeitslebens', für das das Bundesministerium für Forschung und Technologie Hunderte von Millionen DM zur Verfügung stellte. Das Thema: ,Wie erreicht man mehr Freiheitsgefühl am Arbeitsplatz?' tauchte im Forschungsprogramm unter dem Stichwort ,Humanisierung' nicht auf."

Wird das Gefühl, sich bei der Arbeit zu verbrauchen, etwa bewußt oder unbewußt auch und vor allem dadurch beeinflußt, daß der Entscheidungsspielraum am Arbeitsplatz abgenommen hat? Gerade auf die Zusammenhänge zwischen Freiheitsgefühl und Wohlbefinden ist in vielen Allensbach-Untersuchungen immer wieder hingewiesen worden. Schon morgens fühlten sie sich frisch und munter, sagten Angestellte mit viel subjektivem Freiheitsgefühl zu 42 Prozent, mit wenig Freiheitsgefühl am Arbeitsplatz zu 21 Prozent. Bei den Arbeitern lagen die entsprechenden Werte etwa gleich hoch.

Weitere beträchtliche Unterschiede waren bei folgenden Antworten festzustellen, wobei die Unterschiede bei den Befragten mit viel und wenig subjektivem Freiheitsempfinden bis zu 42 Prozent betrugen:

- Ein Leben ohne Arbeit finde ich nicht schön.
- Die Stunden während der Arbeit sind mir ebenso lieb wie die Freizeit.
- Mit meiner Arbeit bin ich voll und ganz zufrieden.
- Ich habe an keinem Tag des Jahres 1981 gefehlt.

Muß man da wirklich erstaunt sein, wenn die persönliche Ertragsbilanz der Arbeit immer negativer wird? Sich frisch und munter, gesund fühlen, gern zur Arbeit gehen, mit der Arbeit voll und ganz zufrieden sein – die besten Voraussetzungen für Kreativität und Innovationen! Das Management, das Innovationen fordert, steht sich mit seinem autoritären Führungsverhalten selbst im Wege.

Freiheitsgefühl – Wohlbefinden – Vertrauen

„Ich fühle mich morgens beim Aufstehen immer frisch und munter!" Wenn darüber im Zusammenhang mit Innovationsprozessen in unseren Führungsseminaren mit Führungskräften diskutiert wird, kommt oft Heiterkeit auf. Warum eigentlich? Erinnert man sich dabei etwa unwillkürlich an die Gefühle, die man selbst beim Aufstehen hat? Kommt da vielleicht der Gedanke „schön wär's"? Oder ist man der Auffassung, was hat das alles mit der Arbeit, mit Innovationen zu tun?

Sich frisch und munter beim Aufstehen fühlen? Die Hauptsache ist doch, die „Leute" kommen pünktlich zur Arbeit, wobei die Betonung auf „pünktlich" liegt. Im übrigen scheint man sich über die Effizienz der Arbeitsleistung selbst weniger Gedanken zu machen. Hauptsache, „die Leute sind da".

Theodor Fontane hat einmal geschrieben: „Wer schaffen will, muß fröhlich sein." Und vorher heißt es in dem Vierzeiler: „Du wirst es nie zu Tüchtigem bringen mit trüben Grabesträumereien." Nun, es müssen ja nicht gerade „Grabesträumereien" sein, die die Kreativität verhindern. Sich nicht frisch und munter zu fühlen, reicht da schon aus.

Freiheitsgefühl, Wohlbefinden und Kreativität gehören zusammen. Führungskräfte, die dies nicht wahrhaben wollen, werden immer weniger Erfolge auf dem Gebiet der Innovation erzielen können. Und noch etwas gehört zusammen: Freiheitsgefühl und Vertrauen. Nur diejenigen Vorgesetzten, die ihren Mitarbeitern vertrauen, ihnen etwas zutrauen, werden auch bereit sein, ihre Mitarbeiter in Entscheidungsprozesse mit einzubeziehen, ihnen Aufgaben, Befugnisse und Verantwortung zu übertragen.

„Vertrauensvolle Zusammenarbeit" ist gesetzlich verordnet in § 2 des Betriebsverfassungsgesetzes; die Personalvertretungsgesetze des Bundes und der Länder haben ähnliche Bestimmungen. „Arbeitgeber und Betriebsrat arbeiten (...) vertrauensvoll (...) zum Wohle der Arbeitnehmer und des Betriebes zusammen."

Für Innovationsprozesse haben insbesondere noch die §§ 81, 90 und 91 des Betriebsverfassungsgesetzes Bedeutung. Nach § 81 Absatz 2 ist der Arbeitnehmer über Veränderungen in seinem Arbeitsbereich rechtzeitig zu informieren. Hierunter fallen sowohl lokale als auch organisatorische und personelle Veränderungen.

Nach § 90 hat der Arbeitgeber den Betriebsrat über die Planung von Neu-, Um- und Erweiterungsbauten von Fabrikations-, Verwaltungs- und sonstigen betrieblichen Räumen, von technischen Anlagen, von Arbeitsverfahren und Arbeitsabläufen oder der Arbeitsplätze rechtzeitig zu unterrichten und die vorgesehenen Maßnahmen insbesondere im Hinblick auf ihre Auswirkungen auf die Art der Arbeit und die Anforderungen an die Arbeitnehmer mit ihm zu beraten.

§ 91 gewährt dem Betriebsrat bei Änderungen der Arbeitsplätze, des Arbeitsablaufs oder der Arbeitsumgebung über die Unterrichtungs- und Beratungsrechte nach § 90 hinaus ein korrigierendes Mitbestimmungsrecht.

Eine weitere wichtige Bestimmung für den Führungsbereich enthält § 75 Absatz 2 des Betriebsverfassungsgesetzes: „Arbeitgeber und Betriebsrat haben die freie Entfaltung der Persönlichkeit der im Betrieb beschäftigten Arbeitnehmer zu schützen und zu fördern."

Vertrauensvolle Zusammenarbeit! Rein rechtlich gesehen eine Verpflichtung, die der Gesetzgeber dem Arbeitgeber und dem Betriebsrat auferlegt. Kann man aber bei der „vertrauensvollen Zusammenarbeit" unterschiedlich verfahren? Vertrauensvolle Zusammenarbeit mit dem Betriebsrat als gesetzliche Auflage! Und wie steht es um die vertrauensvolle Zusammenarbeit mit den Mitarbeitern? Kann man hier unterschiedlich handeln?

Freie Entfaltung der Persönlichkeit. Hier ist etwas für die Arbeitnehmer im Gesetz festgehalten, was geschützt und gefördert werden soll. Was aber bedeutet „freie Entwicklung der Persönlichkeit"? Ist hierunter etwa „Mitbeteiligung an Entscheidungsprozessen", „Übertragung von Aufgaben, Befugnissen und Verantwortung" zu verstehen, um nur zwei wichtige Führungsbereiche zu nennen? Kann man aus den Postulaten „vertrauensvolle Zusammenarbeit" und „freie Entfaltung der Persönlichkeit" etwa eine Verpflichtung zum kooperativen Führungsverhalten ableiten?

Freie Entfaltung der Persönlichkeit. „Das bedeutet insbesondere, daß der Arbeitnehmer sich entsprechend seinen Fähigkeiten entwickeln kann und entsprechend beschäftigt wird" (Stege/ Weinspach, Betriebsverfassungsgesetz, Köln 1984). Und weiter heißt es in diesem Kommentar: „Das entspricht ohnehin der betrieblichen Praxis; denn es liegt im Interesse der Betriebe, die Arbeitnehmer entsprechend ihren Kenntnissen und Fähigkeiten zu beschäftigen."

Es sollte im Interesse eines jeden Arbeitgebers liegen. Wie sieht es aber in der betrieblichen Praxis aus? Wie steht es um die Delegation, einem Bereich der schließlich unmittelbar mit der „freien Entfaltung der Persönlichkeit" zusammenhängt?

Mit der formellen Einrichtung von Delegationsbereichen alleine ist es noch nicht getan. Entscheidend ist, ob diese Delegationsbereiche auch von den Vorgesetzten beachtet werden.

„Läßt Sie Ihr Vorgesetzter in Ihrem Delegationsbereich ungestört handeln und entscheiden?" Hier konnten sich nur 53,9 Prozent der von uns befragten Führungskräfte (Mitarbeiter 43 Prozent) für ein uneingeschränktes „ja" entscheiden.

„Ich tue bei meiner Arbeit das, was von mir verlangt wird, da kann mir niemand etwas vorwerfen. Aber, daß ich mich darüber hinaus noch besonders anstrengen soll, sehe ich nicht ein." Ist das die „Quittung" für das Führungsverhalten der Vorgesetzten? Sicher wird diese Änderung in der Arbeitsmoral nicht nur eine einzige Ursache haben. Das Führungsverhalten der Vorgesetzten aus der Diskussion über den „Wandel" aber auszusparen, wie es weitgehend geschieht, führt auch nicht weiter.

„Sich so verhalten, daß einem niemand etwas vorwerfen kann, nur seine Pflicht tun", bei mehr als der Hälfte der Mitarbeiter sowie des mittleren Managements und gut einem Viertel der höheren Angestellten! Churchill hat einmal sinngemäß gesagt: „Wenn wir nur unsere Pflicht tun, sind wir verloren!"

6. Kapitel

Alkohol und andere Drogen am Arbeitsplatz – nicht nur Milliardenverluste

In der Bundesrepublik gibt es 1,5 bis 1,8 Millionen Alkoholiker. Dazu kommen noch etwas über eine halbe Millionen Medikamentenabhängige und etwa 100 000 sonstige Drogensüchtige. Alkohol und andere Drogen machen vor der Arbeitswelt nicht halt. Nach Erkenntnissen von Fachleuten haben im Durchschnitt 10 Prozent der Beschäftigten eines Betriebes ernsthafte Probleme mit dem Alkohol. Etwa 5 Prozent von ihnen müssen in Behandlung. Doch das Alkohol- und Drogenproblem ist in vielen Organisationen tabu. Dabei beginnt manche „Alkoholiker- oder Drogenkarriere" im Arbeitsleben, stabilisiert sich dort, und das oft bis zum bitteren Ende.

Eine halbe Milliarde DM für Entwöhnungsbehandlungen

Alkohol-, Rauschmittel- und Medikamentenmißbrauch am Arbeitsplatz ist ein Thema, mit dem sich Führungskräfte nicht gerne beschäftigen. In manchen Organisationen wird es sogar zum Tabu. „Bei uns gibt es das nicht, wir sind ‚trocken'." Und da nicht sein kann, was nicht sein darf, wird auch nichts getan.

Dabei sind allein die wirtschaftlichen Folgen des Alkohol-, Rauschmittel- und Medikamentenmißbrauchs bedeutend, was bereits von einigen Führungskräften erkannt worden ist. Die Verantwortung der Arbeitgeber – und damit der Führungskräfte – setzt sehr früh ein. Sie beginnt bei der Personalauswahl und setzt sich in einer ständigen Kontrolle fort.

Oder könnte es ein Vorgesetzter wohl etwa verantworten, Mitarbeiterinnen und Mitarbeitern, die Alkohol-, Medikamenten- oder Drogenprobleme haben, zum Beispiel die Führung eines Schiffes, Flugzeugs oder einer Lokomotive anzuvertrauen, insbesondere dann, wenn ihnen die Erlaubnis zum Führen eines Kraftfahrzeuges bereits entzogen worden ist? „Alkoholismus und Drogenkonsum an Bord von Schiffen sind weit verbreitet und verantwortlich für viele Unfälle und Erkrankungen von Seeleuten." Zu diesem Ergebnis kamen Schiffsärzte und Seefahrtsmediziner, die sich zu ihrem 7. internationalen Treffen in Hamburg versammelt hatten (Verlorensein auf den Weltmeeren, *Die Neue Ärztliche* vom 12. Juni 1989).

Und nicht nur auf den Weltmeeren gibt es Alkohol- und Drogenprobleme. „Jeder fünfte Pilot hat Alkoholprobleme", konnte man in der *Frankfurter Neuen Presse* vom 27. Oktober 1989 lesen. Besonders gefährlich: In der Luft wirkt Alkohol drei- bis viermal so stark wie auf der Erde. Und aus den Vereinigten Staaten wird berichtet, daß 50 Zugunfälle auf Alkohol- und Drogenmißbrauch zurückzuführen waren.

Das Alkohol-, Rauschmittel- und Medikamentenproblem ist ein Führungsproblem ersten Ranges und darf nicht länger ignoriert beziehungsweise totgeschwiegen werden. Aktivität der Führung und vor allem Vorbild sind gefordert. Denn Alkohol-, Rauschmittel- und Medikamentenmißbrauch kann – und gerade das wird häufig nicht gesehen – seine Ursache im Arbeitsleben haben. Diese Ursachen müssen erkannt und zielorientiert angegangen werden.

Es gibt in der Bundesrepublik etwa 1,5 bis 1,8 Millionen behandlungsbedürftige Alkoholiker, davon sind etwa 20 Prozent Frauen.

Nach einem Bericht in der Zeitung *Die Neue Ärztliche* geben die Rentenversicherungsträger in der Bundesrepublik jährlich fast eine halbe Milliarde DM aus, um Abhängigkeitskranke von ihrer Sucht zu befreien. 1986 waren dafür 480 Millionen DM notwendig, 1982 noch 400 Millionen. Die Zahl der durchgeführten Entwöhnungsbehandlungen stieg von 16 813 im Jahre 1982 auf 24 418 im Jahre 1988, ein Anstieg also von mehr als 30 Prozent.

Nach der Statistik des Verbandes Deutscher Rentenversicherungsträger nimmt der Anteil der Frauen stark zu. Der Anstieg bei den Entwöhnungsbehandlungen betrug bei den Frauen 1986 gegenüber 1982 71 Prozent, während der Anteil bei den Männern „nur" um 28 Prozent anstieg. Der Anteil der Frauen an der Entwöhnung erhöhte sich damit von 14,5 Prozent im Jahre 1982 auf 18,5 Prozent im Jahre 1986.

Alkoholsucht steht nach wie vor mit 84 Prozent an der Spitze der Entziehungsbehandlungen. 7,5 Prozent entfielen auf Drogenabhängigkeit, 3 Prozent auf Medikamentensucht, 6,5 Prozent betrafen Mehrfachabhängigkeit. Das Durchschnittsalter der Abhängigen lag bei 39 Jahren.

Das Drogenproblem hat sich in den letzten Jahren ausgeweitet. Die Zahl der erstauffälligen Konsumenten stieg bei Heroin von 1986 auf 1987 um 26 Prozent, bei Kokain um 22 Prozent, bei Amphetamin um 44 Prozent und bei den sonstigen harten Drogen um 72 Prozent (K.H. Reuband, Drogenstatistik 1987, Infodienst '88 der Deutschen Hauptstelle gegen die Suchtgefahren 11/1988). Nach der Drogenstatistik 1988 war ein weiterer Anstieg der erstauffälligen Konsumenten harter Drogen von 15 Prozent zu verzeichnen.

Auch die Zahl der Medikamentenabhängigen ist hoch und wird nach einer Studie der Universität Hamburg auf eine halbe Million geschätzt, nach Ansicht der Suchthilfeorganisation Daytop, die dem Bayerischen Roten Kreuz angeschlossen ist, dürfte die tatsächliche Anzahl jedoch höher liegen.

Nach Angaben des Bundesgesundheitsamts schlucken Frauen doppelt so viele Arzneimittel wie Männer, wobei die Medikamentensucht oft mit Alkoholmißbrauch gekoppelt ist. Während bei Frauen der Schmerzmittelkonsum an erster Stelle steht, rangiert er bei den Männern erst an dritter Stelle. Der Verbrauch von Psychopharmaka befindet sich bei Frauen an dritter, bei Männern erst an sechster Stelle. 70 Prozent aller Psychopharmaka werden Frauen verschrieben (*Die Neue Ärztliche*). Ursache des hohen Medikamentenverbrauchs: hohe Belastungen im Berufsleben bei gleichzeitig geringen Arbeitsspielräumen.

Der Konsum von Alkohol, Drogen und der Mißbrauch von Medikamenten hat erhebliche Auswirkungen auf die Gesundheit, Leistungsfähigkeit und Leistung. Allein die finanziellen Auswirkungen der damit verbundenen Probleme haben die 30-Milliarden-Grenze längst überschritten.

Bei der Bekämpfung der Drogensucht, bei Maßnahmen, die darauf abzielen, daß es erst gar nicht zu einem Mißbrauch, zu einer Abhängigkeit kommt, und letztlich auch bei der Therapie, bei der Wiedereingliederung in das Arbeitsleben, ist nicht nur jede Führungskraft, sondern jede Kollegin, jeder Kollege des Abhängigen oder Rehabilitanten gefordert. Voraussetzung erfolgreicher Vorbeugung und Bekämpfung ist deshalb als erstes eine umfassende Information über die Bedeutung des Drogenproblems für jeden einzelnen, den Arbeitsbereich, in dem er tätig ist und die gesamte Volkswirtschaft, sowie über die Ursachen und Auswirkungen des Mißbrauchs von Alkohol, von Medikamenten und Rauschmitteln an sich.

Der Konsum von alkoholischen Getränken in der Bundesrepublik Deutschland ist wieder leicht angestiegen. Nach der Genußmittelstatistik der Deutschen Hauptstelle gegen die Suchtgefahren wurde für 1988 ein Pro-Kopf-Verbrauch an reinem Alkohol von 11,9 Litern errechnet, eine Zunahme gegenüber dem Vorjahr um 0,8 Prozent. 36,77 Milliarden DM gaben die Bundesbürger 1987 für alkoholische Getränke aus, rund 6 Milliarden DM führten die Hersteller alkoholischer Getränke an Bier-, Branntwein- und Schaumweinsteuer an den Fiskus ab. Die Pro-Kopf-Ausgaben für alkoholische Getränke erhöhten sich um 12,1 Prozent gegenüber dem Vorjahr auf 593 DM.

Das Wort „Alkohol" stammt aus dem Arabischen. Es bedeutet das Feinste, das Gute, das Wesen einer Sache. Alkohol ist aus dem gesellschaftlichen Leben nicht mehr wegzudenken. Im Alltag in manchen Regionen als „Nahrungsmittel" anerkannt, gehört er zu jedem festlichen Ereignis, wobei der Begriff „festlich" sehr weit ausgedehnt wird. Keine Verlobung, keine Hochzeit, kein Jubiläum, welcher Art auch immer, ohne Alkohol. Und als Präsent hat Alkohol seinen Stammplatz nach wie vor in der Geschenk-Hitliste.

Alkoholgenuß, Medikamentenmißbrauch und Rauschgiftkonsum stehen oft in engem Zusammenhang. „Der Konsum von Drogen nimmt – nach Untersuchungen aus verschiedenen Ländern – in der Regel seinen Ausgang bei den legalen Genußmitteln Alkohol und Tabak", heißt es in der Drogenstatistik 1985 der Deutschen Hauptstelle gegen die Suchtgefahren vom November 1986. Bei der Behandlung des Problems „Alkohol am Arbeitsplatz" darf das Drogen- und Medikamentenproblem nicht länger ausgeklammert werden.

Alkohol und Drogen machen nach wie vor Schlagzeilen. Der – manchmal staunende – Leser erfährt, daß die Firma *Rockwell* in Kalifornien, dort wo „Space Shuttle" montiert wird, 20 bis 25 Prozent der Belegschaft als „high" bei der Arbeit diagnostizierte.

Aus dem Bereich des Sports kommt die Besorgnis, daß der Gebrauch von Rauschmitteln zur Stimmulierung und Steigerung der Leistungsfähigkeit auszuufern droht, wobei sich Kokain und Marihuana besonderer Beliebtheit erfreuen.

Aus Atomkraftwerken erreichen uns ebenfalls besorgniserregende Berichte über Alkohol- und Drogenmißbrauch. Zwischen 1980 und 1985 habe sich die Zahl der entlarvten Trinker, Tabletten- und Rauschgiftabhängigen in Atomkraftwerken versechsfacht. Drogen, so wurde berichtet, würden in fast jeder amerikanischen Reaktoranlage konsumiert. Mehr als 400 Personen, darunter Sicherheitskräfte und Techniker der Reaktoranlagen, seien wegen Drogenmißbrauchs und Alkoholismus auffällig geworden.

Erschreckend ist das Ergebnis einer Untersuchung ebenfalls aus den USA. In einem Zeitraum von fünfeinhalb Jahren wurden von der Universität Boston 416 Fluglotsen untersucht. Von diesen waren mehr als 50 Prozent als starke Trinker anzusehen. Hoher Blutdruck kam bei dieser Gruppe viermal so häufig vor wie bei anderen.

Schlaglichter, vorwiegend aus dem Ausland. Aber wie sieht es in der Bundesrepublik Deutschland aus? Nach Erkenntnissen von Fachleuten haben im Durchschnitt 10 Prozent der Beschäftigten eines Betriebes ernsthafte Probleme mit dem Alkohol. Etwa 5 Prozent sind behandlungsbedürftig, aber nur jeder vierzehnte therapiebedürftige Alkoholiker wird als solcher beim Arzt erkannt und auch behandelt.

Verminderte Wahrnehmungs- und Reaktionsfähigkeit

Alkohol führt die Menschen leichter zusammen – er beseitigt Hemmungen. Im gesellschaftlichen Leben werden Barrieren abgebaut oder diese nicht mehr als so stark empfunden.

Aus medizinischer Sicht gibt es eine Reihe von positiven Aspekten, die mit dem Alkoholgenuß verbunden sind. Neben dem Abbau nervöser Spannungen werden Kreislauf und Atmung aktiviert. Die Durchblutung wird verbessert, wohlige Wärme stellt sich ein. Die Speichelsekretion wird angeregt, die Verdauung gefördert, die Harnausscheidung steigt an. Alkohol als Medizin, als bewährtes Hausmittel! Das kann, muß aber nicht sein. Hier kommt es auf die sorgfältige Diagnose und Therapie im Einzelfall an. Als Rechtfertigung für Alkoholgenuß im allgemeinen kann „Alkohol ist Medizin" nicht gelten. „Medizin" wandelt sich hier oft schnell zum Gift.

Der menschliche Körper reagiert schon auf geringe Mengen Alkohol. Ein halber Liter Vollbier bewirkt nach einer Stunde einen Blutalkoholgehalt von 0,4 Promille. Die gleiche Wirkung haben vier Zentiliter Weinbrand. Bei einem halben Liter Weiß- oder Rotwein steigt der Blutalkoholgehalt bereits auf 0,8 Promille, bei der gleichen Menge Sekt auf 1,1 Promille und bei Südwein auf 1,4 Promille. Der getrunkene Alkohol dringt sehr rasch in die Blutbahn und das Gehirn ein. Nach etwa 20 Minuten sind bereits 50 Prozent des genossenen Alkohols vom Blut aufgenommen, nach 40 Minuten mindestens 80 Prozent. Der Abbau des Alkohols im menschlichen Körper geht dagegen wesentlich langsamer vor sich. Pro Stunde werden etwa 0,1 Promille abgebaut.

Bei einem Blutalkoholgehalt von etwa 0,3 Promille, also bei weniger als einem halben Liter Vollbier oder vier Zentiliter Weinbrand, sind bereits mehr oder minder deutliche Wirkungen feststellbar. Schon bei 0,3 Promille nimmt die Fähigkeit, Entfernungen richtig einzuschätzen, ab. Bei 0,8 Promille ist der Blickwinkel bereits soweit eingeengt, daß der seitliche Straßenrand beim Autofahren nicht mehr erfaßt wird. Bei etwa 1,6 Promille kommt es dann bereits zu dem gefürchteten „Tunnel-Blick", nur noch die Mitte des Blickfeldes wird wahrgenommen.

Weitere Wirkungen, die sich bei zunehmendem Alkoholgenuß entsprechend steigern, sind Unkonzentriertheit, Unachtsamkeit, Gleichgültigkeit, verminderte Wahrnehmungs- und Reaktionsfähigkeit, Nachlassen der Initiative und Aktivität, Unzuverlässigkeit, Einengung des Horizonts, mangelnde Sorgfalt, Schwächung des Verantwortungsgefühls, Minderung der Umstellungsfähigkeit, Steigerung der affektiv-gemütsbedingten Erregbarkeit, Beeinträchtigung der Selbstbeherrschung und der Selbstkritik, Störung der Auffassung und des Gedächtnisses.

Bei 1,4 Promille, also etwa bei drei bis vier „Halben" Bier oder vier Schnäpsen, läßt die linke Gehirnhälfte in der Seh- und Hörleistung deutlich nach, und die rechte Gehirnhälfte zeigt verzögerte Reaktionen bei optischen Signalen. Die Gleichgewichtsregulation ist deutlich beeinträchtigt.

Die Wirkungen des Alkohols zeigen sich bei dem einen mehr, dem anderen weniger deutlich, denn die Menschen reagieren auf Alkohol individuell verschieden. Manchen Menschen „merkt" man ihren hohen Blutalkoholgehalt nicht an.

Die Wirkung des Alkohols auf die Gesamtpersönlichkeit ist allerdings viel bedeutender als der Nachweis von Funktionsausfällen in bestimmten Teilbereichen. Gerade für den Alkoholisierten gilt, daß die Aufmerksamkeit auf eine bestimmte Aufgabe auf Kosten der Gesamtleistung geht. Dem Alkoholisierten – und das gilt schon für eine Blutalkoholkonzentration von weit unter 1 Promille – geht nämlich die Fähigkeit verloren, seine Aufmerksamkeit für längere Zeit auf einen bestimmten Vorgang konzentrieren und gleichzeitig angemessen in kurzer Folge anderen Vorgängen zuwenden zu können. Dazu kommt gerade bei geringer Alkoholmenge, daß eine Steigerung der motorischen Antriebe mit einer Minderung der hemmenden und kontrollierenden Funktionen einhergehen kann. Das Arbeitstempo ist oft sehr sprunghaft. Nach einem „Arbeitsspurt" setzt oft starke Müdigkeit ein, die die Arbeitsfähigkeit beträchtlich absinken läßt. Soviel zu den „Sofortwirkungen" des Alkohols. Die Aufzählung ist jedoch nicht abschließend.

Die Langzeitwirkung des Alkoholgenusses, vielleicht sollte man hier treffender von Alkoholmißbrauch sprechen, können zu Krankheiten, zum Siechtum, in manchen Fällen sogar zum Tode führen.

Weitgehend „harmlos" sind da noch Appetitlosigkeit, Übelkeit, Müdigkeit, Bauch-, Herz- und Muskelschmerzen im Vergleich zur Muskelschwäche und zu Muskel- und Hirnschwund. Epilepsie, Delirium tremens, Psychosen, Depressionen, Herzmuskelerkrankungen, Magenschleimhautentzündungen, Magengeschwüre, Entzündungen der Bauchspeicheldrüse, Zuckerkrankheit, Fettleber, Hepatitis, Leberschrumpfung, Potenzstörungen und Hauterkrankungen können durch langandauernden und übermäßigen Alkoholkonsum verursacht oder mitverursacht werden.

In zwei voneinander unabhängigen Untersuchungen haben amerikanische Wissenschaftler einen Zusammenhang zwischen dem Alkoholkonsum bei Frauen und Brustkrebs festgestellt. Selbst wenn Alkohol nur in geringen Mengen getrunken wurde, war das Brustkrebsrisiko deutlich erhöht. Untersucht wurden in der einen Studie die Gesundheitsgeschichten von 121 700 Krankenschwestern und in der zweiten Studie die Eß- und Trinkgewohnheiten von fast 9000 Frauen.

Dabei darf der Alkoholkonsum natürlich nicht isoliert betrachtet werden. Rechnet man zu den Wirkungen des Alkohols noch die gesundheitsschädigenden Folgen des Rauchens – viele, die Alkohol zu sich nehmen, rauchen auch – und außerdem noch die Folgen von Medikamentenmißbrauch oder die Wirkungen anderer Drogen, die zusätzlich zum Alkohol genommen werden, dann kommt hier ein schönes Paket von Risikofaktoren zusammen. Dabei verläuft der Krankheitsprozeß zum Alkoholiker oft schleichend. Es dauert oft mehrere Jahre, bis gewohnheitsmäßige Trinker zu Alkoholkranken werden und sich in ärztliche Behandlung begeben müssen.

Alkoholiker sind zwei bis dreimal häufiger krank als Nichtalkoholiker. Sie bekommen 1,7 mal mehr Infektionen der Atemwege, leiden 2,4 mal mehr unter Magen- und Darmverstimmungen und zweimal mehr an Erkrankungen der Herzkranzgefäße. Besonders anfällig sind sie gegen psychische und neurotische Erkrankungen – sie sind 4,8 mal so häufig wie bei Nichtalkoholikern.

Die Unfallgefahr erhöht sich drastisch mit der Menge des getrunkenen Alkohols. Sie ist bei 0,8 Promille viermal, bei 1,3 Promille sechs- bis achtmal und bei 1,7 Promille sogar 16 mal größer als im nüchternen Zustand.

Charakteristisch ist für den Alkoholkranken eine gegenüber der durchschnittlichen Lebensdauer deutlich verkürzte Lebenserwartung. Die Selbstmordziffer ist bei Alkoholikern 50 mal so hoch.

Drogenmißbrauch kostet Milliarden

Alkohol und andere Drogen werden nicht nur in der „Freizeit" konsumiert. Sie sind auch am Arbeitsplatz präsent, und zwar in allen Bereichen. Alkohol und andere Drogen haben beträchtliche Auswirkungen auf die Leistungen von Mitarbeitern und Führungskräften und damit auf die Gesamtleistung jeder Organisation, ja der gesamten Volkswirtschaft. Die Gesamtfehlzeiten von Alkoholikern liegen etwa 16 mal höher als die der Nichtalkoholiker, die Behandlungsdauer bei Krankheiten ist etwa zweimal so lang.

Die Lohnfortzahlung im Krankheitsfall ist dreimal höher als bei einem Nichtalkoholiker. Man schätzt, daß 25 Prozent des Gehalts bei einem Alkoholkranken verloren gehen. Ein Mensch, der psychische Probleme mit sich herumträgt, ist nicht mehr voll einsatzfähig. Das Leistungsniveau mancher erwachsener Alkoholiker liegt kaum über dem eines gesunden Zehnjährigen.

Unfälle im Betrieb verursachen jedes Jahr Kosten in Milliardenhöhe. Der Anteil der alkoholbedingten Betriebsunfälle wird hierbei auf etwa 25 Prozent geschätzt. Die Dunkelziffer ist sehr hoch. Alkoholiker sind etwa drei- bis viermal häufiger in Betriebsunfälle verwickelt als der übrige Teil der Belegschaft. Entsprechend sind die Belastungen für die Kranken-, Unfall- und Rentenversicherung, die auf rund 30 Milliarden DM geschätzt werden.

Bei rund 40 Prozent der Verkehrstoten spielt Alkohol eine wesentliche Rolle, jeder Dritte im Betrieb tödlich Verunglückte stand mit hoher Wahrscheinlichkeit unter Alkoholeinfluß.

All dies schlägt sich in der betrieblichen Leistungsbilanz, von der Leistungsminderung bis hin zum Leistungsausfall, nieder. Jede Führungskraft muß also schon aus wirtschaftlichen Gründen alles tun, um den Alkoholmißbrauch, dem Drogenkonsum und dem Mißbrauch von Medikamenten entgegenzuwirken.

Aber auch die Folgen des Drogenmißbrauchs, die sich zunächst nicht direkt in der Leistungsbilanz eines Unternehmens bemerkbar machen, sollten beachtet werden. Sie belasten die gesamte Volkswirtschaft und damit indirekt auch jedes einzelne Unternehmen.

Was von vielen im Zusammenhang mit dem Alkoholproblem nicht beachtet wird, ist, daß Alkoholsucht oft als Familienerkrankung angesehen werden muß, die generationsübergreifend weitergegeben wird. Bei Suchterkrankungen kann es zu einer generalisierenden Beziehungsstörung kommen, die Kommunikation wird eingeschränkt, nach „außen" wird „abgeschaltet", innerhalb der Familie kommt es zu „Explosionen".

Daß unter diesen Beziehungsstörungen die Kinder, die letzten Endes das, was ihnen die Eltern vorleben, für richtig halten, besonders leiden, liegt auf der Hand. Angst, Disharmonie, ständiger Wechsel zwischen Verwöhnung und Aggression stören den Aufbau einer festen Bindungsbeziehung, die gerade Kinder brauchen, um Selbstwertgefühl, Realitätseinschätzung und Liebesfähigkeit entwickeln zu können. Kinder „lernen" schnell, passen sich unbewußt an die sie umgebende Atmosphäre an. Die Folge: Als Heranwachsende und später als Erwachsene versuchen Kinder suchtkranker Eltern oft die Beziehungsmuster, durch die sie „geprägt" wurden, fortzuführen. Häufig trifft man auf eine traurige, ängstlich-emotionale Grundstimmung mit geringem Selbstwertgefühl. Auch psychosomatische Erkrankungen sind wahrscheinlich. Rund ein Viertel der Alkoholkranken haben einen bereits süchtigen Elternteil.

Eine weitere Folge des Alkohols: Jahr für Jahr werden etwa 6000 Kinder geboren, die durch die Trunksucht ihrer Eltern vom ersten Lebenstag an mit schweren Körperschäden behaftet sind, etwa mit einem abnorm kleinen Schädel mit engen Lidspalten, mit einem Herzfehler oder mit einer Mißbildung der Geschlechtsorgane. Die Kosten für die Behandlung dieser Geburtsfehler schätzen Fachleute auf jährlich bis zu 600 Millionen DM.

Alkohol als Droge steht jedoch oft nicht allein. „Nebenher" werden noch andere Drogen konsumiert und, was in der Diskussion über das Drogenproblem weithin übersehen oder bewußt „ausgeklammert" wird, „legal" Medikamente eingenommen, die im Wege der Selbstmedikation „frei" im Handel zu bekommen sind. Zu nennen sind hier vor allem Schmerzmittel, Schlaf- und Beruhigungsmittel und die sogenannten Muntermacher.

Viele Schmerzmittel enthalten neben den schmerzstillenden Stoffen zusätzlich noch Coffein oder Barbiturate. Coffein gilt als „Wachmacher", Barbiturate wirken beruhigend. Derartig stimulierende Zusätze sind oft die Ursache für den Vielgebrauch dieser Medikamente. Durch den Dauergebrauch können vor allem die Nieren angegriffen werden und Störungen in der Blutzusammensetzung entstehen – so die Bundeszentrale für gesundheitliche Aufklärung.

Schlaf- und Beruhigungsmittel wirken dämpfend und angstlösend. Chronischer Gebrauch dieser Mittel kann, je nach Zusammensetzung, unterschiedliche Folgen wie Leberschäden, Blutschäden oder Kreislaufstörungen zur Folge haben. Ähnlich wie beim Alkoholkonsum bewirken derartige Medikamente eine Verringerung des Reaktions- und des Konzentrationsvermögens sowie der Selbstkontrolle. Die Denkfähigkeit läßt nach.

Weckmittel beeinflussen das zentrale Nervensystem. Diese „Muntermacher" sollen helfen, die Müdigkeit – etwa nach Alkoholgenuß! – zu überwinden und „volle Leistung" zu ermöglichen. Längerer Mißbrauch erzeugt geretzte, aggressive Stimmung. Schlaflosigkeit und Depressionen können die Folge sein. Die Kritikfähigkeit gegenüber sich selbst und den eigenen Leistungen schwindet, ähnlich wie beim Alkoholmißbrauch. Halluzinationen können auftreten. Weckmittel können eine starke seelische Abhängigkeit erzeugen.

Das besonders Gefährliche beim Medikamentenmißbrauch liegt darin, daß viele Arzneimittel in ihrer Wirkung durch Alkohol verstärkt oder verändert werden. „Bei Schlaf-, Beruhigungs- und Schmerzmitteln, aber auch bei allen stimmungsbeeinflussenden Medikamenten, die Spannung, Angst, Niedergeschlagenheit beheben sollen, sind alkoholische Getränke besonders gefährlich", so die Bundeszentrale für gesundheitliche Aufklärung in Köln.

Der Umfang des Medikamentenkonsums ist beträchtlich. Nach der Medikamentenstatistik der deutschen Hauptstelle gegen die Suchtgefahren vom November 1986 gehörten 7 der 20 meist verkauften Arzneimittel des Jahres 1985 in den Bereich der nicht-rezeptpflichtigen Schmerzmittel. Allein 27,5 Millionen verkaufter Packungen aus diesem Bereich entfallen auf coffeinhaltige Schmerzmittel.

Etwa 11 Prozent der bundesdeutschen Bevölkerung nimmt ständig Benzodiazepine ein. Mit der Lösung aus dieser Medikamentensucht durch körperliche Entgiftung ist es nicht getan. Eine Nachreifung der Persönlichkeit ist erforderlich, um die Anpassung der Betroffenen an die Realität zu erreichen. Wie lange wird es dauern, um solche Menschen wieder in das Arbeitsleben zu integrieren, wenn dies überhaupt möglich sein sollte?

Über den Umfang des Alkoholismus und seine Auswirkungen sind sich viele Führungskräfte nicht im klaren. Das gilt insbesondere für die im Fachjargon als „Trockenspritschlucker" bezeichneten Tabletten- und Medikamentenabhängigen, die, weil sie keine Alkoholfahne vor sich hertragen, nicht so leicht auffallen wie die Alkoholabhängigen. Für Kokain und andere Drogen gilt das gleiche. Ausführliche Information von Führungskräften und Mitarbeitern über das gesamte Drogenproblem, ist dringend erforderlich, um das notwendige Verständnis dafür im Arbeitsbereich zu wecken. Denn nur dann, wenn dieses Verständnis vorhanden ist, versprechen Maßnahmen zur Bekämpfung der Drogensucht am Arbeitsplatz auch Erfolg.

Zwiespältige Einstellung der Gesellschaft

Wie aber kommt es zum gewohnheitsmäßigen oder übermäßigen Trinken? Warum werden Schmerzmittel, Muntermacher, Schlaf- oder Beruhigungsmittel im Übermaß genommen? Wo liegen die Ursachen für den Rauschgiftkonsum?

Beim Alkohol ist es in erster Linie die Geselligkeit mit anderen Menschen, die gern zur bewußten Flasche greifen läßt. Und dies im Freizeitbereich ebenso wie im Arbeitsleben. Alkohol ist überall. Gerade die Tatsache, daß Alkohol im gesellschaftlichen Leben anerkannt ist, führt im Arbeitsleben immer wieder zu Problemen. Warum mit Freunden im Freizeitbereich „ja" und im Arbeitsbereich mit Kolleginnen oder Kollegen, mit denen man ja auch freundschaftlich verbunden sein kann, „nein"? Die Einstellung der Gesellschaft zum Alkohol ist zwiespältig und wirkt sich natürlich auch auf die Einstellung zum Alkoholgenuß am Arbeitsplatz aus. Auf der einen Seite werden die Auswirkungen des Alkohols auf die Gesundheit durchaus erkannt, auch, was für die Arbeitswelt besonders wichtig ist, auf die körperliche und geistige Leistungsfähigkeit. Andererseits hört man die Einstellung, „ein Gläschen schadet doch nicht", immer wieder.

In Gesellschaft „lernt" auch mancher, sich der Umwelt anzupassen, und oft beginnt dieser Anpassungsprozeß bereits zu Hause. Wenn im Elternhaus regelmäßig Alkohol getrunken, bei jeder sich bietenden Gelegenheit zu Arzneimitteln gegriffen oder gar Rauschgift konsumiert wird, dann wird bei den Heranwachsenden die natürliche Hemmschwelle abgebaut. Kinder und Jugendliche gehen davon aus, daß das, was die Eltern tun, richtig ist oder zumindest nicht schaden kann. „Wenn die Eltern alkoholische Getränke zu sich nehmen, kann ich das auch."

Was für den Alkoholkonsum gilt, trifft auch für den übrigen Drogenbereich zu. Die Gruppe, die Gesellschaft mit anderen „verführt". Wer in der Gruppe „mitmacht", wird anerkannt. Zum einen geht hier von der Gruppe ein gewisser Druck aus, zum anderen ist es das Bedürfnis nach dem Gemeinschaftserlebnis im Kreise Gleichgesinnter, das zum Drogenkontakt verführt.

Alkohol und andere Drogen greifen in die natürlichen Abläufe des Körpers ein und beeinflussen Stimmungen, Gefühle, Wahrnehmungen. Man greift zu diesen Mitteln, um den Realitäten des Lebens zu entfliehen. Sorgen werden leichter vergessen, Probleme schneller „gelöst", der Leistungsdruck, sei es in der Schule oder im Beruf, wird nach dem Konsum nicht mehr so schlimm empfunden. Alles in allem: Man fühlt sich Streßsituationen nicht mehr gewachsen, flüchtet sich in den Alkohol, greift zu Medikamenten oder konsumiert Rauschgift.

Flucht vor Streß in die Droge. Wobei alles das, was Streß verursacht, im beruflichen oder privaten Bereich liegen kann. Dabei muß man bedenken, daß die Grenzen zwischen diesen Bereichen fließend geworden sind. Der von vielen Vorgesetzten immer wieder aufgewärmte „Grundsatz", „Dienst ist Dienst, und Schnaps ist Schnaps" gilt heute nicht mehr, wenn er jemals gegolten haben sollte. Streß im privaten Bereich – zum Beispiel Schulden, Aufregungen in der Familie, Ehekrisen – wirkt sich im beruflichen Bereich genauso aus, wie umgekehrt Streß im Arbeitsleben mit nach Hause gebracht wird. Die „Privatsphäre" ist für viele Vorgesetzte unangreifbar. Sie forschen nicht nach den Ursachen des Trinkens oder des Medikamenten- oder Drogenmißbrauchs, selbst dann nicht, wenn die Auswirkungen im beruflichen Bereich zu spüren sind. Der Schutz der „Intimsphäre" geht für sie so weit, daß selbst ein häufiges Zuspätkommen oder vermehrter Ausfall durch Krankheit „hingenommen" werden. Die „Absegnung" durch ein ärztliches Attest genügt. In den meisten Fällen ist die Berufung auf die Privatsphäre aber ein reines Scheinargument – man fürchtet unangenehme Auseinandersetzungen im Unternehmen. Man will sich „heraushalten".

Daß die Ursachen für Drogenkonsum auch im beruflichen Bereich liegen können, zum Beispiel Unzufriedenheit mit dem ausgeübten Beruf, Ärger mit Vorgesetzten, nicht erfüllten Aufstiegserwartungen, Monotonie oder Frustration am Arbeitsplatz, unangemessene oder unsachliche Kritik, fehlende Anerkennung der Arbeitsleistung, Überforderung oder Unterforderung, darauf kommen diese Vorgesetzten nicht, oder sie wollen es nicht für wahr haben. Denn der eigene Führungsbereich ist ja tabu. Im übrigen handelt es sich schließlich um erwachsene Menschen, und jeder muß schließlich genau wissen, was er tut und wie weit er zu gehen hat. Und die „jungen Leute"? Nun, in diesem Alter hat man ja auch einmal über die Stränge geschlagen. Das wird sich geben. Mit zunehmendem Alter kommt dann auch die Vernunft.

Das letzte Argument, das noch aufgeführt wird, geht dann dahin, daß Alkoholgenuß – andere Drogen scheiden für die Vorgesetzten ohnehin aus, „weil das bei uns ja keiner tut" – am Arbeitsplatz sowieso verboten sei. Das ergäbe sich schon aus dem Vertragsverhältnis. Wer es da zu toll treibt, müsse eben ordentlich „vergattert" werden, und wenn das nichts hilft, sei die Trennung die beste Lösung. Im übrigen sei das Ganze ein Problem der Personalabteilung.

Daß der Konsum von Alkohol und anderen Drogen am Arbeitsplatz Milliarden an DM kostet, wurde bereits erwähnt. Dabei muß man aber auch bedenken, daß zum Beispiel Ausfälle nicht nur bei den Trinkern selbst zu verzeichnen sind, wenn sie etwa zu spät zur Arbeit kommen, der Arbeit fern bleiben oder während der Arbeitszeit wenig, unzuverlässig oder gar nicht arbeiten. Sie halten oft auch noch andere von der Arbeit ab, geben eine Runde aus, und wobei dies manchmal nur deswegen geschieht, um für sich selbst ein Alibi für das Trinken zu schaffen. Auch hofft man, wenn man während der Arbeitszeit mit anderen trinkt, deswegen nicht zur Rede gestellt zu werden. Das „Kollektiv" gewährt nach ihrer Meinung Sicherheit.

Die „Toleranz" gegenüber Alkoholgenuß während der Arbeitszeit ist nach wie vor groß, begleitet von der Hoffnung, daß nichts passiert. Das geht sogar soweit, daß festgestellt wird, „der oder die brauchen das eben". Es wird ein Auge zugedrückt, wenn die inzwischen von ihrer Sucht abhängigen Mitarbeiterinnen und Mitarbeiter immer wieder versuchen, diese Sucht vor anderen zu verbergen, denn eine Entziehungskur brächte ja letzten Endes alles an den Tag. Und vor diesem Tag haben nicht nur die Suchtabhängigen Angst, sondern auch ihre Vorgesetzten, Kolleginnen oder Kollegen. Denn dann müßten auch sie sich die für sie unangenehme Frage stellen lassen: „Warum haben Sie nicht rechtzeitig eingegriffen? Das hätten Sie doch merken müssen!" Dann schlägt die Stunde der Wahrheit. Dessen sollte sich jeder bewußt sein und sich zu einer eindeutigen Haltung entschließen. Und diese sollte dahin gehen: kein Alkohol, keine Drogen am Arbeitsplatz!

Statussymbol: Alkohol

„Nehmen Sie während der Arbeitszeit alkoholische Getränke zu sich?" Rund 25 Prozent der von uns befragten Führungskräfte der Wirtschaft und 40 Prozent der Angestellten und Arbeiter beantworteten diese Frage mit „gelegentlich" oder „häufig".

Warum wird Alkohol während der Arbeitszeit getrunken? An erster Stelle rangiert mit 75 Prozent der Nennungen die „Geselligkeit", dann folgen mit 17,7 Prozent „schmeckt gut", mit 9,7 Prozent „Anregung" und mit 3,5 Prozent „Sorgen und Probleme", wobei Mehrfachnennungen möglich waren.

Die Toleranz gegenüber Alkoholgenuß am Arbeitsplatz ist nach wie vor hoch, wenn auch mit abnehmender Tendenz. Rund 37 Prozent der Angestellten und Arbeiter waren der Ansicht, daß das Trinken alkoholischer Getränke während der Arbeitszeit nicht gestattet werden sollte. Bei den Führungskräften waren es rund 45 Prozent. Viele Mitarbeiter und Führungskräfte traten für eine „Kompromißlösung" ein. Der Genuß alkoholischer Getränke sollte bei „besonderen Gelegenheiten", wie Geburtstagen, Beförderungen, Dienst- oder Arbeitsjubiläen, besonderen familiären Anlässen, wie zum Beispiel Eheschließung, gestattet sein. Für diese Kompromißlösung entschieden sich 59 Prozent der Mitarbeiter, 52 Prozent der Führungskräfte. Die „Ja-Stimmen" für den Genuß von Alkohol am Arbeitsplatz hielten sich in Grenzen. Rund 4 Prozent bei den Mitarbeitern und Führungskräften.

In manchen Unternehmensbereichen ist es geradezu ein Statussymbol, über alkoholische Getränke „verfügen" zu können. Von der Cognacflasche im Schreibtisch bis zur eigenen Kühlfach-Bar, auf Firmenkosten mit Alkohol gefüllt, reicht die „Alkoholhierarchie". Offiziell zur Gästebewirtung zur Verfügung gestellt, sind die Grenzen hier oft im wahrsten Sinne des Wortes „fließend". Der Gast trinkt natürlich nicht allein, mit ihm wird angestoßen.

Manchmal gehört es geradezu zum „guten Ton", Alkohol während der Arbeitszeit zu trinken. Manche „brauchen" Alkohol schon zum

Frühstück oder zur „Brotzeit", zur Anregung oder, wie böse Zungen behaupten, „damit wenigstens der Magen etwas zu tun hat". Über ein Glas Bier oder einen Schnaps zur Verdauung nach dem Mittagessen wird schon gar nicht mehr diskutiert.

Bei Geburtstagsfeiern, Beförderungen oder Dienstjubiläen wird darauf geachtet, daß auch genug Alkohol zur Verfügung steht. Und nicht nur auf die Menge kommt es an. Auch das „Sortiment" ist entscheidend. Das Prestige spielt hier eine nicht zu unterschätzende Rolle. Man will auf keinen Fall in den Ruf eines Geizhalses geraten. Kein Wunder, wenn dann versucht wird, beim nächsten Mal noch „einen" draufzusetzen, „Vorgänger", insbesondere bei der Qualität, zu übertreffen.

Was die Anlässe, einen auszugeben, anbetrifft, sind dem Erfindungsreichtum kaum Grenzen gesetzt. Die „offiziell anerkannten" Anlässe, wie Geburtstage, Beförderungen und Dienstjubiläen, werden „ergänzt" durch familiäre, wie Verlobung oder Eheschließung. Manche geben auch eine Runde aus, wenn sie geschieden werden. Weiterhin muß, wenn man neu in eine Gruppe eintritt, „Einstand" gefeiert werden. Verläßt man die Gruppe, ist der „Ausstand" fällig. In manchen Bereichen ist beim Urlaubsantritt der „Abschiedsschluck" und bei der Rückkehr der „Wilkommenstrunk" ebenso zum „guten Brauch" geworden, wie an jedem Mittwoch mit einem Schluck die Woche geteilt und am Freitag das kommende Wochenende begossen oder die vergangene Woche erfolgreich abgeschlossen wird. Daß auch ein neues Auto entsprechend gefeiert wird, ist selbstverständlich.

Dabei wird streng darauf geachtet, daß auch die „Arbeitszeit" eingehalten wird. Mit Dienst- oder Arbeitsschluß ist auch „Trinkschluß". Denn „danach" hat man oft Wichtigeres zu tun, als mit den Kolleginnen oder Kollegen zusammenzusitzen und zu „feiern". Kein Wunder, daß sich die Zahl derer, die mit Blutalkoholgehalt am Steuer im Straßenverkehr kurz nach Dienstschluß „auffallen", mit der Gruppe der „Nachtheimkehrer" messen kann.

Das Ganze spielt sich zu allem Überdruß zum großen Teil ganz offen unter den Augen der Vorgesetzten am Arbeitsplatz oder in der

Kantine ab. Oft trinken die Vorgesetzten noch kräftig mit, unternehmen aber nichts, wenn es an die Heimfahrt geht, die mehr oder minder Angeschlagenen zu ihren Autos wanken, mit Motor- oder Fahrrad in Schlangenlinien nach Hause streben oder nicht mehr ganz sicher auf den Beinen an der Rampe zur Straßenbahn stehen. Und wenn dann etwas passiert? Die Versicherung zahlt ja! Und die Arbeit? Die muß dann eben ein anderer mitmachen.

Der Anteil der alkoholbedingten Arbeitsunfälle – zu diesen gehören auch Unfälle auf dem Weg von und zu der Arbeitsstätte – wird auf 25 Prozent geschätzt, bei einer hohen Dunkelziffer. Jeder Arbeitsunfall – 1986 waren es 1,36 Millionen – kosteten die Unternehmen im Durchschnitt 12 000 DM. Nach einer Studie der Bundesanstalt für Arbeitsschutz in Dortmund erreichen die durch Arbeitsunfälle verursachten Kosten im Jahr 33 Milliarden DM.

Rechnet man „nur" einen Anteil von 8 bis 9 Milliarden DM auf die alkoholbedingten Arbeitsunfälle, so sollte allein diese Tatsache schon dazu führen, daß Vorgesetzte hier etwas unternehmen. Warum aber geschieht in vielen Bereichen nichts? Ist es die Freude am Mitmachen? Ist es mangelnde Zivilcourage nach „unten"? Ist es die Angst, als Spießbürger angesehen zu werden? Ist es Gleichgültigkeit oder eine falsch verstandene Auffassung von Führungsstil, etwa im Sinne von „Leben und leben lassen"?

Hier gilt es, die alte, sinnvolle Lebensweisheit zu beherzigen: „Wehret den Anfängen". Je mehr Anlässe zum Feiern und damit zum Konsum alkoholischer Getränke gesucht und gefunden werden, um so mehr Anlässe läßt man sich noch zusätzlich einfallen. Aus den berühmten Ausnahmen am Anfang werden leicht Dauereinrichtungen. Und aus diesen Dauereinrichtungen gehen chronisch Alkoholkranke hervor. Es würde sich lohnen, daraufhin einmal die Lebensgeschichten Alkoholabhängiger zu untersuchen. Nicht immer stehen am Anfang Sorgen oder Probleme oder eine sozial vererbte Trunksucht. Oft beginnt die traurige Geschichte eines Alkoholkranken durchaus heiter. Dieser Beginn sollte nicht im Arbeitsleben zu suchen sein.

Verbote werden gern umgangen

Kein Alkohol am Arbeitsplatz! So klar und vor allem so einfach sich eine solche „Regelung von oben" anhört: Anordnen und Ausführen ist zweierlei. Ein solches Verbot auf Anhieb völlig durchzusetzen, ist nur in ganz wenigen Fällen gelungen. „Trockenlegen durch Prohibition" würde einen derartig hohen Kontrollaufwand erfordern, daß der Schaden größer wäre als der Nutzen. Und eines fordert eine derart strikte Prohibition ganz bestimmt heraus: Das Verbot wird schon aus sportlichem Ehrgeiz umgangen. Alkoholische Getränke hereinzuschmuggeln, ist kein Problem. Wozu gibt es „Flachmänner"?

Der Einfallsreichtum, der sich ja eigentlich auf die Probleme der Aufgabenerfüllung konzentrieren sollte, richtet sich auf das „Alkoholproblem", und da läßt man sich bestimmt etwas einfallen. So wird das Alkoholverbot am Arbeitsplatz zum Beispiel bei Geburtstagsgratulationen oder sonstigen Anlässen eben dadurch „umgangen", daß nur „harte Sachen" angeboten werden. Beim Bier braucht man zu viele Flaschen, und die fallen schon beim Antransport auf.

Das Alkoholproblem und damit das Drogenproblem insgesamt können nur mit viel Geduld und Überzeugungskraft angegangen werden. Regelungen, die den Alkoholkonsum am Arbeitsplatz verbieten, müssen gut vorbereitet sein. Mitarbeiter und Führungskräfte müssen überzeugt werden. Sie müssen sich mit einer solchen Regelung identifizieren. Information, und mag sie noch so zeitaufwendig sein, ist gefordert.

Und noch etwas ist unverzichtbar: Die oberste Führungsspitze, jeder Vorgesetzte, wobei die Betonung auf „jeder" liegt, muß mit gutem Beispiel vorangehen. Das bedeutet nicht, den Alkohol aus dem Arbeitsleben zu verbannen. Nach Beendigung der Arbeit, außerhalb des Arbeitsplatzes, gibt es genug Gelegenheit zusammenzukommen, mit oder ohne Alkohol.

In bestimmten Bereichen verbietet sich der Alkoholgenuß während der Arbeitszeit von selbst. Es sind die Bereiche, vor allem in der Produktion, in denen schon der Genuß von geringen Mengen an Alkohol mit unmittelbaren Gefahren für andere verbunden sein kann.

Kann aber Alkoholgenuß in gewissen Gefahrenbereichen verboten, in anderen Bereichen dagegen mehr oder minder erlaubt sein? Darf es „Alkoholprivilegien" geben, zum Beispiel in der Produktion: „nein", im Verwaltungsbereich: „ja"? Schon aus Gründen der Gleichbehandlung aller und aus Gründen der Gefahrenabwehr für den einzelnen sollte es hier eine verbindliche Regelung geben, die für alle gilt.

Im übrigen müssen ja auch Mitarbeiterinnen, Mitarbeiter und deren Vorgesetzte alle einmal nach Hause, ganz gleich, ob sie einer gefahrenanfälliger Tätigkeit nachgehen oder nicht. Der Straßenverkehr erfordert volle Konzentration, gleichgültig, ob man mit dem PKW, Motor- oder Fahrrad oder als Fußgänger unterwegs ist. Schnelle Reaktion ist bei jedem gefordert. Die Wirkungen des Alkohols sind in dieser Beziehung bei allen gleich. Auf dem Weg von der Arbeitsstelle nach Hause kann viel passieren. Wegeunfälle sind Betriebsunfälle – auch daran sollen Vorgesetzte denken, wenn während der Arbeitszeit getrunken wird.

Immer wieder wird die Ansicht vertreten, „ein Gläschen schadet doch nicht" oder „von einer Flasche Bier wird doch keiner betrunken!" Um das Alkoholproblem in den Griff zu bekommen, werden letzten Endes „Kompromißformeln" dahingehend gefunden, daß ein Glas eines „harten Getränks" oder eine Flasche Bier pro Person ausgeschenkt werden darf. Als weitere „Lösung" wird Fruchtsaft mit Sekt angeboten. Einmal abgesehen davon, daß in diesen Fällen die 0,3 Promille-Schwelle, bei der bereits die Wirkungen des Alkohols mehr oder minder deutlich spürbar werden können, überschritten wird: Glauben Vorgesetzte, die solche Regelungen einführen, daß diese auch befolgt werden? Denn: „Auf einem Bein kann man nicht stehen!" Und beim zweiten Bein kommt man dann schon auf 0,8 Promille oder mehr. Außerdem gibt es immer wieder einige, die sich von vornherein an die Regel „pro Mann eine Flasche" nicht halten, und oft sind gerade dies die Alkohol-Gefährdeten.

„Glauben Sie, daß eine Regelung zum Beispiel bei Geburtstagen ‚pro Mann eine Flasche Bier' praktikabel ist?" Für ein uneingeschränktes „ja" konnten sich hier nur rund ein Sechstel der Führungskräfte und ein Viertel der Mitarbeiterinnen und Mitarbeiter entscheiden, wobei der Anteil der von einer solchen Regelung Überzeugten bisher von Jahr zu Jahr zurückgegangen ist. Ist man hier etwa aus Erfahrung klug oder klüger geworden? Hat man endlich gemerkt, daß derartige Regelungen letztlich einen Freibrief für diejenigen darstellen, die bei diesen Gelegenheiten unter dem Deckmantel der Legalität „offen" trinken und andere dazu animieren, letztlich „über den Durst" zu trinken?

Wie erreicht man eine „alkoholfreie Atmosphäre" am Arbeitsplatz? Indem man sich mit allen Beteiligten zusammensetzt und über das Problem spricht. Dazu gehört einmal eine umfassende Information über die Sofort- und Langzeitwirkungen des Alkohols und anderer Drogen, zum anderen aber auch über die Kostenfolgen, die mit Drogenkonsum während der Arbeitszeit verbunden sind. Ohne diese umfassende Information ist mit Einsicht kaum zu rechnen. Wird aber informiert und über die gesamte Problematik diskutiert, ist die Einsicht der großen Mehrheit viel größer, als allgemein angenommen wird. Und nicht nur die Einsicht, auch die Bereitschaft, nach dieser Einsicht zu handeln. Und wenn diese Bereitschaft bei einigen vordergründig zunächst nur deshalb vorhanden ist, weil man dann selbst bei entsprechenden Festivitäten von den spürbar hohen Kosten für alkoholische Getränke – in manchen Fällen werden mehrere Hundert DM „eingesetzt" – entlastet wird.

Daß eine offizielle Regelung auch mit dem Betriebs- oder Personalrat erörtert werden muß, ergibt sich aus den betreffenden Gesetzen: § 87 Absatz 1 Ziffer 1 des Betriebsverfassungsgesetzes und § 75 des Personalvertretungsgesetzes sehen ein Mitbestimmungsrecht in Fragen der Ordnung des Betriebes und des Verhaltens der Arbeitnehmer ausdrücklich vor. Auch entsprechende Betriebsvereinbarungen über das, was geschehen soll, wenn Alkoholverbote übertreten werden, können abgeschlossen werden.

Die langjährige Praxis hat gezeigt, daß der Weg der Übereinkunft der einzig gangbare Weg des langfristig sicheren Erfolges ist.

Wichtig ist die Mitwirkung aller Beteiligten am Entscheidungsprozeß, an einer Entscheidung, mit der man sich identifizieren kann, weil man daran mitgewirkt hat. Einseitigen Zwangsregelungen ist oft nur ein Kurzzeiterfolg beschieden. Die „Erfolge" halten sich nur so lange, bis die entsprechenden Möglichkeiten zur Umgehung der Prohibition gefunden sind.

Routine und Frustration

Sehr wichtig ist es, im Arbeitsleben vor allem dafür zu sorgen, daß es nicht zu Leistungsminderungen oder Leistungsausfall infolge Drogenkonsums am Arbeitsplatz kommt. Was aber tun, wenn das „Kind in den Brunnen gefallen ist"?

96 bis 100 Prozent aller von uns befragten Mitarbeiterinnen, Mitarbeiter und Führungskräfte hielten es für erforderlich, daß bei Kollegen, die infolge Drogenkonsums bei der Arbeit ausfallen, etwas unternommen wird. Rund 90 Prozent aller Befragten hielten das Gespräch mit diesen für das wirksamste Mittel.

An zweiter Stelle wurde „Alkoholverbot für alle" vorgeschlagen. Etwa ein Viertel der Führungskräfte und Mitarbeiter sprachen sich für diese Maßnahme aus, während sich für ein „Alkoholverbot für den betroffenen Kollegen" nur ein Fünftel als wirksame Maßnahme entscheiden konnte. An weiteren Maßnahmen wurde genannt: Disziplinarverfahren, Versetzung und als letzte Möglichkeit „Entlassung".

Die alte Volksweisheit „Wehret den Anfängen" hat bei der Lösung des Drogenproblems eine zentrale Bedeutung. Besonders Alkoholismus ist eine schleichende Krankheit. Hier gilt es so früh wie möglich einzugreifen, und zwar sowohl im Interesse aller als auch des Betroffenen. Daß man hier in erster Linie im Interesse desjenigen, der immer mehr vom Alkohol abhängig wird, tätig werden muß, leuchtet manchem nicht ein. Hier ist man leicht geneigt, nicht nur ein Auge, sondern gleich zwei zuzudrücken, weil man dem Kollegen nicht schaden will. Man hofft, daß sich das alles schon geben wird, daß das alles auch noch gar nicht so schlimm ist. Noch können „er" oder „sie" ja arbeiten. Bei verzögerter Auffassung wird nachgeholfen. Gedächtnisstörungen werden genauso übersehen wie körperliche Anzeichen, zum Beispiel „Flattern" der Hände, Zittern der Augenlider oder Appetitstörungen.

Der Alkoholismus zeigt sich zunächst im Schafspelz. Hier gilt es, diese Erscheinungen zu erkennen und so früh wie möglich, und das sei nochmals betont, vor allem im Interesse des Betroffenen etwas zu unternehmen. Wobei man eines bedenken muß: Alkoholiker versuchen ihre Sucht, die ihnen außerordentlich peinlich ist, vor anderen mit allen Mitteln zu verbergen. Kaugummi, Pfefferminz, Äpfel sollen die „Fahne" beseitigen. Getrunken wird aus dem „Flachmann" heimlich auf der Toilette. Für Ausfallerscheinungen werden immer neue Ausreden erfunden. Hier hilft man den Betroffenen am wenigsten dadurch, daß man entweder „um den heißen Brei herumredet" oder sich schnell mit den oft an den Haaren herbeigezogenen Ausflüchten zufrieden gibt, vielleicht noch mit dem Gedanken, doch alles getan, seine „Plicht" erfüllt zu haben. „Alibi-Gespräche" führen hier nicht weiter! Man muß immer eines bedenken: Hier geht es um die Gesundheit, ja vielleicht um das Leben. Das ist keine Dramatisierung, sondern leider traurige Erfahrung vieler Lebensgeschichten von Alkoholabhängigen und Suchtkranken. Wenn überhaupt noch geholfen werden kann, dann so früh wie möglich. Nicht im „Übersehen" des Problems, sondern im Handeln liegt die wahre Kollegialität.

Das Gespräch mit Alkoholikern und anderen Suchtkranken erfordert viel Geduld, Einfühlungsvermögen und vor allem die Bereitschaft zu helfen.

Mit nur einem Gespräch ist es oft nicht getan, denn es geht vor allem darum, die Ursache des Trinkens oder des Konsums anderer Drogen herauszufinden, und da gilt es, viele Hemmschwellen zu überwinden. Die Privatsphäre darf hier kein Hindernis darstellen, denn die Wirkungen der Sucht kommen ja im Arbeitsbereich zum Tragen.

Entscheidend ist es, Vertrauen zu gewinnen. Es muß deutlich der Wille zum Helfen erkennbar sein. Der Eindruck, daß hier etwa eine Strafaktion beabsichtigt ist, darf gar nicht erst aufkommen. Oft hilft in der ersten Phase schon allein das Zuhören, die Möglichkeit für den Betroffenen, sich einmal aussprechen, sich die Sorgen von der Seele reden zu können. „Hilfe" kann schon dadurch gegeben werden, indem man auf die Möglichkeit, sich von Fachinstiutionen beraten zu lassen, hinweist. Die Anschriften dieser Stellen oder Gruppen, der Anonymen Alkoholiker zum Beispiel, lassen sich leicht bei Sozial- oder Gesundheitsämtern erfragen.

Viel häufiger als allgemein angenommen liegen die Ursachen für Alkohol-, Medikamten- und Rauschmittelkonsum im beruflichen Bereich. Er ist um so höher, je unzufriedener die Mitarbeiter mit den Arbeitsbedingungen sind, so das Ergebnis einer Studie der Technischen Universität Berlin aus dem Jahre 1986, in der die Zusammenhänge zwischen Arbeit und Alkohol bei 2000 Angestellten untersucht wurden. In dem Bericht wurde festgestellt, daß immer dann verstärkt zur Flasche gegriffen wird, wenn häufig bürokratische Hindernisse auftauchen, Mitarbeiter unter ihren Fähigkeiten eingesetzt oder besonders widersprüchliche Arbeitsanforderungen an sie gestellt werden. Voraussetzung für Erfolge gegen den Alkoholmißbrauch sei das Führungsverhalten der Vorgesetzten, heißt es in der Studie. Hier habe sich aber gezeigt, daß gerade Vorgesetzte im Durchschnitt mehr trinken als ihre Untergebenen.

Eine amerikanische Regierungskommission fand bereits vor 15 Jahren durch Interviews in der Schwerindustrie eine große Anzahl von Arbeitern, die während der Mittagspause große Mengen von Alkohol trinken „mußte", um dem Druck oder der überwältigenden Langeweile ihrer Arbeitsgänge standhalten zu können. Alkohol also als Reaktion auf Automation und Frustration!

Und nicht nur Alkohol! Die Kommission fand vor allem bei jüngeren Arbeitern ein überraschendes Ausmaß an Drogenkonsum während der Arbeit, vor allem bei Fließbandarbeitern und Fernfahrern. Nach einer Studie, die in einer Fabrik der Automobilindustrie durchgeführt wurde, waren 15 Prozent der Arbeiter heroinsüchtig.

Hier wird man nachdenken, umdenken müssen. Nicht jede Rationalisierung und Automatisierung bringt Segen. Vom Fließband in der Produktion ist es nicht weit zum Fließband, zur Routine im Büro, im Labor oder im Dienstleistungsbereich. Die Arbeitsteilung geht heute oft so weit, daß man den Sinn der Arbeit nicht mehr sieht. Die psychischen Anforderungen werden ständig erhöht, die physischen immer geringer. Monotonie erzeugt Frustration, und Frustration macht krank. Und dagegen sollen Alkohol, Medikamente oder Rauschmittel helfen. Hier wird man bei der Arbeitsstrukturierung so manches überdenken müssen, oder man wird die Mitarbeiter auf die Dauer krank machen, zur Flucht in die Droge treiben.

Ein Ursachenbereich scheint bei diesem Thema jedoch völlig tabu zu sein: das Führungsverhalten der Vorgesetzten. Eine der Hauptursachen für den Griff zur Flasche ist heute nach wie vor Reaktion auf Kritik und Verstimmung. Das ist im beruflichen Bereich genauso wie im privaten.

Was den beruflichen Bereich angeht, so beantworten nicht einmal ein Drittel der von uns befragten Führungskräfte sowie Mitarbeiterinnen und Mitarbeiter der Wirtschaft die Frage „Wie kritisiert Ihr Vorgesetzter, wenn mal ein Fehler passiert?" mit „immer sachlich und angemessen". Rund 71 Prozent der Führungskräfte und 52 Prozent der Mitarbeiterinnen und Mitarbeiter gaben an, in Gegenwart Dritter kritisiert zu werden.

„Kleine Ursache, große Wirkungen!" Und wenn die Wirkung darin besteht, die Kritik mit einem Schluck „wegzuspülen" oder den Kummer über das verletzte Selbstwertgefühl im Alkohol zu „ertränken"? Und was dann, wenn dies immer häufiger passiert? Wenn mit der laufenden Kritik auf die Dauer soziale Angst entsteht, die man schließlich mit Drogen bekämpft, damit die Welt „rosiger" erscheint? Wohlgemerkt, hier handelt es sich um unsachliche, unangemessene Kritik oder Kritik in Gegenwart von Dritten, die besonders verletzend ist. Von der berechtigten Kritik unter vier Augen war nicht die Rede.

Führungsverhalten ändern

Eine wesentliche Ursache des Drogenkonsums ist der Versuch soziale Unsicherheit zu überspielen. Nach dem Genuß von Alkohol oder der Einnahme entsprechender Medikamente fühlt man sich sicherer, glaubt, mit anderen besser auszukommen, faßt Mut, initiativ zu werden, meint, sich besser durchsetzen zu können, glaubt redegewandter zu sein, sich freier äußern zu können. Man hat das Gefühl, nicht mehr isoliert zu sein, fühlt sich zu „großen Taten" fähig.

Im Arbeitsalltag wird oft „flüssig" oder „trocken" geschluckt, wenn eine wichtige Besprechung ansteht, eine schwierige Situation zu meistern ist. Im Laufe der Zeit kommt es dann zur Gewöhnung. Allein schon, um die flatternden Hände zu beruhigen, muß man zur Droge greifen. Diese Aufzählung zeigt, daß von Seiten der Vorgesetzten, aber auch der Kollegen eine Menge nicht nur getan werden kann, sondern auch muß, um diese soziale Unsicherheit oder Angst des Betroffenen anzugehen. Eines der wichtigsten Mittel ist hier die Verbesserung der Kommunikation.

Untersuchungen zeigen immer wieder, daß mit den Mitarbeitern zu wenig gesprochen wird. Eine der Hauptschwachstellen bei der innerbetrieblichen Kommunikation ist das Gespräch über die Arbeitsleistung. Mitarbeiter wollen und müssen wissen, wie man ihre Arbeit, ihr Verhalten und damit sie selbst beurteilt. Sie müssen eine Antwort auf die meist unausgesprochene Frage erhalten: „Wie werde ich gesehen?" Leider bleibt diese Antwort oft aus.

„Sagt Ihnen Ihr Vorgesetzter, wie er über Ihre Leistung denkt?" Nur 4 Prozent der von uns befragten Führungskräfte der Wirtschaft beantworteten diese Frage mit „immer" und 30,1 Prozent mit „häufig". Der Rest mit „selten" oder „nie". Bei den Mitarbeiterinnen und Mitarbeitern waren es 6,7 Prozent, die mit „immer" und rund ein Fünftel, die diese Frage mit „häufig" beantworteten.

Soziale Unsicherheit hat ihre Ursache vor allem darin, daß Leistungen nicht anerkannt werden. Auch hier gibt es in allen Bereichen der Wirtschaft große Defizite. Rund ein Drittel der von uns befragten Mitarbeiterinnen und Mitarbeiter glaubten, daß ihrem Wunsch nach ausdrücklicher Anerkennung ihrer Leistung von ihren Vorgesetzten nicht Rechnung getragen würde. Ihren Vorgesetzten ging es nicht besser. Nur etwas mehr als die Hälfte sahen ihre – berechtigte – Erwartung nach Anerkennung ihrer Leistung erfüllt.

Auch dies sind wieder nur zwei Beispiele aus dem wichtigen Führungsbereich Kommunikation, die mit ursächlich für Drogenkonsum am Arbeitsplatz sein können. Weitere Beispiele wären Über- und Unterforderung, mangelnde Information, Nichtbeteiligung bei Entscheidungsprozessen, Eingriffe in den Delegationsbereich, Nichteingehen auf Vorschläge, ungerechte Behandlung oder übermäßige Kontrolle. Hier ist zwar Abhilfe möglich, doch scheint in der Praxis der Führungsbereich weitgehend tabu zu sein. Denn Abhilfe bedeutet in erster Linie Änderung des Führungsverhaltens der Vorgesetzten. Wer aber weist die betreffenden Vorgesetzten darauf hin, daß sie die Leistungen ihrer Mitarbeiterinnen und Mitarbeiter nicht in ausreichendem Maße ausdrücklich anerkennen? Wer sagt ihnen, daß sie ihre Mitarbeiter nicht in Gegenwart von Dritten kritisieren sollen? Wer sorgt dafür, daß nicht in den Delegationsbereich eingegriffen oder Vorschläge nicht übergangen werden sollen? Fachlich, da wird kontrolliert. Manchmal bis zur Perfektion. Der Führungsbereich dagegen wird vernachlässigt.

Vorgesetzte erkennen in den wenigsten Fällen, daß ihr eigenes Verhalten Ursache für den Alkohol-, Medikamenten- oder Drogenmißbrauch ihrer Mitarbeiter ist. Von einer Führungskraft, die den Anforderungen, die die gesellschaftliche Entwicklung heute an die Führung von Mitarbeitern stellt, entspricht, muß man erwarten, daß sie das eigene Führungsverhalten selbstkritisch prüft. Jede Führungskraft muß sich immer wieder die Frage stellen: Wie wird mein Führungsverhalten von meinen Mitarbeitern beurteilt? Liegt etwa in meinem Verhalten die Ursache für den Drogenkonsum meines Mitarbeiters? Dies kann, dies muß man von einer Führungskraft erwarten. Nicht falsch verstandene „Rücksicht", sondern Handeln, das auch die eigene Person, das eigene Führungsverhalten einbezieht, ist gefordert.

Die Ursachen gilt es also herauszufinden und dann etwas zu tun. Und zwar immer wieder etwas zu tun. Es genügt nicht, nur darauf zu achten, daß zum Beispiel der oder die Betroffene nicht mehr trinken, es muß ihnen das Erfolgserlebnis verschafft werden, daß sie, wenn sie nicht mehr trinken, besser fahren. Denn es wird letzten Endes grundsätzlich nur das Verhalten wiederholt, das zum Erfolg geführt hat. Der Mitarbeiter, der nicht mehr trinkt, muß dazu motiviert werden, daß er dies auch in Zukunft nicht mehr tut. Eine Aufgabe, die sehr viel Geduld und vor allem auch Zeit erfordert. Vorgesetzten bleibt hier jedoch keine andere Wahl. Die wohl für viele – gedanklich – einfachste Lösung, die Trennung, ist – jedenfalls auf schnellem Wege – nicht erreichbar. „Versetzung" in einen anderen Bereich löst „das Problem" auch nicht. Also, weiter „gewähren" lassen oder etwas unternehmen? Es bleibt letztlich nur die zweite Möglichkeit.

Doch nur mit dem Alkoholiker alleine zu sprechen, reicht nicht aus. Die ganze Arbeitsgruppe muß in die Therapie mit einbezogen werden. Die Gruppe muß aktiv mithelfen. Ein „trockener" Alkoholiker darf auf einem Betriebsfest nicht zum Trinken aufgefordert, ihm mit alkoholischen Getränken zugeprostet werden, wenn er Mineralwasser trinkt. Die Gruppe muß informiert, insbesondere darüber aufgeklärt werden, daß selbst geringe Mengen Alkohol bei einem Alkoholiker nach dem Entzug den Stoffwechsel wieder „kippen" lassen. Die Aufforderung „ein Gläschen schadet doch nicht" kann wieder den Anfang vom Ende bedeuten.

Die Ursachen herausfinden, den Alkoholiker vom Trinken abhalten, Gespräche führen. Das ist leichter gesagt als getan. Das stößt auch bei vielen Vorgesetzten auf Widerstand. „Dazu habe ich keine Zeit, ich bin doch kein unbezahlter Psychoanalytiker oder Therapeut." Ein weiterer oft vorgebrachter Einwand gegen ein Aktivwerden: „Da ist doch alles zwecklos, da kommt bestimmt nichts dabei heraus." Und noch eine weitere Ansicht ist verbreitet: „Die sind doch alt genug und müssen schließlich selbst wissen, was sie tun!"

Freilich, eines darf man nicht übersehen. Das Ganze ist ein mühevoller, langer und manchmal auch dornenreicher Weg, bei dem auch Rückschläge nicht ausgeschlossen sind. Und einfach sind diese Gespräche auch nicht. Manche Vorgesetzte sind in dieser Beziehung völlig überfordert. In größeren Unternehmen oder Organisationen der öffentlichen Verwaltung können die Personalabteilung oder der betriebsärztliche Dienst „helfen", das Problem zu lösen. Voraussetzung hierfür ist allerdings, daß man diese umfassend und vor allem rechtzeitig unterrichtet. Für manchen Vorgesetzten eine oft bittere Pille, da ja dann auch sein eigenes Führungsverhalten in die Lösung des „Problems" mit einbezogen werden könnte.

Hält man sich einmal die gesamte Problematik der Suchtabhängigkeit vor Augen, wird klar, daß die Hauptaufgabe eines jeden Vorgesetzten in der Vorbeugung liegen muß. Je später eingegriffen wird, um so schwieriger wird es, das Problem in einer für alle befriedigenden Weise zu lösen.

Arbeitssicherheit und Beschäftigungsverbot

Gespräche mit Alkoholikern, Medikamentenabhängigen und Rauschgiftsüchtigen zu führen, ist nicht einfach. Oft bedarf es großer Mühe, die Betreffenden überhaupt dazu zu bringen, über ihre Probleme zu reden. Dann jedoch gilt es, nicht nur zuzuhören, sondern auch eindeutig Stellung zu beziehen. Gerade bei labilen Menschen ist hier konsequentes Vorgehen die einzige Möglichkeit, eine Änderung des Verhaltens zu bewirken. Jede Form von Mitleid, Duldung, Nachgiebigkeit, Bagatellisierung oder gar „Übersehen" wäre zum einen für die Gemeinschaft, zum anderen für den Betroffenen selbst von Nachteil und würde letztendlich sogar den Abhängigen in seiner Sucht bestärken.

Diese Gespräche sollten allerdings offen und ehrlich geführt werden. Es gilt, vor allem auf die Verschlechterung der Arbeitsleistung hinzuweisen, die ihre Ursache im Alkoholgenuß, Medikamenten- oder Rauschmittelmißbrauch hat. Es gilt klar zu machen, daß es erst dann wieder aufwärts gehen kann, wenn zum Beispiel das Trinken eingestellt wird.

Eine nicht leichte Aufgabe, denn es wird von den Gesprächspartnern viel „Menschliches" ausgebreitet werden, das als Rechtfertigung dienen soll. Dabei wird sicher auch die Grenze zwischen „Dichtung und Wahrheit" manchmal verwischt werden. „Verbindlich in der Form, aber hart in der Sache" muß deshalb die Richtschnur dieser Gespräche sein. Von der Halsstarrigkeit bis zur vollen Einsicht, mit dem immer wieder abgegebenen Versprechen, sich zu ändern, reicht die Skala dessen, dem man sich bei diesen Gesprächen gegenüber sieht. Dabei wird auch vor Selbstmorddrohungen nicht zurückgeschreckt, die man auf keinen Fall auf die leichte Schulter nehmen sollte.

Wichtig ist, daß in diesen Gesprächen klare Ziele gesetzt werden. Diese Ziele sollten kontrollierbar sein. Dem Gesprächspartner muß unmißverständlich deutlich gemacht werden, daß deren Einhaltung unerbittlich kontrolliert wird. Kontrolle und Vertrauen schließen einander nicht aus! Wenn dem Betroffenen überhaupt noch geholfen werden kann, dann durch konsequentes Vorgehen. Daß diese Gespräche nur dann geführt werden sollten, wenn der Alkoholiker vollkommen nüchtern ist, Drogenabhängige nicht unter dem Einfluß von Medikamenten oder Drogen stehen, versteht sich von selbst.

Gespräche mit Alkoholkranken, Medikamenten- oder Rauschgiftabhängigen sind grundsätzlich Vier-Augen-Gespräche. Nur wenn es der Gesprächspartner ausdrücklich wünscht, sollte zu derartigen Gesprächen eine Person seines Vertrauens hinzugezogen werden. Denn je mehr Personen an diesen Gesprächen teilnehmen, um so größer ist die Gefahr, daß die Szene zum Tribunal wird. Allein schon durch eine zahlenmäßige „Übermacht" kann sich, selbst bei bester Absicht, der Gesprächspartner bedrängt fühlen. Übrigens, allein die Angst vor einem solchen Gespräch ist schon wieder ein Grund, Alkohol, Medikamente oder Rauschmittel einzunehmen.

Am Ende des Gesprächs muß schließlich eine klare Vereinbarung ohne Wenn und Aber stehen. Bei dieser Zielvereinbarung sollte dann auch klar zum Ausdruck kommen, daß die Einhaltung der Vereinbarung überwacht wird, und welche Folgen eine Nichteinhaltung hat.

In Gesprächen mit dem Alkoholiker muß dieser deshalb auch über die Konsequenzen seines Alkoholmißbrauchs aufgeklärt werden. Er muß wissen, daß bei Unfällen, die auf Alkoholgenuß zurückzuführen sind, kein Gehalts- oder Lohnfortzahlungsanspruch wegen Arbeitsunfähigkeit besteht und daß bei Arbeitsunfällen, die auf Trunkenheit zurückzuführen sind, der Schutz der gesetzlichen Unfallversicherung entfällt. Hilfreich ist hier ein Merkblatt, in dem die wichtigsten Folgen klar aufgezeigt werden. Dem Alkoholiker, Medikamenten- oder Rauschgiftabhängigen muß der Ernst der Situation deutlich vor Augen geführt werden, gegebenfalls durch schriftliche Abmahnung. All diese Maßnahmen müssen jedoch immer vom verständnisvollen Gespräch begleitet werden. Nicht der Ausschluß ist das Ziel, sondern ein normales Arbeitsleben ohne Drogen.

Will man zum Beispiel einem Alkoholkonsumenten im Wege der Abmahnung den Ernst der Situation vor Augen führen und ihn unmißverständlich darauf hinweisen, daß, wenn er sein Verhalten nicht ändert, er mit Folgen zu rechnen habe, muß immer geprüft werden, ob der Betreffende nicht bereits abhängig ist. Eine Abmahnung setzt ja immer voraus, daß der Betreffende sein Verhalten ändern kann. Alkoholismus ist aber eine Krankheit, und die muß erst einmal geheilt werden.

Ziel der gesamten Therapie ist es letzten Endes, den Alkoholiker, Medikamenten- oder Rauschgiftabhängigen wieder zu einem voll einsatzfähigen, vollwertigen und allseits anerkannten Mitarbeiter zu machen. Dazu bedarf es aber seiner ernsthaften aktiven und vor allem für ihn sehr harten Mitarbeit. Das muß in den Gesprächen immer wieder ganz klar herausgearbeitet werden. Dabei muß aber auch Klarheit darüber bestehen, daß, wenn alle Maßnahmen, gegebenenfalls unter Einschluß des Entzuges, nichts gefruchtet haben, die Trennung nicht zu vermeiden ist.

Im „Vorfeld" muß selbstverständlich geprüft werden, ob der Alkohol-, Medikamenten- oder Rauschgiftabhängige auf seinem bisherigen Arbeitsplatz noch belassen werden kann. Ist er seinem Aufgabengebiet noch gewachsen? Ist die Arbeitssicherheit für ihn oder mitarbeitende Kollegen noch gewährleistet? Werden diese

Fragen verneint, dann sollte der Betreffende seinen augenblicklichen Fähigkeiten entsprechend auf einem anderen Arbeitsplatz eingesetzt werden. Denn gerade die Versetzung in einen anderen Tätigkeitsbereich zeigt dem Betreffenden an, wie seine Arbeitsleistung derzeit bewertet wird. Die Maßnahme erhält somit durch die Konfrontation mit der Realität einen therapeutischen Inhalt.

Alles das scheint in der Praxis schwer durchführbar zu sein. Gespräche? – Vielleicht. Abmahnungen aber auf keinen Fall. Denn dann erfährt „es" ja die Personalabteilung! Hier sollte jeder Vorgesetzte neben seiner Fürsorgepflicht, die ein Handeln zwingend gebietet, auch daran denken, daß ihn selbst eine strafrechtliche Verantwortung treffen kann, wenn „etwas" passiert. Auch Vorgesetzte können sich zum Beispiel wegen fahrlässiger Körperverletzung oder fahrlässiger Tötung infolge pflichtwidrigen Unterlassens strafbar machen, wenn ein Unfall geschieht, der durch ihr rechtzeitiges Eingreifen hätte verhindert werden können.

Der Genuß alkoholischer Getränke während der Arbeitszeit hat allerdings nicht nur strafrechtliche, sondern auch zivilrechtliche Folgen, wenn durch den Arbeitnehmer, sei es am Arbeitsplatz direkt oder auf dem Heimweg von der Arbeit, ein Personenschaden verursacht oder Schaden an einer Sache angerichtet wird, die seinem Arbeitgeber oder Arbeitskollegen gehört. Bereits bei einem geringen Blutalkoholgehalt liegt der Schluß nahe, daß der Schaden auf einer Beeinflussung durch Alkohol beruht. Hat der Arbeitgeber den Genuß alkoholischer Getränke geduldet, hat ein betrieblicher Vorgesetzter seine Kontrollpflichten verletzt oder gar den Alkoholgenuß aktiv gefördert, kommt eine Mithaftung aus dem Gesichtspunkt des Aufsichtsverschuldens in Betracht. Alkoholmißbrauch durch den Mitarbeiter kann also auch für den Vorgesetzten im wahrsten Sinne des Wortes teuer werden. Arbeitgeber dürfen Mitarbeiter, die infolge Alkoholgenuß nicht mehr in der Lage sind, ihre Arbeit ohne Gefahr für sich oder andere auszuführen, mit Arbeiten nicht mehr beschäftigen.

„Nicht mehr in der Lage sein, seine Arbeit ohne Gefahr für sich oder andere auszuführen." Daß die „Gefahrengrenze" sehr weit unten angesetzt werden muß, ergibt sich aus den spürbaren Wirkungen des Alkohols, die letzten Endes bereits bei 0,3 Promille beginnen. Hier sollte man deshalb eher vorsichtig als großzügig verfahren. Daß die Selbsteinschätzung des Alkoholisierten hier keine Rolle spielen darf, liegt auf der Hand, da ja gerade bei geringen Alkoholmengen die Selbstüberschätzung der eigenen Leistungsfähigkeit besonders auffällig ist.

Mit dem Arbeitsverbot alleine ist es aber nicht getan. Die Fürsorgepflicht gegenüber demjenigen, der dem Alkohol zugesprochen hat, gebietet es, ihm einen sicheren Heimweg zu verschaffen. Dies vor allem schon deswegen, um Wegeunfälle auszuschließen. Vorgesetzte trifft gerade in dieser Beziehung eine hohe Verantwortung. Vor Dienstschluß noch gemeinsam einen „heben" und dann auseinandergehen, wie es immer wieder geschieht, heißt, seine Führungsaufgaben in grober Weise zu vernachlässigen. Daß es gerade dann, wenn es darum geht, Alkoholisierte an der Heimfahrt im eigenen PKW zu hindern, zu unliebsamen Auseinandersetzungen kommen kann, ist nicht auszuschließen. Was aber dann, wenn „etwas" passiert ist und derjenige, dem man sichere Heimfahrt hätte ermöglichen können, mit Recht den Vorwurf erhebt: „Hätte man mich doch damals ..."

Bei allem Verständnis für die manchmal sehr schweren Probleme eines Abhängigen: Die mit dem Alkohol- oder Drogenkonsum für den Abhängigen und andere verbundenen Gefahren sind zu groß, als daß man hier ein Auge oder gar zwei zudrücken könnte. Mit Recht wird immer wieder die Frage gestellt: „Was muß denn noch alles passieren, damit etwas passiert?"

Besonders gefährdet: Jugendliche

Der Konsum von Drogen ist oft ein Symptom für unbewältigte persönliche und soziale Konflikte und damit Zeichen einer psychosozialen Störung der Persönlichkeit. Besonders anfällig sind hierfür Jugendliche und Heranwachsende.

Die Gefahr, daß gerade von diesem Personenkreis zur Beruhigung oder zur Anregung, zur Erlebniserweiterung oder zur persönlichen

Konfliktbewältigung oft unbedacht zur Droge gegriffen wird, ist besonders groß. Da die Unwissenheit über die Wirkungen von Alkohol, Medikamenten oder Rauschmitteln eine große Rolle beim Konsum spielt, ist hier die Information besonders wichtig.

Mit der Information allein ist es allerdings noch nicht getan. Ältere Kollegen und Vorgesetzte müssen in bezug auf „Drogenabstinenz" Vorbild sein. Denn gerade in der Phase des Neubeginns, der Umstellung, fühlen sich Berufsanfänger den Anforderungen ihrer Umwelt nicht immer gewachsen. Hinzu kommt nicht selten das Gefühl, nicht anerkannt, nicht für „voll" genommen zu werden. Spannungen, Mißverständnisse sind die Folge. Die Gefahr, daß versucht wird, diese Spannungen durch Drogen zu „lösen", ist groß.

Drogen werden aber nicht nur als „Problemlöser" genommen, oft ist es die Neugierde, die zum Drogenkonsum verführt. Man will selbst einmal ausprobieren, wie es ist, „high" zu sein oder einen „richtigen" Rausch zu haben. Auch ist es der Glaube, nur dann als „Erwachsener" anerkannt zu sein, wenn man „mitmacht". Im „jugendlichen Übermut" wird die eigene Widerstandskraft überschätzt, der Glaube „mir kann nichts passieren, denn ich kann ja jederzeit aufhören" ist weit verbreitet.

Die Wirkungen von Alkohol und anderen Drogen stellen sich bei jungen Menschen außerdem noch viel früher ein als bei Erwachsenen. Bereits geringe Alkoholmengen zum Beispiel wirken auf den noch nicht voll entwickelten Organismus weitaus stärker. Die Phasen der Trunkenheit verlaufen wesentlich schneller.

Aber auch die Langzeitwirkungen treten früher ein. Das gilt für den Alkoholkonsum, besonders aber für Rauschmittel. Die Opiatabhängigkeit entwickelt sich schnell, unter Umständen innerhalb weniger Wochen. Manchmal genügt eine einzige Spritze Heroin, um abhängig zu werden, so die Bundeszentrale für gesundheitliche Aufklärung in Köln. Wenn die Anzahl derjenigen, die infolge der Sucht mit 30 Jahren nicht mehr arbeitsfähig sind, steigt, bedeutet dies für den Bestand der Gesellschaft eine schwere Belastung.

Vorgesetzte sollten bei den ersten Anzeichen von Alkohol- und Drogenmißbrauch aktiv werden. Am einfachsten lassen sich die

Wirkungen des Alkohols erkennen, angefangen bei der „Alkoholfahne" bis hin zum unsicheren Gang und Auffälligkeiten beim Sprechen. Ähnlich ist es bei den Wirkungen des „Schnüffelns", also beim Einatmen von Dämpfen leichtflüchtiger Stoffe. „Schnüffelnde" Jugendliche werden mitunter wie volltrunken angetroffen. Wildes Gestikulieren, verbunden mit dem Eindruck völliger Geistesabwesenheit, ist ein typisches Merkmal eines „Schnüffelrausches". Das besonders Gefährliche beim Schnüffeln ist, daß auf die Dauer der Wunsch nach dem Rauscherlebnis nicht mehr befriedigt werden kann und deshalb zu „harten" Drogen gegriffen wird. Schnüffeln ist weit verbreitet. 16 Prozent der Drogenerfahrenen schnüffeln. Nach einer Untersuchung in Bayern aus dem Jahre 1984 hatten 5 Prozent der Befragten ohne ärztliche Verordnung täglich Schmerz-, Aufputsch-, Schlaf-, Beruhigungs- oder Abführmittel eingenommen.

Bei den anderen Drogen ist es schon schwieriger, aus dem äußeren Erscheinungsbild auf Drogenkonsum zu schließen. Die Bundeszentrale für gesundheitliche Aufklärung nennt folgende, allerdings unsichere körperliche Symptome: allgemeines Unwohlsein, Magenbeschwerden, Appetitlosigkeit und Gewichtsabnahme, Kopfschmerzen, Erschöpfungs- und Ermüdungszustände, Vergeßlichkeit. Damit gehen zusätzlich Verhaltensstörungen wie reizbares, unausgeglichenes Wesen und Abbrechen von freundschaftlichen Beziehungen einher. Die Leistungen lassen nach.

Auf diese, wenn auch unsicheren Symptome gilt es zu achten und dann entsprechend zu handeln. Man muß sich um die jungen Menschen kümmern. Mit Anordnungen allein lassen sich kaum Erfolge erzielen. Es gilt auch hier, und vor allem hier, den langen, mühevollen und manchmal auch dornenreichen Weg des Dialogs mit dem jungen Menschen zu beschreiten.

Dieser Dialog, das kontinuierliche Personalgespräch, muß zunächst einmal darauf gerichtet sein, das Vertrauen des jungen Menschen zu gewinnen. Junge Menschen in diesem Lebensabschnitt legen nach außen ein oft widersprüchliches Verhalten an den Tag. Aggressives, herausforderndes Benehmen und extreme Zrückhaltung wechseln ebenso wie drängende Aktivität und Lethargie. Ein eigener Kleidungsstil, oft „uniform" in ganzen Gruppen, eine eigene Sprache sind ebenso „in" wie Gewohnheiten, über die die nächst ältere Generation nur den Kopf schüttelt, auch wenn diese nur fünf Jahre älter ist. Es ist, und das sollte man immer bedenken, die Zeit der Loslösung vom Elternhaus, des Ringens um die eigene Identität.

Es ist aber auch der Lebensabschnitt, der geprägt ist von einem tiefen Mißtrauen gegenüber den Älteren, den Erwachsenen. Es ist die Zeit des Suchens nach Gleichgesinnten, nach einem Anschluß an eine Gruppe von Gleichfühlenden, die Verständnis, Wärme und Schutz bietet, Schutz gegenüber der „regierenden" Welt der Erwachsenen, der Eltern, der Lehrer, der Ausbilder, der Staatsgewalt und letztlich der großen und der kleinen Chefs.

Es ist nicht einfach, das Vertrauen junger Menschen zu erwerben. Es wird nur dem gelingen, der Verständnis für ihre Probleme hat und dieses Verständnis auch deutlich zum Ausdruck bringt. Und selbst dann wird es nicht immer leicht fallen, Vertrauen zu gewinnen, vielleicht sogar deswegen, weil der Einfluß der Gruppe, der sich der Betreffende angeschlossen hat, stärker ist als alle noch so guten Argumente.

Selbst wenn es gelingt, das Vertrauen der jungen Menschen zu erringen, ist eine weitere Schwelle zu überwinden, besonders dann, wenn es um das „Alkoholproblem" geht. „Schlechte Beispiele verderben gute Sitten!" Diese alte Volksweisheit gilt besonders hier. Denn die Werbung für alkoholische Getränke wird ergänzt durch das Beispiel der älteren Kollegen und auch der Vorgesetzten am Arbeitsplatz. Wie will man den jungen Berufsanfängern klar machen „kein Alkohol am Arbeitsplatz", wenn man von ihnen entweder „stillschweigend" oder „ausdrücklich", manchmal sogar mit Nachdruck, „erwartet", daß sie zum Einstand „einen" oder „mehrere" ausgeben?

So mancher Beginn einer Trinkerkarriere fällt mit dem Beginn des Berufslebens zusammen. Damit kein Mißverständniss entsteht: Es geht hier nicht um eine allgemeine Alkoholabstinenz, nicht um Prohibition, nicht um einen Feldzug gegen den Alkohol überhaupt.

Hier geht es nur um das Problem „Alkohol am Arbeitsplatz" mit seinen Folgen in bezug auf Leistung, Gesundheit und Arbeitssicherheit.

Die Kommunikation mit dem Mitarbeiter, insbesonders dem jungen Mitarbeiter in Drogenfragen ist ein Teil der Gesamtkommunikation, und die Kommunikation wiederum ist ein Teil des Gesamtkomplexes Führung. Der Drogenkonsum im Arbeitsleben, und das gilt in besonderem Maße für junge Menschen, ist um so höher, je größer die Unzufriedenheit mit den Bedingungen ist, unter denen man arbeiten muß. Daß zu diesen „Arbeitsbedingungen" in erster Linie auch die „Führungsbedingungen" gehören, wird leider immer wieder „übersehen" oder bewußt ausgeklammert. Es ist geradezu eine Bankrotterklärung des Führungsverhaltens, wenn ständig erklärt wird, die „jungen Leute" seien ja schon vom Elternhaus, von der Schule, vom Zivildienst oder der Bundeswehr „verdorben", um noch einen milden Ausdruck zu gebrauchen. „Das wird immer schlimmer! Da kann man nichts machen! Damit muß man eben leben!" Leider werden diese Schutzbehauptungen immer wieder von Vorgesetzten gebraucht, die eigene „liebgewordene" Verhaltensweisen nicht ändern wollen.

Die Ursachen herausfinden

In der Bundesrepublik Deutschland brachen in den letzten Jahren mehr als 100 000 junge Menschen ihr Ausbildungsverhältnis vorzeitig ab. Die Tendenz war steigend.

An der Spitze der Gründe, die zu einer vorzeitigen Auflösung des Ausbildungsverhältnisses geführt hatten, rangierten „Konflikte mit dem Ausbilder" und „andere Vorstellungen vom Arbeitsgebiet".

Hinter diesen Zahlen und den Gründen, die zum Abbruch der Ausbildungsverhältnisse geführt hatten, verbergen sich oft tragische Einzelschicksale. All dies mit der Bemerkung „mißglückter Start ins Berufsleben" abzutun, wird der Bedeutung des Problems nicht gerecht. Für manchen jungen Menschen ist mit dem Scheitern in

dieser für ihn neuen Welt ein schwerer Schock verbunden, mit dem er alleine nicht so leicht fertig wird.
Alleine nicht fertig werden? Ist das nicht ein Grund, sich in die Welt des Rausches, der Illusionen und damit des Alkohols und der Drogen zu flüchten? Beginn einer Alkoholiker- oder Drogen-„Karriere" im Berufsleben? Das Drogenproblem am Arbeitsplatz einfach dadurch zu „lösen", indem man verkündet, „bei uns existiert dieses Problem nicht", ist wohl etwas zu einfach. Die Zahl der Jugendlichen, die schon einmal Rauschmittel genommen haben, ist hoch. Je nach Ergebnis der einzelnen Untersuchungen und Schätzungen mit den entsprechenden Hochrechnungen werden Zahlen zwischen 1,1 und 2,4 Millionen genannt. Diese jungen Menschen sind doch nicht alle arbeitslos!

Der Konsum von Drogen nimmt in der Regel seinen Ausgang bei den „legalen" Genußmitteln Alkohol und Tabak. Hinzu treten Arzneimittel, die auf Verordnung oder Rat von Eltern oder auch Freunden oder Bekannten eingenommen werden. „70 bis 80 Prozent aller Jugendlichen beschränken sich auf den Konsum solcher legaler Substanzen, was nicht heißt, daß das Ausmaß des Konsums unproblematisch ist." (Drogenstatistik 1985 der Deutschen Hauptstelle gegen die Suchtgefahren).

Maximal 20 bis 30 Prozent einer Altersgruppe wenden sich über einen längeren Zeitraum auch Drogen zu, deren Konsum verboten ist, insbesondere Haschisch und Marihuana. Der nächste Schritt führt dann zu anderen Drogen, wie zum Beispiel Heroin und in neuester Zeit vor allem zu Kokain. „Zunächst handelt es sich um komplexe Konsummuster, das heißt, es werden verschiedene Drogenarten miteinander kombiniert oder zwischen ihnen abgewechselt. Wie oft, wie viel und welche Drogen ein Jugendlicher nimmt, wie schnell er die häufige Stufenfolge: Alkohol – Nikotin – Medikamente – Haschisch – härtere legale und illegale Drogen durchläuft und bei welchem Endstadium er stehenbleibt, scheint von dem subjektiven Nutzen abzuhängen, die Drogen im Zusammenhang mit unbewältigten und unlösbaren Entwicklungsproblemen im Jugendalter für den einzelnen haben." (Drogenstatistik 1985).

Die Ursachen herausfinden

Das Institut für Jugendforschung, Markt- und Meinungsforschung führte in den Jahren 1973, 1976, 1979 und 1982 Untersuchungen zu den Trends der Drogenaffinität Jugendlicher (12 bis 25 Jahre) unter Berücksichtigung des Alkohol-, Medikamenten- und Tabakkonsums durch. Insgesamt gaben nach den Ergebnissen dieser Studie 2,4 Millionen Jugendliche an, mindestens einmal Rauschmittel genommen zu haben. Besonders bemerkenswert bei der Gesamtentwicklung ist, daß die Zahl der Mädchen, die Rauschmittel nehmen, wächst. Medikamente werden mehr von Mädchen als von Jungen eingenommen. Die Gründe für den Konsum von Rauschmitteln hängen sehr stark mit nicht zufriedenstellenden Lebensbedingungen zusammen.

Eine von der Infratest-Gesundheitsforschung durchgeführte Studie zum „Konsum und Mißbrauch von Alkohol, illegalen Drogen, Medikamenten und Tabakwaren durch junge Menschen" im Jahre 1983 enthält die zusammengefaßten Ergebnisse der Studie aus acht Bundesländern, in deren Mittelpunkt das Konsumverhalten von Jugendlichen im Alter von 12 bis 24 Jahren stand. Nach den Ergebnissen dieser Studie haben 1,1 Millionen Jugendlicher im Alter von 12 bis 24 Jahren irgendwann einmal Rauschmittel genommen (9,7 Prozent). Bei den unter 18jährigen waren es 4 Prozent (ca. 225 000), bei den Volljährigen 15 Prozent (ca. 878 000).

Nach den Ergebnissen dieser Studie haben Drogenerfahrene auch häufiger Probleme in der Schule und im Beruf als andere junge Menschen. Auch in dieser Studie zeigt sich, daß oft mehrere verschiedene Substanzen genommen wurden. Je intensiver der Rauschmittelkonsum ist, desto stärker wird geraucht und Alkohol getrunken, desto stärker, häufiger wird zu Schmerz-, Schlaf-, Beruhigungs- und Anregungsmitteln gegriffen. 30 Prozent der aktuellen Konsumenten illegaler Drogen verwendeten nur ein Rauschmittel, 43 Prozent zwei bis drei Mittel, 26 Prozent vier oder mehr.

Nach einer Untersuchung im Auftrag des Bayerischen Innenministeriums im Jahre 1984 tranken 61 Prozent der Jugendlichen zumindest gelegentlich Alkohol. 6,8 Prozent der Befragten und damit rund 147 000 Personen mußten als alkoholgefährdet gelten.

Im Gespräch mit den jungen Menschen gilt es, wie bei den Erwachsenen auch, die Ursachen herauszufinden, die zum Drogenkonsum geführt haben. Denn nur dann, wenn man die Ursachen herausgefunden hat, kann man das Übel bei der Wurzel packen. Im Rahmen der nicht zufriedenstellenden Lebens- und Arbeitsbedingungen sind insbesondere zu nennen: Kontaktschwierigkeiten, Ängste, Hemmungen, Enttäuschungen, Aggressionen, Depressionen, Langeweile, Entfremdungsgefühle, Frustrationen. Dazu kommen noch Sexualstörungen.

Alle diese Ursachen deuten auf eine erhebliche Störung der zwischenmenschlichen Beziehungen zwischen den jungen Menschen und ihrer Umwelt hin. Drogen bieten hier ein „Surrogat der Daseinsbewältigung". Die „Einsamkeitskrankheit", „the lonely sickness", wird im Rausch ertränkt.

Die Einsamkeit der jungen Menschen kann man zu mildern versuchen. Dieser Versuch muß unbedingt unternommen werden. Ältere Kolleginnen oder Kollegen und Vorgesetzte müssen auf den jungen Menschen zugehen. Darauf zu warten, daß die jungen Menschen in dieser Hinsicht selbst aktiv werden, wird nur in seltenen Fällen „Erfolg" haben. Junge Menschen, die in diesem Lebensabschnitt um ihre Identität ringen, neigen dazu, vieles abzulehnen, was nach Macht, Beeinflussung oder Autorität aussieht, zumindest sind sie hier kritisch. Vorgesetzte und ältere Kollegen sind schließlich Repräsentanten der Macht, denen man kritisch gegenübersteht oder die man ablehnt. Jedes Pochen auf die „Amtsautorität", auf Gesetze oder innerbetriebliche Regelungen bewirkt oft eine noch stärkere Abwehr und treibt den jungen Menschen entweder in die Einsamkeit oder in die Arme von Gleichgesinnten. Er schließt sich einer „Gruppe" an. Und da ist die Gefahr, daß es zum Drogenmißbrauch kommt, daß man sich an Drogen gewöhnt, groß.

Drogenkonsum in der Gruppe ist oft der Beginn oder die Fortsetzung eines Lernprozesses. Zu Hause oder in der Schule hat man oft den ersten Kontakt in der Gruppe der Familie oder des Klassenverbandes. In der Schule wird dann das Trinken zunächst mehr oder minder geduldet, bei Schulfeten oder Klassenfahrten „ein Auge zugedrückt" oder ganz weggesehen. Oft kommt dann zum sozialen Anlaß des Trinkens noch ein weiterer Grund hinzu, nämlich die Schule selbst. Die Überforderung wird zu groß oder die Unterforderung und die damit verbundene Langeweile. Weitere Ursachen: zunehmende Auflösung des traditionellen Klassenverbandes durch Kurssysteme, starker Druck durch die Förderung des Konkurrenzdenkens, der dazu führt, daß jeder sein „Wissen" für sich behält, um nicht dem „Konkurrenten" einen Vorsprung zu verschaffen.

Flucht in die Gruppe – Flucht in die Drogen! Gerade in der Gruppe setzt sich das Gruppenmitglied manchmal einem Druck aus, der manchmal stärker sein kann als der vermeintliche Druck durch das „Establishment", durch Eltern, Staat oder Vorgesetzte. Um sich in der Gruppe zu behaupten, muß man mittun, denn man will sich nicht blamieren. Und sich von der Gruppe zurückziehen, das will man auch nicht. Und selbst wenn man das wollte: Die Gruppe läßt ihre Mitglieder nicht gerne los!

Gerade beim Konsum von Drogen ist der Einfluß der Gruppe oft deutlich zu spüren. „Harmlos" ist es noch, wenn man versucht, sich gegenseitig „unter den Tisch zu trinken". Lebensgefährlich wird es bei den Mut- oder Belastungsproben: Wieviel kann man „vertragen"? Die Gruppe, die Schutz bieten sollte, wird zur Gruppe, die Druck, oft unerträglichen Druck ausübt.

Der Schritt zur strafbaren Handlung ist nicht weit. Nach den Angaben aus der polizeilichen Kriminalstatistik 1985 bilden bei den Rauschgiftdelikten die 21- bis 25jährigen Tatverdächtigen die zahlenmäßig größte Gruppe. Bei den Delikten allgemein standen mehr als die Hälfte aller jugendlichen Straftäter zur Tatzeit unter Alkoholeinfluß. 37 Prozent der Alkoholunfälle gingen auf das Konto junger Verkehrsteilnehmer.

Man muß jungen Menschen helfen, die Phase der körperlichen, sozialen und geistigen Reife mit all ihren Unsicherheiten und Gefahren zu überstehen. Hier ist das Erfolgserlebnis außerordentlich wichtig. Man muß jungen Menschen die Möglichkeit geben, diese Erfolgserlebnisse zu haben. Die beste Bekämpfung der Drogensucht ist die Möglichkeit zur feien Entfaltung, zur sinnvollen Tätigkeit, die Freude macht, begleitet von Vorgesetzten, die sich dieser Menschen annehmen und auf sie zugehen. Jede Gesellschaft hat die Jugend, die sie verdient. Es ist immer die Generation vorher, die die Voraussetzungen für die kommende Generation schafft.

MIX
Papier aus verantwortungsvollen Quellen
Paper from responsible sources
FSC® C105338

If you have any concerns about our products,
you can contact us on
ProductSafety@springernature.com

In case Publisher is established outside the EU,
the EU authorized representative is:
**Springer Nature Customer Service Center GmbH
Europaplatz 3, 69115 Heidelberg, Germany**

Printed by Libri Plureos GmbH
in Hamburg, Germany